JN272781

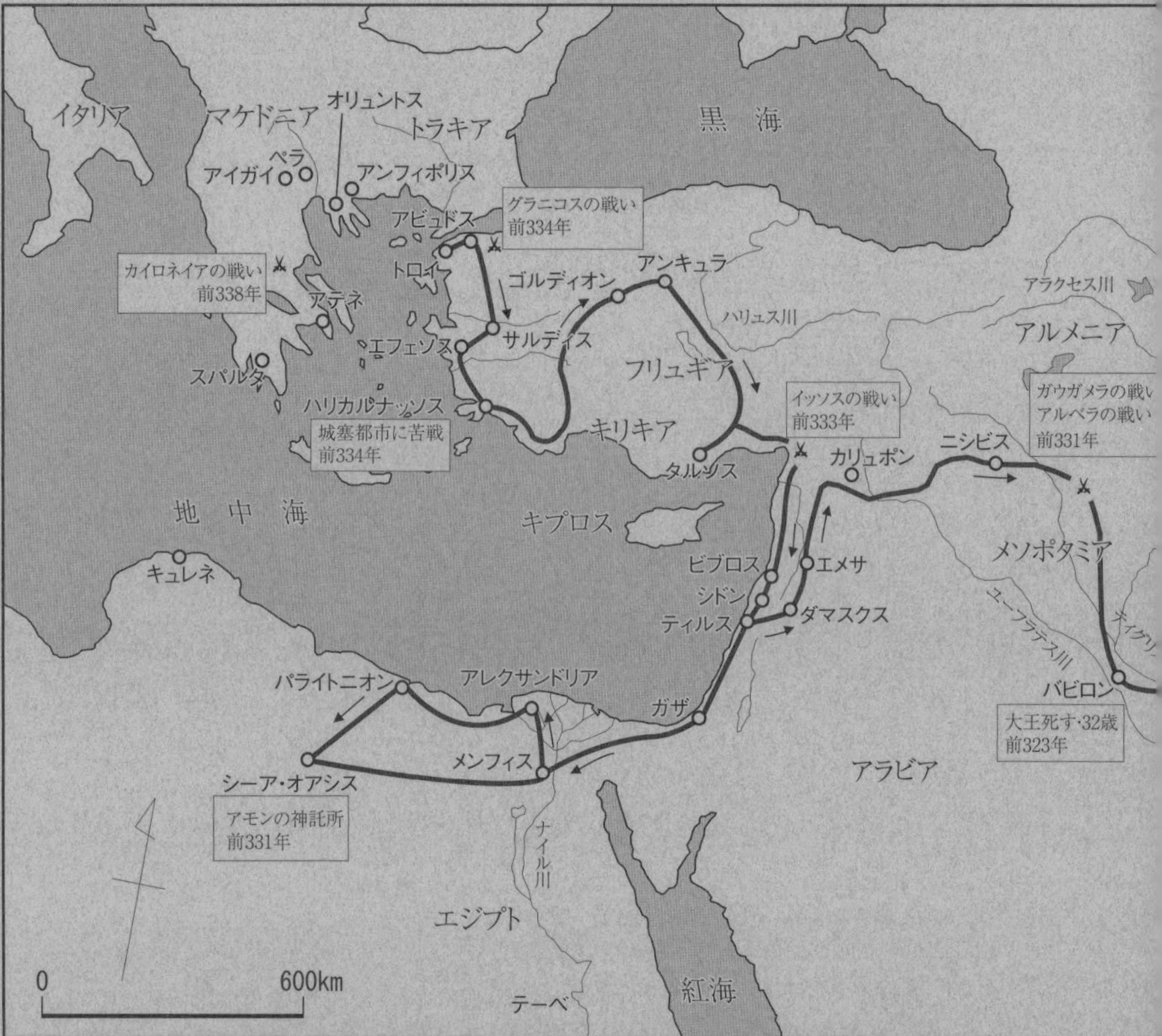

アレクサンドロス王の大遠征

鍍金された混酒器
クラテールでワインと水を混ぜた。
（デルヴェニ出土・ヴェルギナ考古学博物館）

世界帝国の基礎を築いたマケドニア王・
フィリッポス２世
（ヴェルギナ王室墳墓から出土）

フィリッポス２世の墓の入口
（ヴェルギナ王室墳墓）

黄金製の骨箱
フィリッポス２世の骨が納められていた。
（ヴェルギナ王室墳墓から出土）

獅子狩りのモザイク画　剣を持つ左の人物がアレクサンドロス大王（ペラ考古学博物館）

フィリッポス２世・アレクサンドロス大王の
故郷　ペラ遺跡

アレクサンドロス大王の石棺
（レバノンで発見・トルコ国立考古学博物館）

アレクサンドロス大王の立像
（トルコ国立考古学博物館）

トルコの旅で出会った少女

ペルシア帝国の都　ペルセポリス
前 330 年、アレクサンドロス大王によって焼かれる。

インダス川とギルギット川の合流点
（奥がヒンドゥークシュ山脈・右にヒマラヤ山系・左にカラコルム山系）

トルコ・エフェソス遺跡のメイン通り　この近くに、クレオパトラの妹アルシノエの墓がある。

クシャーナ朝第３代の王・カニシカの舎利容器
上部に仏像、下部にカニシカ王の姿が刻まれている。（パキスタン・シャージキデリー出土・ペシャワル博物館）

遊牧騎馬民族クシャーナ朝のカニシカ王像
像に刻まれた「大王」はインドの称号。「王の中の王」はイランの称号。「神の子」は中国の称号。
（インド・マトゥラー博物館）

旅で出会ったパキスタンの少女たち

ヘレニズム文化の影響を受けた
仏像誕生の頃の釈迦像
（パキスタン・タキシラのジャウリアン寺院）

未来への遺産・シルクロードのドラマとロマン

樋口　隆康
Takayasu Higuchi
児島建次郎 編
Kenjiro Kojima
山田　勝久
Katsuhisa Yamada

雄山閣

目次

はじめに

シルクロードに想いを馳せる

私は今はシルクロードの専門家と評価されていますが、初めからシルクロードに興味を持って、調査や研究を始めたわけではありません。私が初めてシルクロードの地を踏んだのは、一九五七年でした。日本考古学者八人の訪華視察団が中国政府の招待を受けて、中国を訪問したとき、団員の一人だった京都大学の水野清一教授の推薦で、当時京都大学の講師だった私も、メンバーの一人として中国を訪問しました。そのころ私は中国の古銅器や古鏡に関心がありましたので、安陽《あんよう》の殷墟《いんきょ》や西安の訪問をたのしみにしていました。

ところが、北京について、水野先生が特に希望しておられた敦煌行きが、団員の半数に絞られ、水野先生から「自分が敦煌に行くつもりだったが、足が痛くて歩けないので、代わりに君が敦煌に行くように」と薦められて、初めて敦煌を訪問しました。当時、日本人で敦煌を訪れたのは大谷探検隊ぐらいで、大変評判になり、日本へ戻ったら、作家の井上靖さんがわざわざ敦煌の様子を聞くために、私に会いに来られました。井上さんは「丁度、『敦煌』という小説を書いているが、行ったことがないので、どんな所か知りたかった」と言っていました。

次いで、一九五八年には京都大学の仏教学の長尾雅人教授を隊長とするインド仏跡調査隊が、インドの仏跡を巡りましたが、その際に、「インドの仏教遺跡のどこかで発掘したいから、君も付いてこい」と言われて、参加しました。私は、ボドガヤの遺跡で発掘をしました。当時、インドでは、イギリスが支配権を持ち、考古学の発掘もイギリス的方法で行われ、層位の確認など、アジアでは一番進んでいました。

バーミヤーン石窟を撮影する筆者
（アフガニスタン・1962～1980年の調査）

一九五九年からは、水野清一先生が京都大学イラン・アフガニスタン・パキスタン学術調査隊を組織され、私は一九六二年より、そのメンバーの一人として参加しています。先生が体調を崩されてからは、一九六七年に私が隊長となり、バーミヤーンの石窟やガンダーラの仏跡調査を一九八二年まで続けました。即ち、これら全ては恩師の指示に従って行動したわけで、私が進んで望んだわけではありませんでした。

シルクロードは東洋と西洋の文化交流の舞台として知られていますが、私たちの関心は仏教がインドからシルクロードを通って東アジアへ伝わったそのルートを探るということで、ガンダーラからアフガニスタンの東半分の地域の仏教遺跡の調査が中心でした。当時シルクロードはまだ余り世間に知られていませんでした。シルクロードが有名になったのは、ＮＨＫがシルクロード番組を放送しはじめた一九八〇年以降の事です。

一九八八年には「ならシルクロード博覧会」が開かれ、各国の文物を展示し、各国の物産が販売されたので、一躍シルクロードの名前が世界各国に広まりました。私も忙しくなり、一九八三年に、ＮＨＫの取材に参加して、ウズベキスタンのオシュ村のスリオートタシュ山の天馬の岩絵を見学したり、井上靖さんを団長とする日中文化交流協会の旅で、新疆省やフンザを訪問しました。その他、観光旅行や学会にも参加し、シルクロードの国々との交流が深まりました。

シルクロードに私がなぜ引きつけられるようになったのか、それは日本とは全く違う世界だというところに、何となくロマンを感じるからだと思います。私の一番の思い出は、アフガニスタンの現地の人との深い絆《きずな》の確立でした。

アフガニスタンは日本人には最も馴染みの少ない国で、それはダシュトの国と言われ、日本と環境の異なる不毛の高原砂漠です。ただ、砂漠と言っても無限の砂の原ではなく、夏には熱砂が吹きまくる死の世界ですが、秋、冬には多少の雨も降り、灌木《かんぼく》や草も生えており、遊牧民には、羊や駱駝《らくだ》を遊牧させる重要な生活の場です。

バーミヤーン石窟の調査をする筆者
（アフガニスタン・1962 〜 1980 年の調査）

北部アフガンの最大の町クンドウズはダシュトの中のオアシスで、そのクンドウズの近くには古代遺跡のテペが幾つかありますが、私が担当して一九六三年から五年間かけて発掘したのは、クンドウズの南方一一キロの所にあるチャカラック・テペです。そこを発掘するために、ちかくのグルバーグ村に宿舎を借りていました。遊牧民の部落で、ダシュトの麓にあり、土壁の家が五〇軒ほどあり、三〇〇人の村人がいるらしいのでしたが、夏には大半が放牧に出かけており、村には女と子供、老人しか居ません。

我々異国人が数ヶ月も滞在するというので、初めは村人は我々と出会うのも嫌がっていましたが、発掘の人夫として村人を優先的に雇ったら、現金が入るので喜び、特に、薬を使ったのが役に立ちました。人夫が怪我をしたら、土を塗る程度だったので、私がヨーチンを塗って、包帯を巻いてやったら、その包帯の手を得意になって、他の人に自慢そうに見せていたので、多くの人が「俺にも巻いてくれ」と寄ってきました。仕事が終わった夕方には、宿舎が診療所になり、私は「ドクター」と呼ばれ、ヨーチン、メンソレータム、アスピリンなど、日本で製薬会社からもらった一般向きの薬を使ったら、とても喜ばれました。時には、「娘が病気で寝ているから、ドクターに見てほしい」と云われて、その家に呼ばれたこともあります。寝床に入っていた娘にヴィタミン剤を一瓶あたえて、「これを毎日飲みなさい」とすすめ、数日後に再訪問したら、薬はそのまま大切に持っており、「これはいざというときにしか飲まない」と言うのです。「無くなったら、またやるから、毎日飲みなさい」と進言しました。村人は「薬のお礼だ」と言って、野菜や鶏、羊まで持って来てくれました。次の年、再訪したら、村人は大歓迎で迎えてくれ、預けていた羊は、早速料理に使って、食べさせてくれました。かくして、私たちはアフガンの遊牧民と大の仲良しになりました。それは薬のお陰でした。

外国での考古学調査には、地元の人と仲良しになることが、第一に必要なことです。

イランに仏教があった

仏教はインドからシルクロードを通って、東漸《とうぜん》し、途中、色々な変貌を繰り返しながら、東アジアの日本まで到達しました。では、西方には何処まで広まったのだろうか？　私はアフガニスタンの仏跡を長年調査していたので、そのことが気になっていました。

これまでは、トルクメニスタンのメルフに最西端の仏教遺跡があると聞いていましたので、その南域のイランには何故ないのかと不思議に思いました。

イランにはこれまでも何回か行っていますが、アケメネス朝ペルシアやササン朝の遺跡か、中世以降のイスラムの文物を見る程度で、仏教への関心はなかったのです。ただ、東大寺の森本公誠長老から、中世ペルシア語の文献には、イランに仏教が伝わっていたと言う記録があると聞いていました。私がイランで、突然仏像を見たのは、二〇〇二年四月でした。

当時、イラン政府が観光開発に熱心で、日本でのイラン観光を勧めたいとのことで、相談に乗っていたときでした。私は日本人にイランへの関心を持たせるのには、古代ペルシアの文物を見せるのが一番と思い、ペルシア展の開催を提案したのです。その打ち合わせのためにテヘランを訪問して、国立博物館を訪ねました。

そのとき、収蔵倉庫の中で、仏像を見てびっくりしました。完成品ではなく、仏像や菩薩像のストゥッコや粘土製破片の頭部、胴部などが、一九点ありました。その状態から見て、これは美術品として購入した物ではなく、発掘調査したときの出土品だと思いました。出土地を博物館の職員に聞きましたが、「シラーズのファールス博物館から転送された」こと以外は、はっきりしないそうです。

ところが、イランには「Nau Bahar」と言う地名があり、それはペルシア語では「新しい春」を意味し、その語源はサンスクリット語の「nava vihara」「新仏教僧院」の意味で、この地名はウズベキスタン

仏教誕生の地ガンダーラ
（パキスタン・タレリ・1963・64・67年の調査）

のブハラやサマルカンド、北東イラン地方に集中してあると言います。

私は「ナウ・バハル」の地に行きたいと思い、奈良シルクロード学研究センターとイランの考古学研究センターとの共同調査を二〇〇五年に行いました。アフガンとの国境に近いホラーサン地区やテヘラン西方のハマダーン、アゼルバイジャンなどの一九ヶ所を訪問しました。

仏教寺院を示すストゥーパや僧房などは、見つかりませんでしたが、ホラッサン州のニシャプール町の博物館で、小さな銅の仏座像が陳列してありました。今後も調査を続ければ、仏教寺院を発見する可能性は十分にあると思っています。

樋口隆康

第一章
ギリシア・マケドニア王国にフィリッポス二世とアレクサンドロス大王の面影をおう

テッサロニキ空港にアレクサンドロス・モード

前四世紀ごろ、ギリシア世界に彗星《すいせい》のごとくあらわれ、巨大帝国アケメネス朝ペルシアを倒し、インドまで遠征したアレクサンドロス大王は、今も多くの謎につつまれている。

この時代のギリシアは、バルカン半島とエーゲ海周辺を中心に繁栄をきわめ、都市国家（ポリス）が数千も存立する状況であった。

私は、二〇一〇年の夏、ギリシア・マケドニア地方のヴェルギナ、テッサロニキ、ペラをはじめ、ギリシア都市のデルフィ、コリントス、ミケーネ、アテネなどを巡ったのだが、都市国家時代の面影を残す遺跡が数多く存在するのに驚嘆せずにはいられない。

ギリシアの都市国家は、奴隷制を基底にしつつも、デモス・クラトスという直接民主制の政治システムを採用し、ギリシア人は、意味の通じない言葉を使う異民族のペルシア人や羊の皮をまとい大酒を飲むマケドニア人をバルバロイ（野蛮人）と呼んだ。

前三五六年に、ギリシア辺境の地といわれたマケドニアに生まれたアレクサンドロスは、どのような風土の中

アレクサンドロス大王の雄姿を描いたモザイク画
（テッサロニキ空港のカウンター）

で育ち、世界史上例を見ない大帝国を築いたのか、シルクロードの研究に取り組んで以来、私の胸中に去来《きょらい》する疑問であり、大王と同じ空気を吸いたいと念じ続けてきた。しばし、アレクサンドロスの故郷に吹く風に耳をかたむけていただければと思う。

今回の旅は、大王を東方遠征にかりたてた心情とは何か、どのような歴史的土壌のもとに英雄がこの地から旅立っていったのか、という糸口をつかみたいと考え、かなりの準備をして、連日三五度を超える猛暑の大阪を後にし、ローマ経由でギリシアのテッサロニキ空港に降り立った。八月三一日深夜の事である。

驚いたことには、空港の手荷物カウンターのところにアレクサンドロスの写真が大きく飾られているではないか。それは現在、ナポリ考古学博物館に展示されている「アレクサンドロス・モザイク画」の場面を一部切り取ったものである。

このモザイク画は、イタリアの古代都市ポンペイが後七九年にヴェスビオ火山の噴火によって火山灰で埋まった場所から発見されたものである。ファウヌスの家の個人住宅の床を飾っていたモザイク画は、アレクサンドロス大王とペルシアのダレイオス三世との戦争場面を描いており、縦三・一メートル、横五・一七メートルの大きさで、赤や黄など四色で彩色され遠近法を用いている。

このイッソスの戦い（前三三三年）を描いたモザイク画を見ると、アレクサンドロス大王のあごは大きく目は丸く、鼻は高く筋が通り髪は茶色でぼさぼさしていて、私がイメージする大王の姿とは少し異なっていた。

歴史上、最大の英雄の容貌は、大王の伝記などに記されているが、テッサロニキ空港には、早くもアレクサンドロス・モードがただよう。さらに、手荷物カウンターで待っていて、人々の容貌がこれまで私が訪ねたシルクロードの人々とはまったく異なるのに気付いた。

日本人ガイドの国武さんに聞くと、マケドニア地方は、マケドニア人をはじめ、トルコ人、ユダヤ人、ブルガリア人、ワルキア人らが住む多民族社会であるということで、さもありなんと思った一瞬である。アレクサンドロスの故郷を巡る旅は、ここから始まった。

フィリッポス二世とアレクサンドロスの生まれ育ったペラとテッサロニキ

古代マケドニアは、アルゲアダイという王家が支配し貴族がそれを支える王国で、人々は農業や移動放牧などに従事し奴隷制はなく、金銀や木材などの天然資源に恵まれていた。

アケメネス朝ペルシア（前五五〇～前三三〇年）が、マケドニア北東のトラキア地方に進出してきた前六世紀ごろは、マケドニア人はペルシア人に服従し、ペルシア戦争（前四九〇年と前四八〇年）でアテネを中心にポリスが勝利すると、ギリシアとの連携を深めていく。

マケドニアは、エーゲ海をはさんで小アジアのペルシア人と交流があるいっぽう、北にはトラキア人やイリュリア人といった好戦的な民族が住み脅威にさらされており、彼らの侵入、略奪に対する防衛は王国存立の基本であった（『シルクロード紀行二九』朝日新聞社参照）。

地理的にみるとマケドニアは、バルカン半島の北と南、そしてエーゲ海の東に位置するイオニア地方など三つの地域との絡み合いの中で発展してきたもので、それは、シルクロードの西の拠点であったといえよう。

マケドニアの中心地は、ギリシア本土の東北に接するセルマイコス湾に注ぐ三つの川にうるおされる肥沃な平野部であった。

マケドニア王国は、どのようにして飛躍的な成長を遂げていったのだろうか。ギリシア北部で移動放牧の生活をしていたドーリア系ギリシア人が、主神ゼウスをはじめ一二神が住むオリュンポスの北の地アイガイ（現在のヴェルギナ）に都をおいたのは、前七世紀ごろとみられている。

マケドニアがギリシア史の表舞台に登場してくるのは前五世紀ごろで、前四一三年に、マケドニア王に即位したアルケラオス王（在位前四一三～前三九九年）は、内陸アイガイから首都を交通の要衝ペラに遷した。

アルケラオス王は、建物の構造にギリシア風を取り入れたり、悲劇作家のエウリピデス（前四八五～前四〇六年）を宮廷に招くなどギリシア文化の導入につとめたものの、前三九九年に暗殺される。

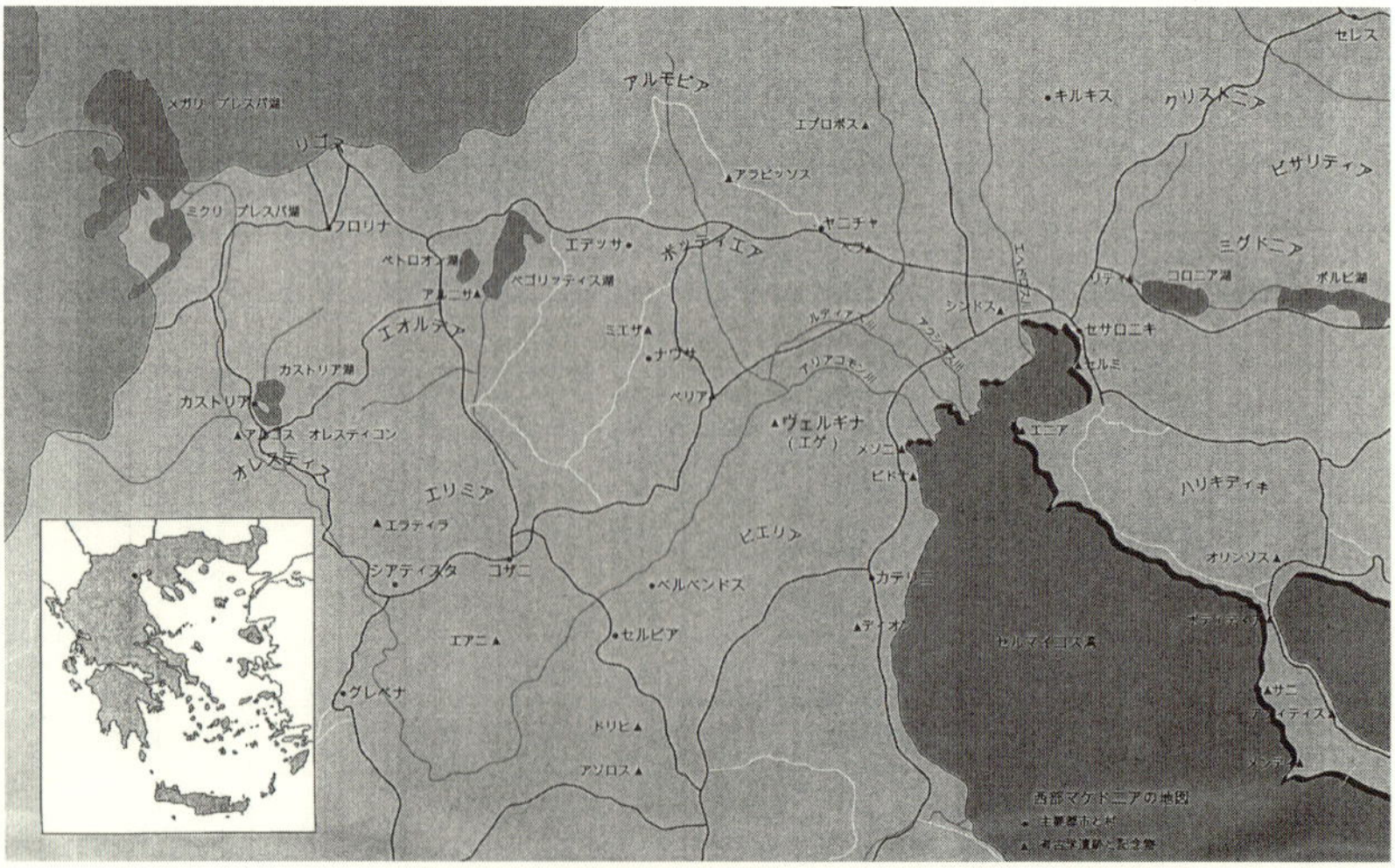

西部マケドニア

私が、テッサロニキとペラを見学したのは、二〇一〇年九月一日のことである。陽ざしはやわらかく二七度前後の気温で、連日三五度を超える猛暑が続く日本とは相違して過しやすい気候であった。

テッサロニキは、ギリシア第二の都市で、アテネから飛行機で五〇分、鉄道で四時間一五分のところにあり、人口は一〇〇万という大都市である。

テッサロニキの街

前三一五年に、大王の後継者を自認するマケドニアの将軍カッサンドロス（アレクサンドロス大王の義弟）が古代都市テルミに建設したもので、はじめのうちは、妻の名をとってテサロニケといった。

その後、前一四八年にローマ帝国の属州マケドニアの首都になり、ビザンティン帝国のユスティニアヌス二世（在位六八五〜六九五年）の時代には、コンスタンティノープルにつぐ第二の都市となる。

十字軍の時代には、ラテン帝国の首都になり、オスマン帝国（一二九九〜一九二二年）に併合されると、ユダヤ人を受け入れる。

トルコ共和国の父とあおがれるケマル・アタチュルコは、ここの生まれであり、一九一二年にギリシア領となる。

二〇〇九年九月、私がトルコを訪ねたとき、たびたびトルコ建国の父アタチュルコの名を耳にしたが、彼の出生地がギリシアのテッサロニキとは驚きであった。

私は、まず、セルマイコス湾に面して立つレフコス・ピルゴス（ホワイトタワー）を見た。高さ三二メートルの円筒形の白い塔は、悲しい歴史を秘めている。白塔は一五世紀にヴェネツィア軍によって建てられた城壁と連続したものであったが、一九世紀トルコ軍はここを牢獄として使い、反乱兵が虐殺されるという過去をもつ。そのため「血の塔」と呼ばれていたが、そのいまわしい過去を消すために白く塗りかえ、現在の姿に蘇《よみがえ》ったという。

ホワイトタワー（テッサロニキ）

海岸通りのビル群（テッサロニキ）

その海岸通りにアレクサンドロス騎馬像が、海に向かって屹立《きつりつ》しており、彼の目線ははるか彼方に向けられており、オリュンポス一二神が住むとされるオリュンポス山が眺望できる。

このあたり一帯は、海岸通りに沿って近代的なビルが建ち並び、古代都市の面影はないが、ビルの谷間に入ると歴史のある建造物が点在し、古代アゴラの西南には現代のアゴラがひろがり、そこは、私が何度か訪ね歩いたオリエントの匂い、雑踏、活気が漲《みなぎ》る世界であった。

町の東にある国際見本市会場に並んで、テッサロニキ考古学博物館がある。ここには、マケドニア北方のトラキアなどからの出土品が数多く展示されている。

博物館は九つの部屋に分かれており、見所はヴェルギナ王室墳墓から出土した黄金の数々で、精巧な金細工が施された装身具は、芸術性が高く、当時のマケドニア文化の高さを物語っている。

博物館には、テッサロニキの西方の工業団地建設に伴って一九八〇年に発掘されたシンドスの墓群から見つかった金銀

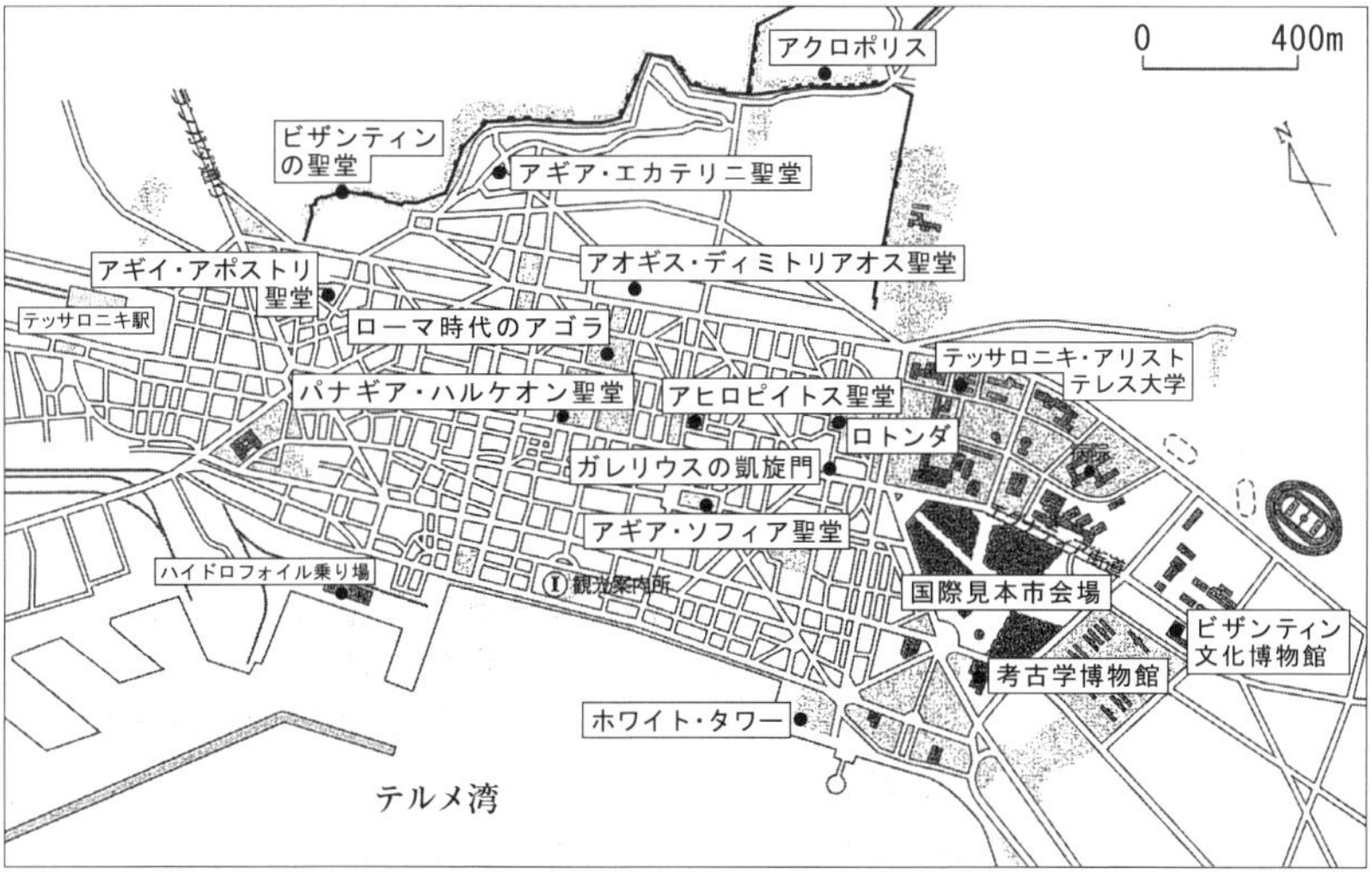

テッサロニキ（周藤芳幸『ギリシア』山川出版社、2003より転載・一部改変）

細工、北東のデルヴェニから発掘された金箔を貼ってあるブロンズの品々も展示されている。

テッサロニキの町は北西から東南に細長く伸びており、見本市の北側にテッサロニキ・アリストテレス大学があり、近くの通りに、ヴェルギナ王室墳墓の発掘に貢献したアンドロニコス博士の肖像が立っている。

町の中央には、ローマ皇帝ガレリウス（在位三〇五～三一一年）の霊廟として建設された、円形のロトンダ（アギオス・ゲオルギオス聖堂）があり、ロトンダの西南にガレリウスが、ササン朝ペルシア（二二六～六五一年）と

テッサロニキ考古学博物館

テッサロニキ・ロトンダ（アギオス・ゲオルギオス聖堂）

ガレリウスの凱旋門（テッサロニキ）

の戦いに勝利した記念として、三〇三年に建造された「ガレリウスの凱旋門《がいせんもん》」が、威風堂々と建っている。建設当時は四つのアーチをもっていたそうだが、現在は二つだけ残っており、表面にレリーフがみえ戦闘の様子を示している。

テッサロニキには、多くの聖堂がある。エグナティア街道沿いにあるアギア・ソフィア聖堂のドームには「キリスト昇天」、アヒロピイトス聖堂の身廟《しんびょう》と側廟には、五世紀ごろのモザイクが施されている。まさにビザンティン美術と建築の宝庫といえよう。

ペラ考古学博物館

私は、テッサロニキを後にしてバスで西へ走る。葡萄や杏、綿花などが栽培されているということで、北方の大地は雄大である。四〇分ほどいくと、フィリッポス二世とアレクサンドロスの生誕の地ペラの遺跡に到着する。周辺一帯は現在、農地になっているが、古代にはテルメ湾がせまり地中海への出口となっていた。

まず、道路沿いにあるペラ考古学博物館に足を運ぶ。博物館には、アレクサンドロスの大理石像や、「ペラ」という名がスタンプで押された瓦《かわら》の断片などが展示されている。

道路を挟んで反対側がペラ遺跡で、幅三メートルの道路が直線に走っており、日本人ガイド国武さんの話では、最近、やっと遺跡の整備が進んできたという。

ペラは、アレクサンドロス大王死後のヘレニズム時代（前三三〇〜

前三〇年）に、カッサンドロスによって碁盤目状の都市として整備が進み、アンティゴノス・ゴナタスの治世にはさらに繁栄をとげ、ローマ帝国に支配されるまで発展した。

遺跡の発掘は、一九五〇年代から少しずつ始まっており、ペラ村の高台付近がアクロポリスであり、その頂上に広大な王宮跡が発見されている。この場所が、フィリッポス二世の妃オリュンピアスが、アレキサンドロスを生んだ王宮であろうか。

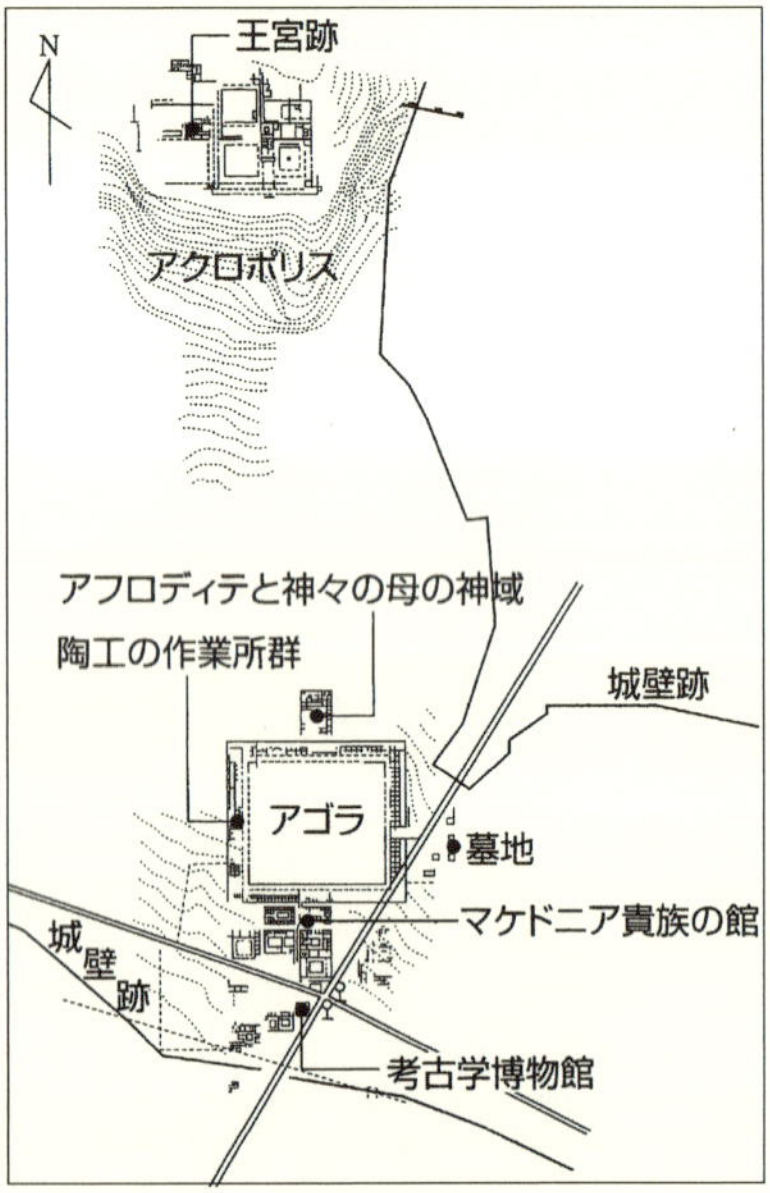

ペラ遺跡
（周藤芳幸『ギリシア』山川出版社、2003より転載・一部改変）

アクロポリスの南側にアゴラの跡や墓地、マケドニア貴族の館、陶工の作業所などがひろがっており、居住区には床にモザイク画が描かれている。

簡単な屋根におおわれた床モザイク画は、色が薄くなっているため明瞭でないものがあるものの、アレクサンドロスの少年時代と重なるものもあり、前四世紀のモザイク画をそのまま見学できるようになっており感激ひとしおである。

有名なモザイク画の一つに「獅子狩り」がある。マントをひるがえした二人の男が、前後から獅子を襲うという構図である。帽子をかぶり右手に剣を持ち目を見ひらいている左側の人物がアレキサンドロスで、右側の人物が戦友フラテロスではなかろうか。

目を見張ったのは「豹《ひょう》にのるディオニュソス」のモザイク画である。アポロンと対比され、ギリシアからオリエントにまで人気のあった酒と演劇の神ディオニュソスが、長い杖を手にして、お気に入りの豹の背中に乗っている構図は、シンプルだが華麗で、きわめて現代的にみえる。豹のひょろ長い姿が躍動的に描かれ、流麗な曲線は、技術の高さをうかがわせる。

私が特にうれしく思ったのは、「アレクサンドロスの大理石像」に出会えたことである。半びらきになった

ペラ遺跡全景

獅子狩りのモザイク画（ペラ考古学博物館）

豹にのるディオニュソス（ペラ遺跡）

への字型の唇は、あどけなさが残るものの、勇気と決意が秘められ、額《ひたい》から顎《あご》にかけて、少し欠けているところが、やがて英雄になっていく大王の姿を彷彿《ほうふつ》させ、初々しいなかにも、強固な意志が漲《みなぎ》っている。

私は石像にむかって「アレクサンドロス大王に会える日を楽しみに、シルクロード学を研究してきましたよ」とささやいた。すると、大王が「ようこそ。遠くペラまで会いに来てくれましたね」と労《ねぎら》ってくれたように思えてならなかった。私の念願がかなった一瞬である。

東西五〇〇メートル、南北四〇〇メートルほどのペラ遺跡は、「兵《つわもの》どもが夢の跡」のように、変化にとぼしく寂し気である。ただ、貴族の館やアゴラには、列柱回廊が復元されていて栄光の時代を偲ばせる。往時は、このアゴラで食品や陶器、金属品などが取り引きされ、民族をこえて人々が集まり賑わいを見せたことであろう。

私は一〇数本の列柱が立つアレクサンドロスが生まれ育ったペラ遺跡を見渡しながら思う。アレクサンドロスのロマンチックな性格は、この風土の中で育《はぐく》まれ、すぐれた体力と知恵を備えた類《たぐい》まれな強靭《きょうじん》さと高貴な精神は、この大地で鍛えられたのだろうかと。

予算の関係で調査が進まなかったペラ遺跡も、これから少しずつ発掘が進むという話をきいた。何年か後に、ペラ遺跡からアレクサンドロス関係のものが発掘され「世界の大ニュース」になることを期待して、後髪《うしろがみ》ひかれる思いでペラ遺跡をあとにした。

ヴェルギナ（アイガイ）・黄金に飾られていたフィリッポス二世の墳墓

マケドニア王国は、ギリシアの都市国家とは異なり、王家が王位を世襲するという社会で、それだけに王位継承をめぐる争いやトラキアなどの侵入があって不安定な状態が続いた。

二〇一〇年九月二日、私はテッサロニキの南西七〇キロ、ピエリア山脈の麓に位置する、かつて都が置かれていたヴェルギナ（アイガイ）の王室墳墓《ふんぼ》の前に立った。

ここは、マケドニア王国が建国された前七世紀からアルケラオス王がペラに都を遷《うつ》すまでの間、都が置かれたところで、当時はアイガイと呼ばれ、現在はヴェルギナ村となっている。のどかな農村地帯の集落を歩いていくと遺跡にたどりつく。

ヴェルギナ王室墳墓の前に立つ
ギリシア人ガイド・パティさんと筆者

マケドニア王墓のファサード（前門）
（ヴェルギナ王室墳墓）

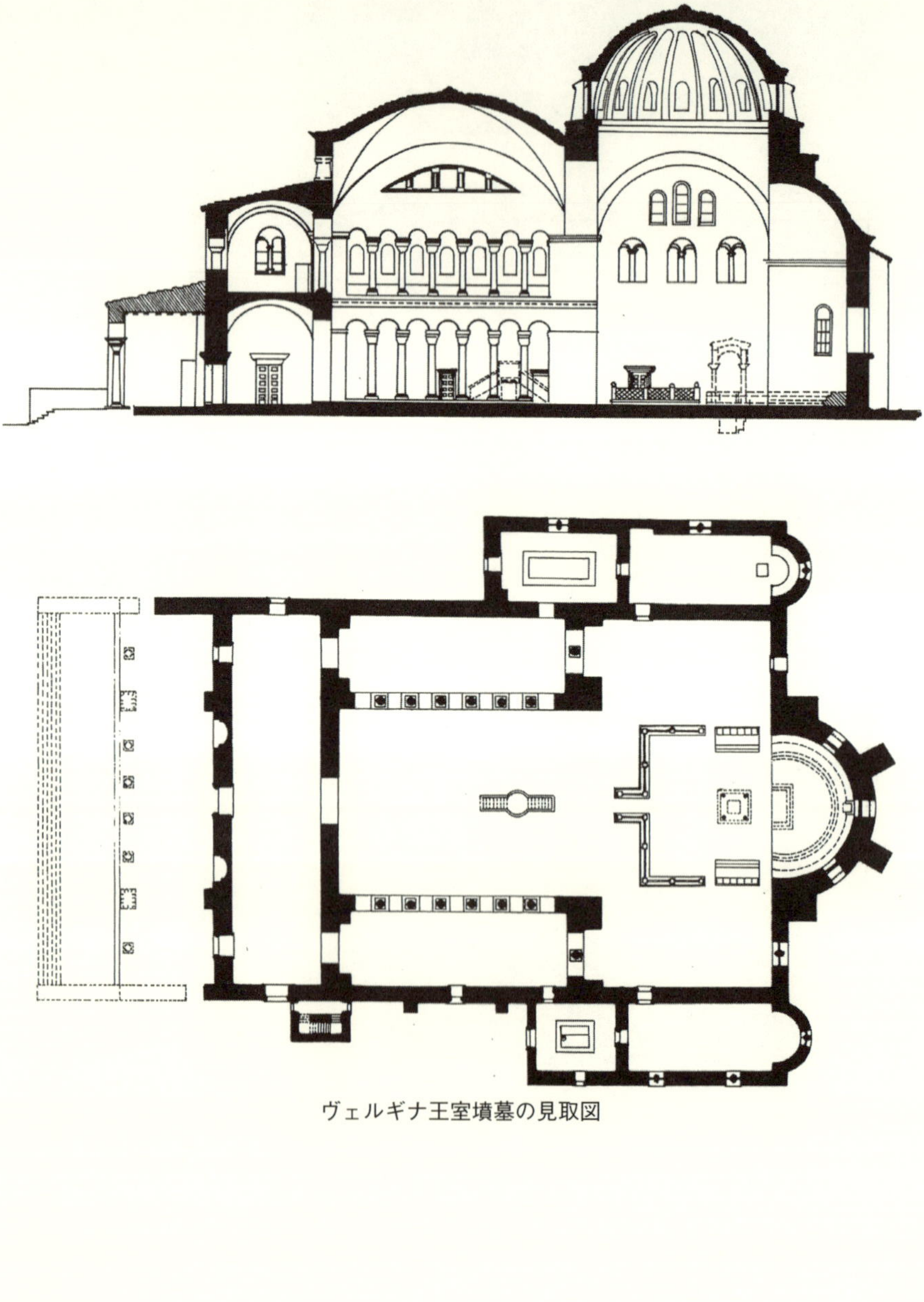

ヴェルギナ王室墳墓の見取図

墳墓の高さは一三メートル、直径約一〇〇メートルという大規模なもので、この盛り土の大きさが盗掘を防いだのかもしれない。私が訪ねた時も大勢の見学者で賑わっていた。

遺跡はギリシア考古史上、二〇世紀最後の発見として世界をかけめぐる大ニュースとなってセンセーションを巻きおこし、マケドニア研究に一石を投じることになった。

一九七七〜一九七八年にかけて、テッサロニキ大学の考古学者アンドロニコス博士が、豪華な副葬品やファサード（正面）を伴った三基のマケドニア式墳墓を発掘した。一基は盗掘にあっていたが、二基は盗掘されておらず、そこから目映《まばゆ》いばかりの副葬品が見つかったのである。

特に第二墳墓には多くの副葬品が残っており、墳墓に描かれた壁画などを調べた結果、アンドロニコス博士は「墳墓に葬られたのフィリッポス二世とその妃である」と発表。

被葬者については、現在も議論が続いているが前四世紀ごろの墓であることは間違いなく、フィリッポス二世からアレクサンドロスにかけての歴史資料として、きわめて重要なものとなっている。ヴェルギナの王室墳墓は、現在、全体が地下博物館になっており、王家の秘宝が展示されている。

私は、ギリシア人ガイドのパティさん（テッサロニキ大学で考古学を専攻）に案内していただき、墳墓の中に入ったのだが、まず、その大きさに驚く。

傾斜二〇度ほどの墓道を一五メートルほど進むと、高さ八メートルほどのドーム状の墓室にたどりつく。副葬品の一部は、テッサロニキ考古学博物館に展示されているが、墓室にも数多く残っており、整理された形で見ることができる。

墓は、大理石で美しく飾られ、二つの墓室は一つの大きな土塚のもとに置かれ、きちんと保護されていて、見

フィリッポス２世の骨が納められていた黄金製の骨箱
（ヴェルギナ王室墳墓から出土）

黄金製の花冠（ヴェルギナ王室墳墓から出土）

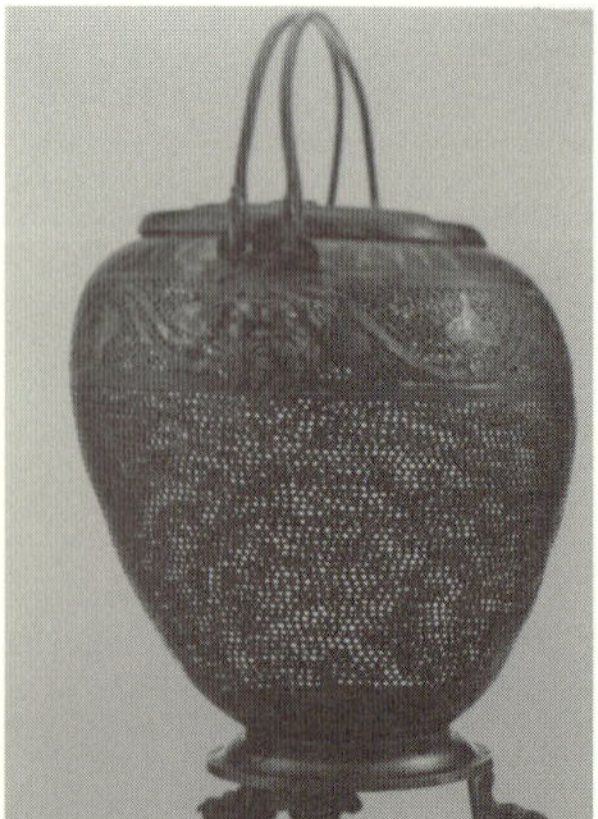

青銅製のランタン
（ヴェルギナ王室墳墓から出土）

学しやすいようになっている。

墓室の入口に数本の列柱が並んでいるが、その上と下にライオン狩りのフリーズがみえる。マケドニアは、豊かな森林におおわれており、ライオンや豹、猪《いのしし》などの野生動物が生息していたところで、フリーズは狩猟が単なる娯楽のためではなく、戦士を育てる訓練場であったことをうかがわせる。

目を見張ったのは、第二墳墓で発見された「黄金製の骨箱」である。高さ三三センチ、幅四一センチの小さなものであるが、重さは一〇キロ以上あるという。

骨箱のなかに金色の刺繍《ししゅう》をほどこした紫色の衣に包まれて骨が納められており、これはフィリッポス二世の火葬骨であろう。オーク（ナラ・カシ・カシワなどの木）の葉と実でかたどった黄金の王冠で飾られていた。

骨箱の蓋《ふた》には、マケドニア王家の象徴である一六本の星の光線が打ち出されている。これらの意匠から、マケドニア王国がギリシアを征服する以前からギリシア文化を吸収していた様子がよみとれる。

副葬品は、いずれも見事というほかないほどすばらしい。武具の脛当《すねあ》ては、金箔を貼った青銅製で、二本のうちの一本は三センチほど短いことから、フィリッポス二世が身につけていたものであろう。彼は片方の足が少し短かったといわれている。

さらに、黄金製の花冠、象牙《ぞうげ》製の五つの首、水しぶきがかからないように透かし彫りがほどこされている青銅製のランタン（提灯）などを見ると、当時のマケドニアの芸術、工芸が、いかに高度な水準に達していたかが実感できる。

フィリッポス二世の人生を写し出したスクリーンともいえるヴェルギナ王室墳墓は、古代美術史上において計り知れない価値を持っていることを実感した一日であった。

興味深いのは、第一墳墓の壁の三面にフレスコ画でギリシア神話の場面が描かれている点であろう。これは、冥界《めいかい》の神で「地下の冥府《めいふ》の王」と称されるハデスにまつわる物語である。ハデスは、ゼウスと豊穣《ほうじょう》の女神デメテル（大地母神）とのあいだの娘ペルセフォネを見初め、結婚を申し込むが拒否される。

フレスコ画の一場面は、ハデスがペルセフォネを誘拐し、馬に乗せて連れ去るところを流麗なタッチで描いているもので、縦二メートル、横三メートルほどの大きさである。他の二場面には、ペルセフォネの母デメテルと三人の運命を握る女神モイラが描かれている。

さらに、王墓からはフィリッポス二世の肖像が見つかっている。それは、フィリッポス二世の墓の特別室にある寝椅子に付いている象牙の頭部で、首の長さは三センチほど。彼は敵の矢を受けて片目を失っていたといわれているが、精悍《せいかん》な風貌はエネルギッシュで強烈な個性が滲《にじ》み出ている。

冥界の王ハデスがペルセフォネを拉致する場面
（ヴェルギナ王室墳墓・前四世紀）

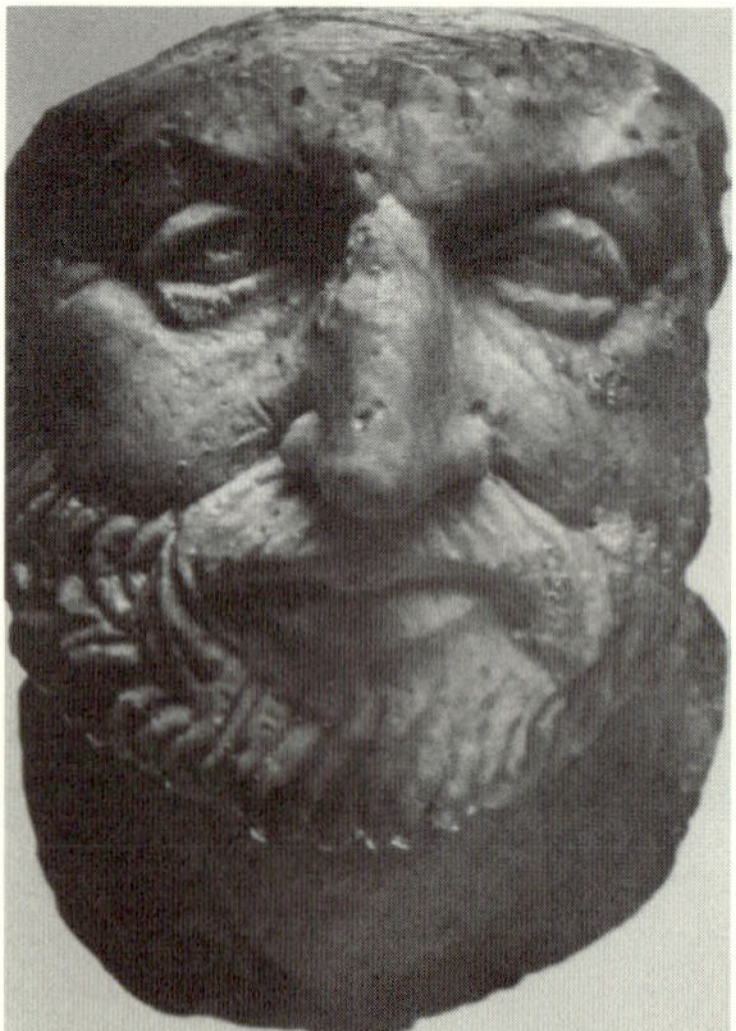

精悍な風貌をしたフィリッポス２世
（ヴェルギナ王室墳墓から出土）

ヴェルギナ王室墳墓と副葬品の数々は、きわめて刺激的で、古代マケドニアの姿を彷彿させる。ギリシアの都市国家からバルバロイと呼ばれた王国は、フィリッポス二世からアレクサンドロスの時代を迎えると、もはや辺境の地ではなく、墳墓はギリシアの先進文化を吸収していく過程を証明してくれるものといえよう。

アレクサンドロス・出生をめぐる伝説

フィリッポス二世は、エーゲ海北部のサモトラケ島の密儀《みつぎ》の式でエペイロスの王女オリュンピアスに出会い、エキゾチックな美貌に一目惚《ひとめぼ》れして結婚する。

オリュンピアスは、ピンドス山脈の西に位置するエペイロス地方のモロッソイ王国の王女であった。二人の結婚は、北方のイリュリア人の脅威にさらされているマケドニアとモロッソイ両国が同盟するための戦略的な面もあったという。

古今東西の英雄には、出生譚《しゅっしょうたん》といって、生前に特別な環境のもとで生まれ、やがて、それが崇拝の対象になるというエピソードが伝えられている。釈尊は母マーヤー夫人が白象の夢を見て脇腹から生まれたと仏伝に記され、イエスの母マリアは馬小屋でイエスを生み、そのとき、東方から聖人がお祝にかけつけたといい、前漢の建国者・劉邦《りゅうほう》の母は、龍の夢を見て息子を生み、その顔は龍に似ていたなど…。

アレクサンドロスにも出生にまつわる伝説が語りつがれている。伝承では、母親オリュンピアスは蛇に姿を変えたゼウスと交わって身籠《みごも》った。母親は東方遠征に向かう息子に出生の秘密を明かしたということで、大王は遠征中に、あらためて自分がゼウスの子であると確信したことだろう。

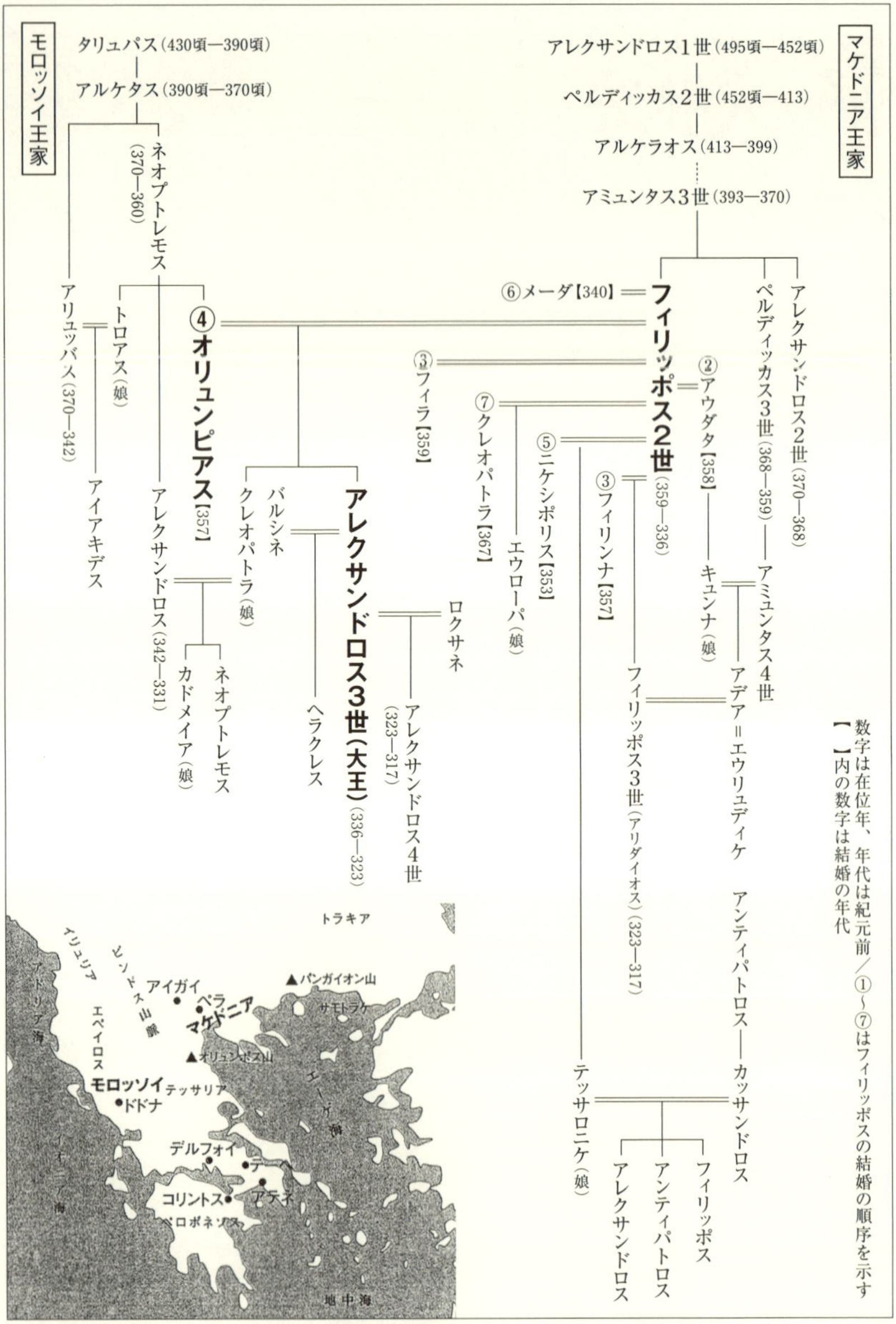

マケドニア王家の系図（マケドニア王家の系図）
（NHK 出版『文明の道〈1〉アレクサンドロスの時代』より転載・一部改変）

また、次のような誕生にまつわる話がある。母親のオリュンピアスはフィリッポス二世に嫁ぐ前に夢を見た。雷が鳴り自分の腹に落ち、燃えひろがって消えた。この夢は何を暗示しているかといえば、ゼウスの化身は雷神であることから、ゼウスと交わったということである。

いっぽう、フィリッポス二世は、結婚してから妻の腹に封印する夢を見たが、印は獅子のデザインであったため予言者に夢は何を意味しているか、とたずねた。

アリスタンドロスという予言者は、空っぽのものに封印することはないので、オリュンピアスが妊娠していて、お腹の子は獅子のように猛々《たけだけ》しい性格をもっています、と答えた。

獅子は偉大な君主や支配者にふさわしい動物である。アリスタンドロスは、その後、東方遠征に従軍し、いくつもの予言をして大王を助けたという。

ヘラクレス像（右）（ペラ考古学博物館）

アレクサンドロスは、自分が神々の血統につらなる存在であると信じていた。確かに父方のフィリッポス二世の祖先は、英雄ヘラクレスにさかのぼり、母方のオリュンピアスの祖先は、トロイ戦争の英雄アキレウスにつながる。つまり両家ともギリシアの最高神ゼウスの血を引いているのである。

オリュンピアスは、トラキア地方の密儀《みつぎ》宗教を信仰していた。これはディオニュソスやオルペウスを祭る宗教で儀式は狂乱を伴ったという。

あどけなさが残るアレクサンドロス大王の頭部（ペラ考古学博物館・前４世紀）

彼女は自尊心が強く密儀宗教にみられるように激しい性格をしていたようで、のちにフィリッポス二世が別の女性を引き入れたとき、アレクサンドロスをつれて実家に帰るという行動をとっている。

ギリシア神話に登場する神々は、きわめて人間的に描かれており、神々と人間は、ときには交わり、その間に生まれたものを英雄と称する。

アレクサンドロスの出生譚も王家の血統に箔《はく》をつけるためのものであったにちがいないが、大王は、前三三一年にエジプトのシーア・オアシスでアモンの神官から神託を受け、そのとき、神官は大王を「神の子」と呼んだ。祖先が英雄であるとする事実は、その後の大王の行動や心理に微妙に影響したにちがいない。

紀元一世紀ごろ、ギリシアの名望家に生まれたプルタルコス（後五〇～一二〇年の哲学者）は、『英雄伝』や『アレクサンドロス伝』などの作品を残している。この書は歴史書ではなく伝記で、色彩豊かな逸話が生き生きと語られている。そのなかに、

アレクサンドロスは、色が白く、全身から芳香を発散させ、それがいつも衣裳に移っていた。目は柔和にうるおい、首はいくらか左にかけるくせがあった。

と記しており、あどけなさが残る大王の頭部は、その面影を伝えている。

アレクサンドロスは母親を敬愛した。神話や密儀に傾倒し、情熱的で縁起をかつぐところは母親に似ており、

冷酷《れいこく》な実利主義者で政治的、軍事的才能は父親から受け継いだものであろう。

彼が生まれたのは、ペラで前三五六年の夏アイガイから都が遷ったときであった。たまたまこの日、トルコ・イオニアのエフェソスにある狩猟と純潔の女神アルテミス（ゼウスとレトの娘でアポロンの妹）を祀る神殿が焼失した。人々は、アルテミス女神がアレクサンドロスの出産に立ちあっていたため、神殿が全焼してしまったと噂したという。

アレクサンドロスの少年時代と家庭教師アリストテレス

アレクサンドロスの家庭教師が、哲学者アリストテレス（前三八四～前三二二年）であったことは、よく知られている。

彼がマケドニアに招かれたときは三九歳、大王は一三歳で師弟関係は三年続く。アリストテレスは派手な衣裳を身につけ、顔が小さく風貌はぱっとせず舌がもつれることもあったようだ。

フィリッポス二世は、ペラの山麓ミエザに学問所をつくり、アレクサンドロスをプトレマイオス（プトレマイオス朝の建国者）やネアルコスという同じ年頃の貴族の子弟とともに学ばせた。アリストテレスは、政治学や倫理学、治療法を含めた医学などを教えたという。

アレクサンドロスの少年時代については、プルタルコスの『アレクサンドロス伝』に詳しく記されており、そのいくつかを紹介しよう。

あるとき、側近の一人が、オリンピア競技のスタディオン（一八〇メートル）競走に出てみたいと思いませんかと尋ねると、大王は、王だけが走るレースなら出てもいいよ。

と答えたという。名誉を尊び気位の高さと節制の徳に優れているエピソードといえよう。

名馬ブーケファラスについての話も、彼の性格を知る上で重要である。馬商人がテッサリア産で額に雄牛の烙印《らくいん》のある荒馬を売りにきた。馬の値段は一般的には一タラントだが、この馬は一三タラントと高値がついている。

アレクサンドロスは、気性の激しい馬が自分の影におびえて暴れているのを察知し、頭を太陽にむけて落ち着かせ、衆人《しゅうじん》環視のなかで見事に荒馬を調教してみせた。

その勇姿にフィリッポス二世は、

お前は自分の器にふさわしい王国を求めるがよい。

マケドニアにおまえの場所はない。

と、息子を褒《ほ》め称えた。

大王は東方遠征中、常にブーケファラスに乗って戦ったが、前三二六年にインドで老衰のため死ぬと、

マケドニア周辺地図

馬の死を悼《いた》んでブーケファラという名の都市をつくった（『興亡の世界史01』森谷公俊著・講談社参照）。

また、マケドニア王国の首都ペラを訪ねたペルシアの使節が、若き王子にペルシアの道路と距離をくわしくたずねられ、その神童ぶりに感心したという。

このほか、フィリッポス二世とクレオパトラとの婚礼の席で、父と激しいやりとりをした結果、母を伴って一

アレクサンドロス大王騎馬像（テッサロニキ港）

アリストテレス像（テッサロニキ）

種の国外亡命をするエピソードなど、大王の生き生きした感情と行動には、すでに英雄としての片鱗《へんりん》がみえる。

家庭教師アリストテレスは、アレクサンドロスに「中庸《ちゅうよう》」の重要性を説いた。父フィリッポス二世は、息子が「よく生きること＝カロス・ゼイン」を学んだことを、アリストテレスに感謝したという話も興味深い。

母親オリュンピアスの激情的な性格を受け継いだアレクサンドロスが、東方遠征においてその若さに似ず、冷静な判断を下し、乱暴な振舞いや女性に目もくれることなく自制心を持ちつづけられたのは、アリストテレスの教育に負うところが大きいのかもしれない。

アリストテレスは、アレクサンドロスが王位につくと『王たることについて』と題する書を贈っているが、これは、王としての統括の心得を説いたもので、大王のその後の生き方に少なからず影響を与えたことだろう。アリストテレスは、ギリシア人は優秀な民族なので、彼らを奴隷に従事させるのではなく、奴隷には異邦人を使うべしという「ギリシア民族主義」の考えの持ち主であった。

異民族を奴隷とみなすアリストテレスの思考は、当時のギリシア人が外国人をバルバロイとみなす感情の一つのあらわれと見てよい。

ギリシア文化の特徴は、人間を中心に据えたものである。ただ、アリストテレスの「現実の事物こそが真理である」とする学問の体系が、一見広大なように見えて、ギリシア世界という、きわめて狭い枠組みのなかのものであったことについては、もっと考察が必要であろう。

フィリッポス二世の軍隊の強さ・カイロネイアの会戦から暗殺へ

歴史は急に足を早めていく。アイガイからペラに都を遷したアルケラオス王は、政治や軍制の改革を行ない、ギリシア文化の導入に尽力するものの、前三九九年に暗殺される。

その後、マケドニアはスパルタ、テーベ、アテネなどとの錯綜《さくそう》した対立の中で、四〇年間、混乱と動揺が続く。この時期の前三六九年から三年間、テーベで人質としての生活をおくったのがフィリッポス二世で、一三〜四歳ごろであった。

マケドニアの業病《ごうびょう》ともいうべき王位継承の争いから頭角をあらわしたフィリッポス二世（在位前三五九〜前三三六年）は、前三五九年に王位を継承すると、周辺諸国に手をのばしはじめる。

二三歳で即位するとともに、王位を狙う王族をしりぞけ、隣国イリュリアとの抗争に勝利して山岳地帯の小国を王国に併合し、二年間のうちに領土を二倍に拡大するなど各地域の住民をマケドニア王国の国民として兵士に組み込んでいった。

フィリッポス二世の軍は、どうして強かったのであろうか。一言でいえば、これまでにない常備軍を整えたことにある。

ギリシア諸都市の間では、秋から冬、初夏に至るまでの季節は、農業が忙しく戦争を行なわない。戦争は夏だけに行なう恒例行事のようなものであり、出征する兵士が農民である限り、戦争は農閑期に行なわなければならない。

これに対して、フィリッポス二世は、いつでも軍事行動がおこせるように常備軍を設けたのである。

フィリッポス二世の才能は、天性のもので、なかでも軍隊の改革と強化は、彼の潜在能力が遺憾《いかん》なく発揮された例であろう。

新戦術を駆使するフィリッポス二世に率いられた軍隊は、長い槍を並べて突撃し敵の戦列を粉砕する。この重装歩兵というのは、甲冑《かっちゅう》に身をつつんだ兵士が、密集して大きな盾《たて》と長い槍をもって敵陣へ進んでいくものである。

攻撃用の長槍は、二・五メートル前後の長さで、重装歩兵の長槍を倍の長さにして両手で持たせ、大きな盾のかわりに小型の丸盾を首から吊るして胸と腹を守らせた。

これによって盾が動きの邪魔にならず、重装歩兵は密集した形で隊を組むことが可能になり、柄の長い槍で飛躍的に相手に対する破壊力を増していった（『文明の道・アレクサンドロスの時代』ＮＨＫ出版参照）。

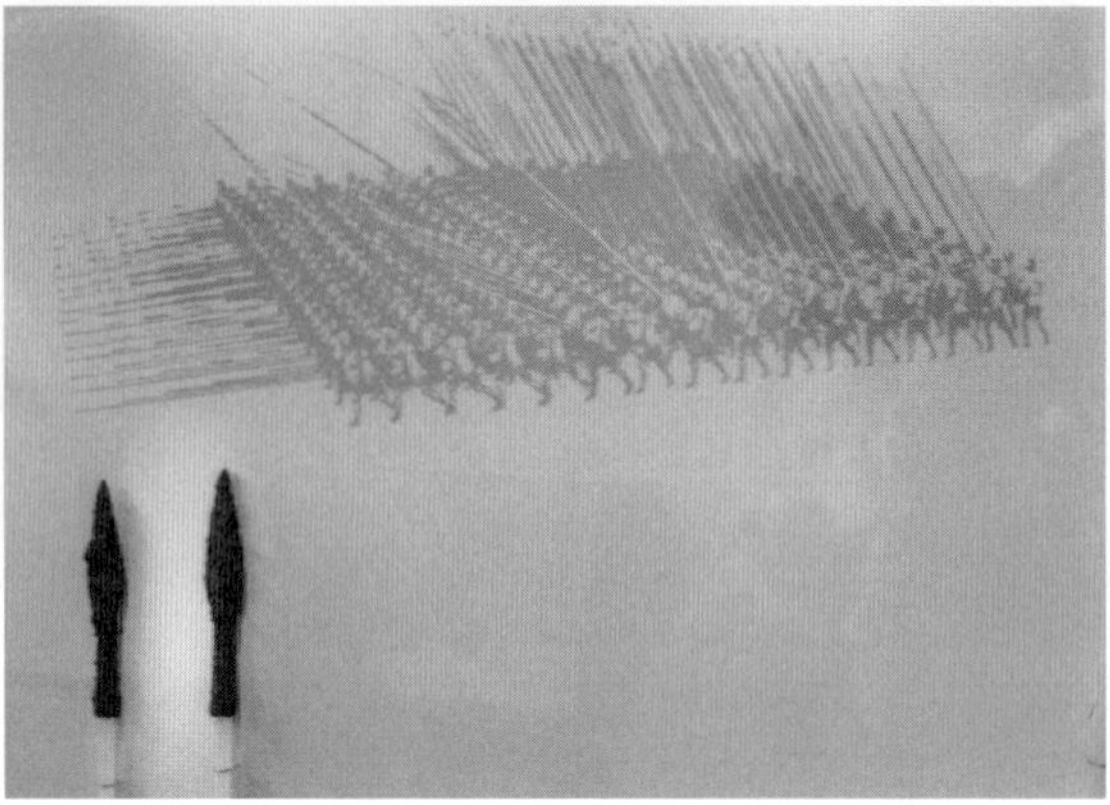

マケドニア密集歩兵部隊（テッサロニキ考古学博物館）

長槍の密集歩兵部隊の戦法は、アレクサンドロスによって完成する。私が訪ねたテッサロニキ考古学博物館に、長槍部隊を描いた「マケドニア重装歩兵」の写真が展示されていた。

マケドニアには、ギリシアと異なって奴隷は存在しない。貴族と自由身分の農民、牧人で構成されており、軍隊も二つの身分を基盤に生み出された。

戦力として最も頼りになったのは、王によって個人的に引き立てられたヘタイロイ（朋友）である。ヘタイロイには、マケドニアの貴族をはじめ、併合していった王族や貴族、ギリシア人らも登用され、彼らの子弟が近習《きんじゅう》に組み込まれ、王の身近の世話をしながらエリート教育を受ける。やがて、子弟はヘタイロイに編入され、フィリッポス二世の時代には八〇〇人に達したという。

フィリッポス二世の才能は、軍事面にとどまらず貨幣の発行、都市の建設、耕地の開発や通商の促進など多岐にわたり、またたく間に、マケドニアはバルカン半島の強国にのし上がっていった。

ペロポネソス戦争（前四三一～前四〇四年）後のギリシア世界は、ポリス間の小競り合いが続き、合従連衡《がっしょうれんこう》を繰り返すなかで、各ポリスでは国土が荒廃し貧富の差が拡大していき没落する市民が増えつづけた。

ポリスでは重装歩兵の担い手を失い傭兵《ようへい》化が進み、ポリス世界が分立抗争に明け暮れし、末期症状を呈している頃、フィリッポス二世の率いるマケドニアは、軍事改革によって強国に成長し、トラキア地方の勢力拡大に乗り出しアテネと対立する。

マケドニア王の特徴のある象牙の頭部
（ヴェルギナ王室墳墓から出土）

さらに、彼はデルフィの管理をめぐる周辺諸国の第三次神聖戦争（前三五六～前三四六年）への救援要請をテッサリアから受けたのを契機にギリシアへの介入を強める。

フィリッポス二世に最も脅威を感じたのが、ギリシアを代表する雄弁家デモステネス（前三八四～前三二二年）で、「フィリッポス攻撃弁論」をはじめ多くの弁論を展開している。

プラトンの弟子といわれるデモステネスは、徹底した反マケドニア主義者であった。次第に強国になっていくマケドニアを目の当たりにしたデモステネスは、徹底してフィリッポス二世を攻撃しており、その一部を紹介しよう。

アテネ市民よ。ますます増大するあの男（フィリッポス二世）の傲慢《ごうまん》無礼さを見よ。あの男は諸君にいかなる自由も与えず猛《たけ》り狂うばかりだ。…諸君は勃発寸前の一大事件に気付かないのか。自由な市民が自分の立場を辱《はずかし》められるという、これ以上の屈辱があろうか（パウラ著『ライフ・人間世界史』一九七三）。

アテネ市民は、フィリッポス二世の破竹の勢いに恐れをなしていたのだろう。

前三三九年、アテネの同盟国であるボスポラス海峡に臨むビザンティオンをマケドニアが攻撃したため、アテネは援軍を派遣し、両国間で戦闘が始まる。

おりしも、トラキア地方でマイドイ族が反乱を起こしたため、アレクサンドロスは軍を率いて出陣し反乱を鎮圧する。彼は、ここにギリシア人を入植させ、アレクサンドロスの町と名づけた。

これこそ、彼が東方遠征における要衝の地に、アレクサンドリアという都市を建設する先駆《さきがけ》けとなるもので、都市はエジプトからティグリス川、中央アジアにまで及び、その数はプルタルコスの『英雄伝』では、七〇ヶ所にのぼると伝えられている。いっぽう、二〇ヶ所前後とも言われ、現在は、エジプトのアレクサンドリアだけがその名をとどめる。

さて、アテネには親マケドニア派と反マケドニア派が存在していた。フィリッポス二世のギリシアへの介入が深まるのを見て、デモステネスはマケドニアを撃退すべしと主張し、その熱弁に誘導されたアテネ民会は反マケドニア路線に舵《かじ》を切る。

ここに、前三三八年八月、フィリッポス二世とギリシアの命運を分ける決戦が幕をあける。その場所は、ボイオティア地方の都市カイロネイアの東に広がる平原であった。

このとき、一八歳のアレクサンドロスを含めてマケドニア側は、騎兵二〇〇〇と歩兵三万の陣容である。アレクサンドロスは、正規軍同士による戦闘は初めてで、彼はマケドニア軍の華である騎兵を任されており、フィリッポス二世は、息子に大いなる期待をよせていたのだろう。

ギリシア側は、数では勝《まさ》っていたものの、全体を統括する指揮者がおらず、戦闘経験があるのは傭兵《ようへい》とテーベ軍だけということもあって、多くの戦死者を出し、フィリッポス二世の圧倒的勝利におわる。

講和締結のため、アテネに向かったのはアレクサンドロスと重臣のアンティパトロスであった。一八歳のアレクサンドロスは、アテネの地に足を踏み入れ、何を見て何を感じたのだろうか。この点について、残念なことに歴史書は何も記していない。

アテネとの講和は、捕虜を身代金なしで解放するなど寛大な条件であったが、テーベには厳しい態度で臨み、反マケドニア派の指導者を処刑し、親マケドニア派の亡命者を帰国させるなどの措置を取る。

アテネに対する寛大な処置には、フィリッポス二世のペルシア遠征をめざす上でアテネの海軍と商船団を利用しようとする思惑《おもわく》が秘められていたのかもしれない。

カイロネイアの会戦後、フィリッポス二世は、混乱をきわめたギリシア世界をどのようにまとめるかという課題に直面する。

前三三八年、彼はギリシアの統一をめざして各ポリスに招待状を送った。スパルタを除く南部およびエーゲ海のポリスがコリントスに集まった会議で、参加国の誓約のもとに締結されたのが「コリントス条約」であり、

前338年、コリントス条約が結ばれたコリントス遺跡

ここにコリントス同盟（ヘラス同盟）が成立する。

盟主にはフィリッポス二世が選ばれた。条約の内容は、ギリシア諸国の自治と自由を保証し、内政に干渉せず現政権を維持し、革命を禁止して国内の平和を守るというものであった。

条約の内容からみえてくることは、誇り高いポリスに強圧的な態度で接するのではなく、ギリシアが現状維持の精神を保持した上で、長いあいだの分立抗争に終止符をうつというものである。フィリッポス二世の外交手腕というか、見事なまでの政治的センスが発揮された場面だったといえよう。

翌年、再びコリントス会議が開かれる。ここでフィリッポス二世はペルシアへの遠征計画を発表し会議の支持を得て、前三三六年に最初の遠征軍として一万の将兵が小アジアにむけて進撃を開始する。

先発部隊はヘレスポントス（ダーダネルス海峡）を渡り、小アジアに上陸する。つづいて、フィリッポス二世も先発部隊に合流すべく、本隊を率いて出発する予定であった。彼の遠征の意図は、ギリシア文化圏にあったポリスを、ペルシアの支配から解放することにあったにちがいない。

この年の夏、古都アイガイでフィリッポス二世の娘クレオパトラと、モロッソイの王子アレクサンドロス（オリュンピアスの弟）との結婚式が行なわれた。

饗宴の席では、ギリシア諸都市の代表が黄金の冠を贈呈するという華やかなもので、彼の権力と威信を誇示するものであったにちがいなく、祝典は彼のペルシア遠征への壮行会でもあったのだろう。

祝宴の翌日に悲劇がおきた。側近護衛官のパウサニアスが隠し持っていた短剣でフィリッポス二世の胸を刺し貫いた。理由は、同性愛関係のもつれからといわれ、二世に恨みを抱いていたことによるものであった。

フィリッポス二世四六歳、前三三六年のことで、彼の野望が潰《つい》え去った瞬間であった。マケドニア王家の歴史には、「暗殺の影」が付纏《つきまと》う。血なまぐさい争いや粛清《しゅくせい》が日常的な出来事であったとはいえ、この非業の死は、

ヨーロッパとアジアを隔てるダーダネルス海峡

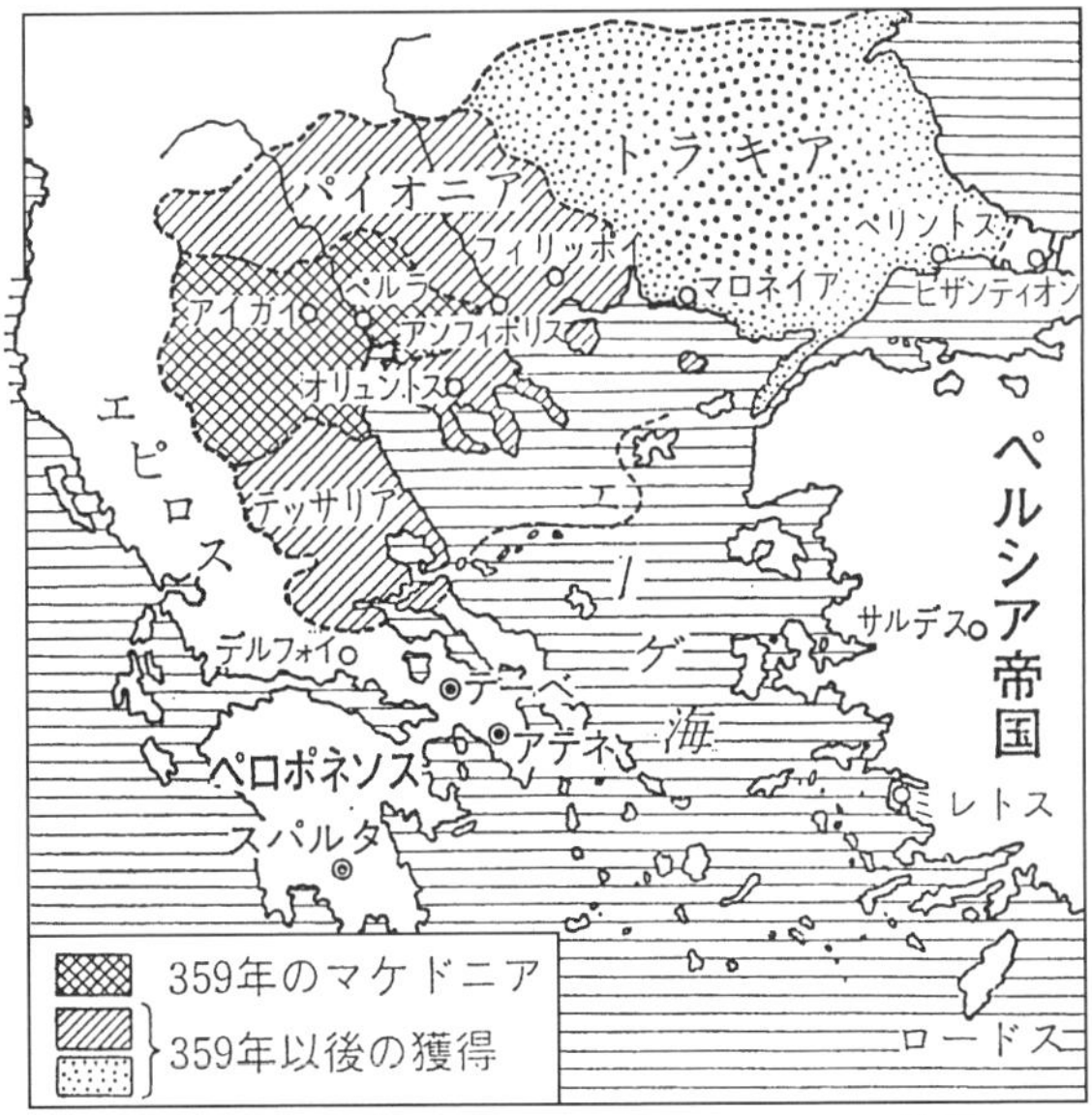

フィリッポス２世治下におけるマケドニアの発展

歴史の歯車を一瞬停止させる。それは同時に、新たな歴史の舞台を用意することになる。

フィリッポス二世の暗殺について、オリュンピアスが唆《そそのか》したという噂がたち、アレクサンドロスにも疑いの目がむけられるが彼は、直ちに暗殺にかかわったと見なした者を処刑し、母の疑いを晴らした。

迅速なアレクサンドロスの行動は、国内外にリーダーシップとしての非凡な才能を示すとともにマケドニアの人々に信頼感を抱かせることになった。

（児島建次郎）

第二章 ロマンチストか冷酷《れいこく》な政治家か・アレクサンドロス大王の東方へのまなざし

ペルシア征討《せいとう》の総司令官・無限の大地へ夢を追って

前三三七年、ペルシア征討軍の全指揮権を握ったフィリッポス二世は、前三三六年にみずからも出発の準備に取りかかっていた矢先に、娘の結婚式の宴席で暗殺されてしまう。暗殺について、オリュンピアスとアレクサンドロスがかかわったという噂が流布《るふ》されるが、現在では否定されている。

アレクサンドロスは、暗殺された父の葬儀を古都アイガイですませ、ヴェルギナ王室墳墓に埋葬した。父の葬儀で王位継承者たることを示したアレクサンドロスは、二〇歳で王位に即位し、反抗する北方の民族を鎮圧しながらドナウ川まで軍を進め、トゥリバイ族を打ち破る。

その間に起きたテーベの反乱に激怒した大王は、激しい抵抗を続けるテーベの都市を徹底的に破壊して六〇〇〇人を殺し、三万人を奴隷として売った。さしもの大王も、のちになってテーベでの残虐《ざんぎゃく》行為を悔いたという。

時をおかずコリントスにギリシアの諸都市を集めた彼は、ペルシア遠征を決議させ、みずからをペルシア征討の総司令官に任命させた。コリントス会議が総司令官になるための大義名分であったとはいえ、大王の夢はペル

アレクサンドロス大王のもとでコリントス会議がひらかれた
（コリントス遺跡）

シア帝国に向かうなかで、大きく膨《ふく》らんでいったにちがいない。

前三三四年に、父の遺志を継いで東方遠征に向かう。最初の兵力は一説によれば、ヘタイロイ（騎兵）一八〇〇人、歩兵四万三〇〇〇人、ギリシア諸国から騎兵六〇〇人、それにテッサリアから騎兵部隊一八〇〇人、さらに、北部のトラキア人やイリュリア人たちが加わったという。ほかの説では、騎兵四〇〇〇人、歩兵三万人ともいわれている。

マケドニア軍が遠征に用意した糧食《りょうしょく》と戦費は、一ヶ月ほどのもので、占領した土地で財貨の摂取や物資の調達を目論《もくろ》んでいたようだ。

この遠征こそ、壮大な人類の物語に金字塔《きんじとう》を打ち立てる「歴史の道」となるのである。

ところで、なぜ、ギリシアの諸都市がペルシア征討に向かうアレクサンドロス大王に賛成したのか。その背景には、ギリシアとペルシアとの長い間の確執と、地理的条件が複雑に入り混じっている点を見逃してはならない。

ペルシア帝国は、ペルシア戦争に敗北した後も、ギリシア内部で紛争が起こると、どちらかの側に資金援助するなどしてギリシア世界を操《あやつ》ってきた。

また、ペルシアは大帝国を打ち立て、地方から入る貢納金で豊かであるのに対し、ギリシアは耕地に恵まれず交易に頼るか外国への植民市を目指すしか豊かになる道がなかった。

二〇一〇年九月、私は初秋のギリシアを、北のテッサロニキから南下し、デルフィ、ミケーネ、コリントス、アテネへと車を走らせた。車窓に映る風景を見ていると、確かに農耕に適した土地はわずかで、特にギリシアの中部から南部にかけては、ごつごつした岩山が肌を剥出《むきだ》しにしており、農業生産力が低いことを実感せずにはいられなかった。

テッサロニキからデルフィへ　岩山の風景がつづく

ギリシアの諸都市から見れば、ペルシアは脅威であるいっぽう、豊かさへと誘ってやまない垂涎《すいえん》の的《まと》の地であり、それだけに東方遠征は、豊富な戦利品を手に入れる手段であるとともに、無限の大地への植民を夢見させたことであろう。

アケメネス朝ペルシアの栄光とペルシア戦争

ここで、アケメネス朝ペルシア（前五五〇～前三三〇年）をスケッチしておこう。

前六世紀なかごろ、インド、ヨーロッパ語族のペルシア人たちは、当時イラン高原にあったメディア王国を征服する。ペルシア帝国の創始者キュロス二世は、エクバタナに入城しメディア王国の領土を受け継いだ。三代目のダレイオス大王（在位前五二二～前四八六年）は、すべての権力や情報を集めるという中央集権的な体制をつくり、

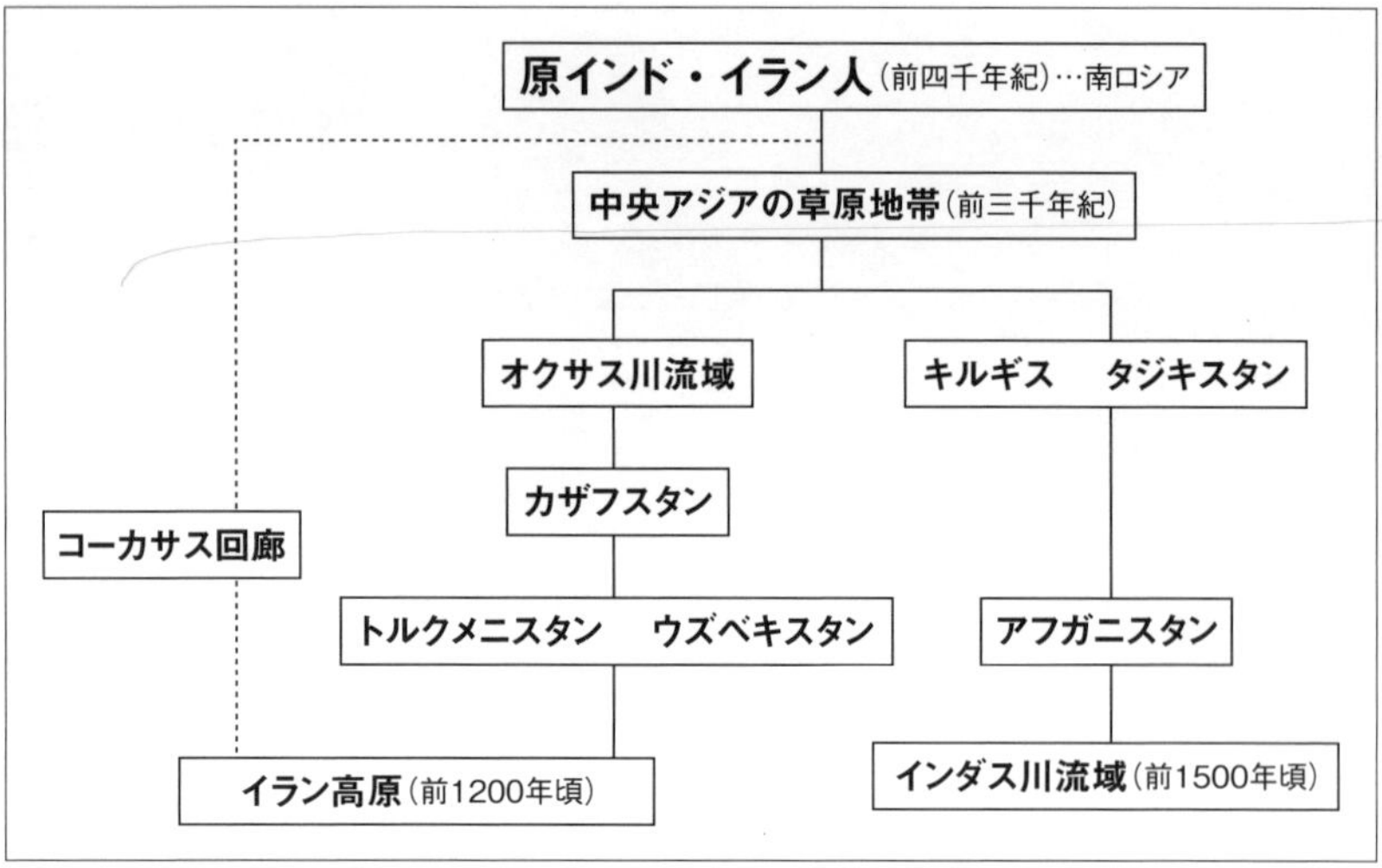

原インド・イラン人の移動についての仮説
（『文明の道　アレクサンドロスの時代』NHK 出版参照）

帝国を強大なものにしていった。

東はインダス川から西はエーゲ海に及ぶ版図をアッシリアの軍管区制にならって、二三のサトラペイア（州）に分け、各州にサトラップ（州の長官）を置いて統治した。

サトラップは、毎年決められた貢ぎ物（税）をおさめ、戦争が起こると軍隊を率いて大王のもとに馳参《はせさん》じなければならないが、支配地域は自由で独自の伝統や文化を保持していた。

よく知られているのは、「王の目」「王の耳」の存在で、王直属の官僚が常に監視していた。この組織の実態は不明であるが、ヘロドトス（前四八四〜前四二五年）の『歴史』に記述されている「王の目」は監視官のようなものであり、「王の耳」はスパイのような役割を担っていたのであろう。

ペルシア帝国では、税制をととのえ金貨・銀貨を鋳造《ちゅうぞう》してフェニキア人の海上貿易を保護し、領土の要地を結んで「王の道」とよばれる国道をつくって駅伝制をしいた。

それは、小アジアのサルディスからスーサまで、長さは二四〇〇キロにわたり、道筋には一一一の駅逓《えきてい》が整備され、九〇日ほどかかる行程を早馬で飛ばせば七日で大王のもとに情報がとどいたという。「王の道」には、距離を表す道標が建ち、物資の運搬や軍隊の移動、情報の伝達に威力を発揮したにちがいない。

ペルシア帝国は、服属した異民族に寛大で、それぞれの民族の風習を尊重し、自治を認めるという緩和な政治を行った。

ここで、歴史を塗りかえたペルシア戦争に触れておこう。

ダレイオス大王の偉功を伝えるペルセポリスの遺跡

ペルシア帝国のダレイオス大王は、前五一四年に北方騎馬遊牧民のスキタイ族（前八世紀ごろから黒海周辺の草原の道で支配をのばす）を討伐しようとヘレスポントス海峡を渡った。ところが、スキタイ族の執拗《しつよう》な抵抗にあって撤退せざるを得ず、帰途にトラキアを平定しマケドニア王に忠誠を誓わせた。

大王は、この遠征の後、黒海からトラキアにかけてのギリシア世界を支配しようと、つぎの遠征を考えるようになる。ダレイオス大王のギリシア遠征が、オリエントにおける世界制覇《せいは》を目指したものか、ギリシアを自らの版図《はんと》に入れようとしたものかは不明である。

ギリシアの歴史家ヘロドトスは、ペルシア戦争をテーマに、世界最初の歴史書『歴史』を著しているが、そのなかでギリシア人医師デモケデスとダレイオス大王の王妃アトッサに関して面白い話をのせている。

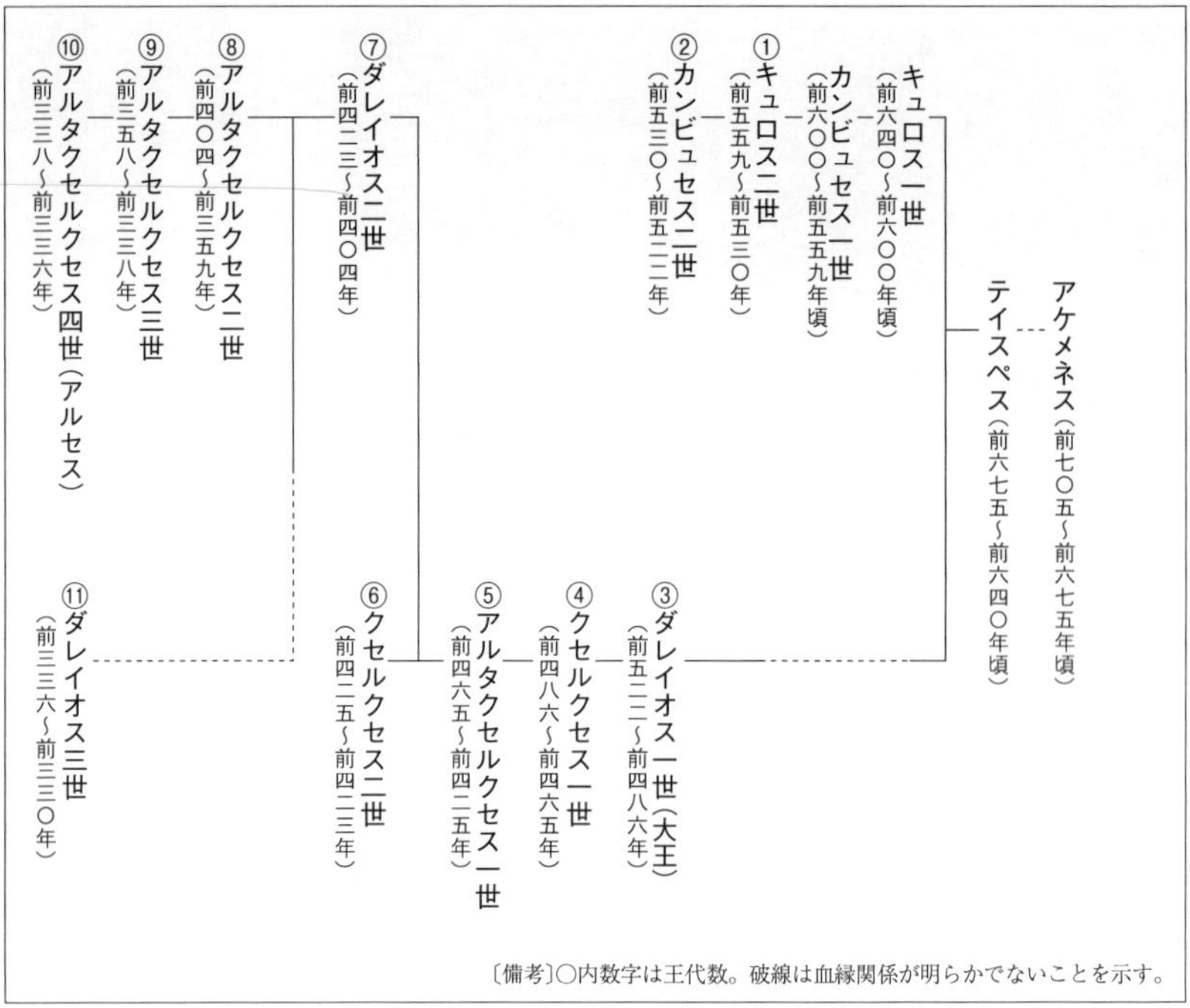

アケメネス朝略系図
（『シルクロード紀行・ペルセポリス』朝日新聞社参照）

ペルシア軍に捕えられ、ペルシアに奴隷として送られていたデモケデスは、あるとき王妃の胸にできた腫物《はれもの》を治療し、全治したら大王にギリシア遠征をするよう唆《そそのか》してもらうことを王妃に約束させた。

大王が遠征軍を出せば、軍とともに故郷に帰れると思ったからである。王妃はデモケデスとの約束を果たすため、大王にギリシア遠征を勧めた。遠征の出兵に先立って、偵察隊を先発させるが、デモケデスはその案内人として故郷に戻ることができたという。

ヘロドトスは、ギリシア遠征の動機は、王妃の請願によるものとしているが、これはいささか荒唐《こうとう》無稽《むけい》なエピソードであろう。

歴史的に見ると、ペルシア戦争の直接の原因は、イオニア（小アジア）のギリシア人による反乱によるものである。ダレイオス大王は、アテネとエレトリアが派遣したイオニアのギリシア人によるサルディスの略奪に怒り、前四九二年にトラキアとマケドニアを支配するため、大王の娘婿マルドニオスをギリシア本土に送り込んだ。この艦隊は嵐にあい難破したため失敗に終わった。つづいて大王は、前四九〇年に、アテネに侵攻するため三段櫂船《かいせん》六〇〇隻、二万の将兵を伴って、アッティカの東岸マラトンに上陸する。

これに対してアテネは、和平か決戦かで騒然とするが、決戦ときまり体制が整えられた。アテネを中心とする連合軍は一万一千人で、アテネの名将ミルティアデスが連合軍の指揮をとった。

大王軍は、マラトンに上陸するものの、ミルティアデスの率いるアテネ軍に敗れる。大王はその後もギリシアを再征すべく準備をしていたが、前四八五年にエジプトで起こった反乱の鎮圧をまえに死去し、前四八六年にクセルクセス一世（前四八六〜前四六五年）が王位についた。

クセルクセス一世は、マラトンの戦いから一〇年後の前四八〇年にペルシア軍を指揮して、ヘレスポントス海峡をわたり、エーゲ海の北岸沿いに進み、陸海軍が並行してギリシアへ向かった。このときのペルシア軍は、ヘロドトスによれば、総数二六〇万人。これは大げさすぎる人数であり、実際は三〇万人程度ではなかったか。

ギリシア側は、ペルシア軍の侵攻に備えて、前四八一年に各ポリスがスパルタに集まり「ギリシア連合」の会議をひらいた。分裂抗争に明け暮れたギリシア史のなかで、民族意識が高揚し全ギリシア的な規模で多くのポリスが協調をみせることは、きわめて珍しい。

ギリシア連合軍の総指揮権は、ギリシア第一の大国スパルタに委ねられたが、作戦はアテネのテミストクレス（前五二八〜前四六二年）の意見が採用された。彼は、アテネの婦女子をトロイゼンに、老人をサラミス島に疎開させるが、これはアテネを放棄する覚悟であったのだろう。

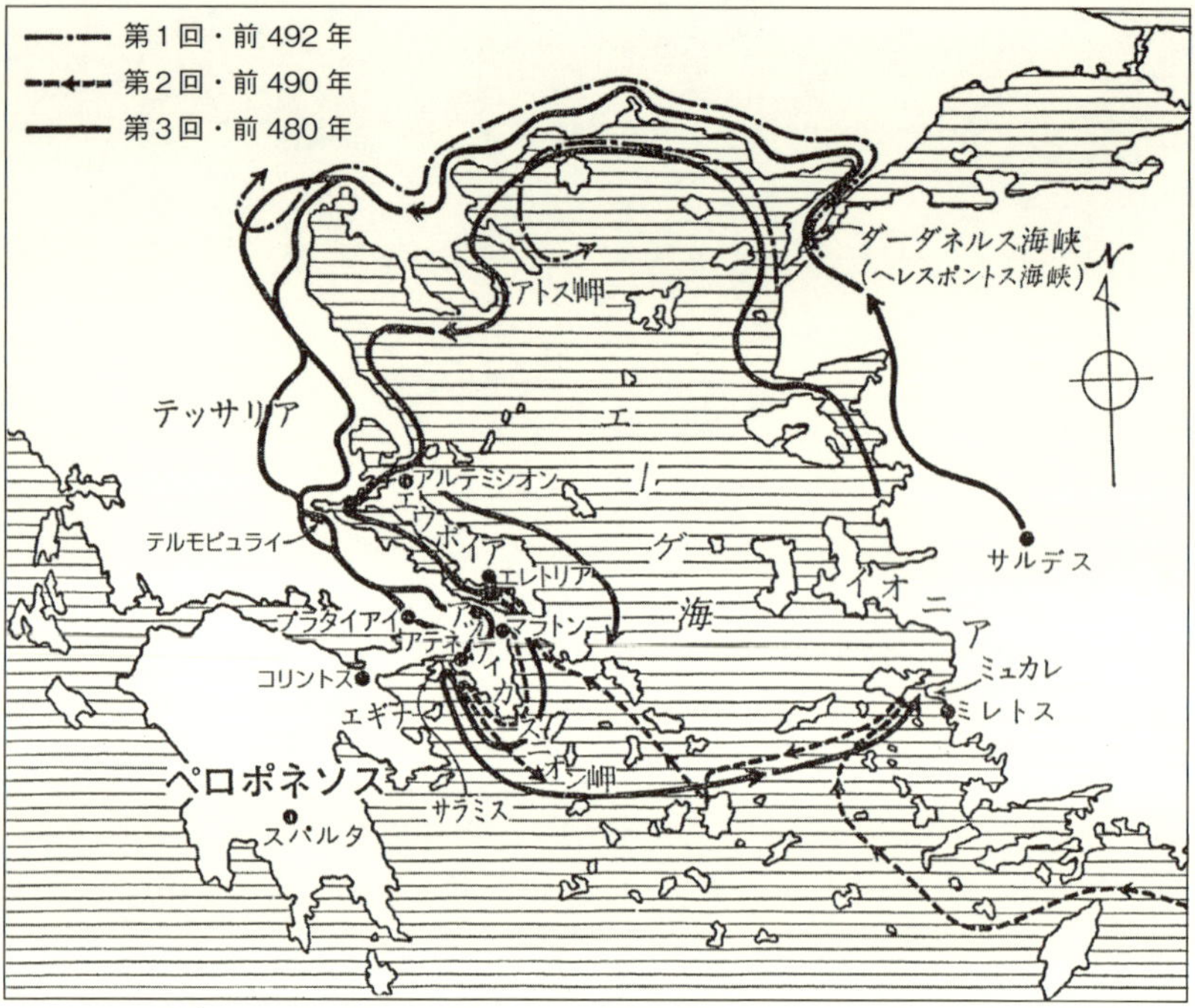

ペルシア戦争（『世界の歴史４・ギリシア』村田数之亮著・河出書房より転載・一部改変）

ギリシア側の作戦としては、北方から中部ギリシアに入る関門といえるテルモピュライでペルシア陸軍を撃退するのはスパルタを中心とする勢力、いっぽう、エウボイアのアルテミシオン沖でペルシア海軍と対決するのは、アテネを中心とするギリシア連合艦隊とするものであった。

スパルタは、レオニダス王みずからが乗り込んできたが、総勢七〇〇〇人と少数兵力だった。これと並行して、三〇〇隻のギリシア艦隊は、エウボイア島の北端アルテミシオン沖に集結し、テルメから南下してきたペルシアの海軍と相まみえることになる。テルメはマケドニアにあり、のちにテッサロニキとなるところである。

前四八〇年の八月初め、要害の地テルモピュライに着いたペルシア軍は、ギリシア軍が山道を守っている防御陣地を数日間攻めたが、スパルタ軍は一歩も退かなかった。七日目に入って、裏切り者のギリシア人の手引きで、ペルシア軍の一部が間道《かんどう》を通って背後にまわった。

このとき、スパルタ兵の間に動揺がおき撤退する意見が出たが、レオニダス王は、撤退する者はそれもよしとし、自らはスパルタ兵三〇〇人とテスピアイ人あわせて一〇〇〇人でペルシア軍を迎え撃った。スパルタ兵は、槍が折れると剣で戦い、ついには素手《すで》で、また歯で噛みつくなどして戦い玉砕《ぎょくさい》したという。

ヘロドトスは、テルモピュライの激戦地を訪れ、スパルタ兵の勇気を称え、哀悼《あいとう》の言葉を『歴史』のなかに記している。

山道を迂回《うかい》してくる敵軍がいることを知って、死は避けられないと知ったスパルタ兵は、持てる力をふりしぼって死に物狂いで戦った。このときには、すでに多くのスパルタ兵の槍は折れていたが、彼らは剣をふるってペルシア兵を倒していった。

誰よりも勇敢に戦ったレオニダスは、その戦いのさなかに倒れ、彼と運命を共にした名だたるスパルタ兵たちも倒れた。長く記憶にとどめておくべきその勇者たちの名前を、私は聞くことができた（『世界の歴史2』ＪＭロバーツ著・桜井万里子監修・創元社参照）。

ヘロドトスが、テルモピュライにやってきたのはペルシア戦争から数十年後のことで、それゆえに、戦死者一人ひとりの名を聞き出すことができたのであろう。

彼は、どんな思いで古戦場の光景を眺めたのであろうか。スパルタ兵の勇敢にして悲壮な戦いの記述は『歴史』のなかの白眉《はくび》といえよう。

壮烈な死を遂げたスパルタ兵にギリシア人は感銘を覚え、後年、シモンズの詩を刻んだ共同墓碑を立てた。

レオニダス王の像
（ギリシア・テルモピュライ）

外《と》つ国の方（ここを訪れる外国人）よ。ラケダイモン（スパルタ）人に伝えよ。ここに彼らが掟のままに果てし、
ここに眠ることを。

私は、デルフィに向かう途中の二〇一〇年九月二日の夕刻、日本人ガイド国武さんの案内でギリシア中部のテルモピュライの戦場跡に立ち寄った。確かに、いっぽうが山、他方が海というように、山がそそり立って海におち、軍勢を越えさせるには不可能と思わせるカリドロモスの山岳がせまる隘路《あいろ》になっていた。

シモンズの詩にいう「すべての兵士が討ち死にした。見知らぬ旅人よ、われらの戦死をスパルタに知らせてほしい」の碑文に接していると、この戦いがいかに激しいものであったか、碑銘《ひめい》は悲壮な響きを持って伝えている。ただ、彼らの壮絶な犠牲は、ギリシア人の戦意を昂揚《こうよう》させることになり、つぎのサラミス海戦の勝利へとつながっている。

現在、テルモピュライの古戦場には、高さ三メートルほどのレオニダス王の肖像が海を背にして立っており、戦争の様子を描いたレリーフが刻まれている。私は、レオニダス王の像を仰ぎ見た。そこは、海の彼方からスパルタ兵の慟哭《どうこく》が聞こえてくるような雰囲気を醸し出していた。

ペルシア軍がテルモピュライを突破したという情報は、アルテミシオンのギリシア海軍にその日のうちに伝えられ、ギリシア連合艦隊はそこを撤退し、サラミスに戻る。ギリシア陸軍は、アッティカを放棄しコリントスまで撤退せざるを得なくなる。このため、ペルシア軍は、ボイオティアを南下しアッティカに侵入し難なくアテネのアクロポリスまで到達する。

アテネの多くの住民は、トロイゼンやサラミスに疎開していたものの、女性神官や財務官らはアテネ女神の聖財を守るために留まっていた。それも空しく、ペルシア軍はアクロポリスに保管されていた聖財や奉納品を掠奪《りゃくだつ》し、諸神殿を炎上破壊した。このとき、壊された彫像などは補修されて、アクロポリス博物館に展示されているが、典雅な乙女《おとめ》像の傷痕は痛々しい。

エレクティオンの乙女像（アテネ・アクロポリス）

ペルシア戦争の主戦場は、アッティカ半島のサラミス水道に移る。アテネの指揮官は、マラトンの戦いを指揮した名将ミルティアデスの死後、アテネ政界に颯爽《さっそう》と登場したテミストクレスであった。

ペルシア戦争の前、ギリシアを代表する都市国家アテネの民会では、ペルシアに降伏するか、玉砕覚悟で戦うかを決めようとするが衆議が一致しない。そのとき、デルフィ神殿の神託がもたらされた。それは

ギリシアが助かるには、木の砦に頼るしかない。

というものであった。

テミストクレスは、「木の砦」とは船であり、船こそが自分たちを守ってくれるものであるとして、民会に二〇〇隻の三段櫂船《トリエレス》を建造するよう指示し、軍船を増やすことに成功する。

前480年・サラミスの海戦が行なわれた水道（アテネ郊外）

デルフィ・アポロン神殿の神域（ギリシア）
ペルシア戦争について神託を受ける。

二〇一〇年九月四日、私はアテネからコリントス、ミケーネを見学するためサラミス水道に沿って車を走らせた。サラミス水道は、サラミス島とギリシア半島に挟まれた幅一キロほどの海峡で、たしかに幅が狭く細長く伸びている。

車窓ごしにサラミス水道をながめながら、ここにペルシア艦隊一二〇〇隻、アテネ艦隊二〇〇隻が犇《ひし》めきあっていた光景を想像するだけで、古代史最大の海戦の壮絶さが目に浮かぶ。

前四八〇年九月二〇日、ペルシア艦隊がサラミス水道に進入したところを、島陰にかくれていたアテネ艦隊が舳先《へさき》を揃えて突進する。狭い水道に密集しているペルシア艦隊は、進退に窮して全滅し、夕闇がせまるころにはペルシア艦隊の残骸《ざんがい》で海面が見えないほどに埋めつくされたという。

前432年にペリクレスとフェイディアスによって再建されたパルテノン神殿（アテネ・アクロポリス）

俊足を誇る三段櫂船《かいせん》の持ち味を生かして機敏に敵船の横に回り込み、舳先に装置された衝角《しょうかく》で体当たりして撃沈させるアテネ艦隊の戦法に、図体《ずうたい》が大きく小回りのきかないペルシア艦隊は翻弄《ほんろう》されたのであろう。

クセルクセス一世は、サラミス水道を見おろすケラタ山の上に玉座をしつらえて戦闘の様子を見ていたが、退路が遮断《しゃだん》されるのを恐れて早々にアジアに向けて撤退した。

この後、アテネの指導者はテミストクレスが陶片《とうへん》追放（僭主《せんしゅ》の出現を防ぐために設けた制度）にあい、ペリクレス（前四九五～前四二九年）が登場する。

ペリクレスは、彫刻家フェイディアス（前五世紀）の力を借りて、前四四七年からペルシアによって破壊されたパルテノン神殿の再建に取りかかり、前四三二年に完成させアテネは黄金期を迎えることになる。

ペルシア戦争におけるアテネの勝利は、アテネ市民に自信を与え

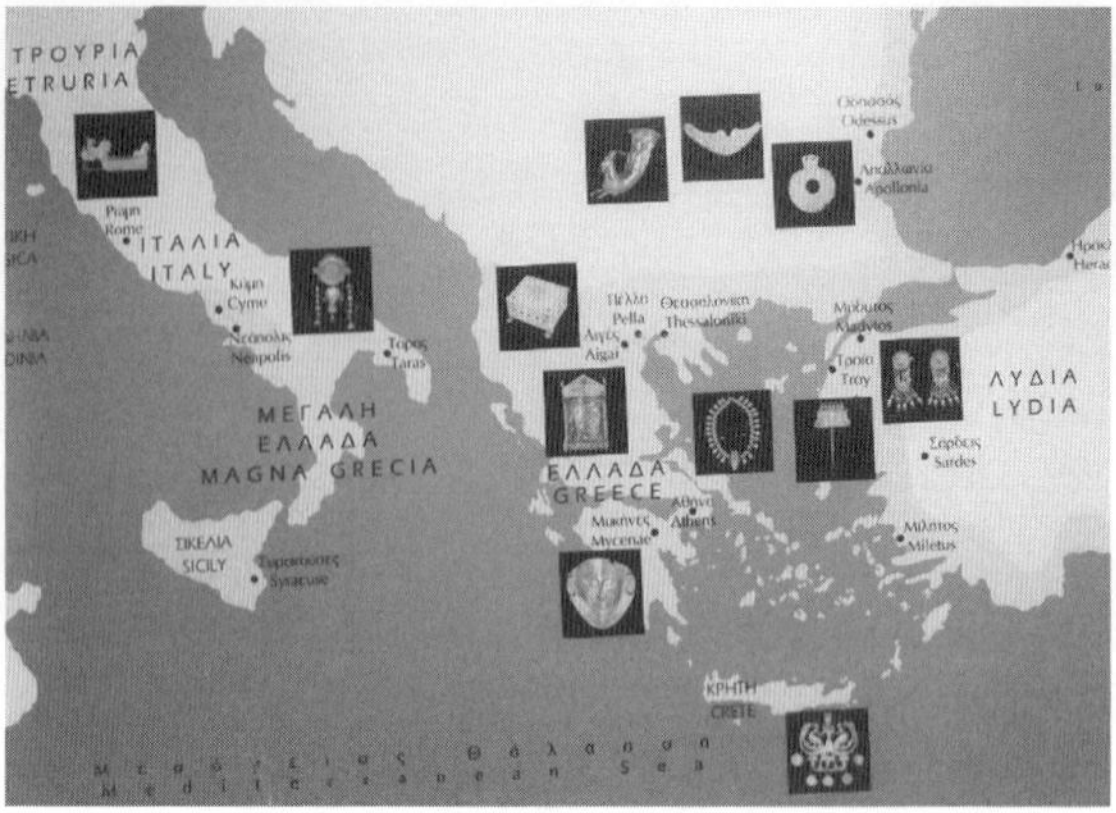

イタリア・ギリシア・トルコの地図

る。時代が大きく動くときには、普通であれば潜在したままの個人的な力も、その動きに押し出されて開花するということかもしれない。

いっぽう、ペルシア帝国は戦争の敗北によって威信は傷つけられたものの、損害はそれほど大きくはなかった。その後も一五〇年にわたって西南アジアに君臨しギリシアを翻弄《ほんろう》するが、やがてダレイオス三世の数代前から血なまぐさい内部抗争が続く。

八代目のアルタクセルクセス二世（在位前四〇四～前三五九年）の晩年に、跡目をめぐって長男が殺され二男も自殺させられるという事件が発生する。

二人の兄を扇動《せんどう》して片づけたあと、王位についたのが弟のアルタクセルクセス三世（在位前三五八～前三三八年）であったが、彼はエジプトに侵入し略奪をくりかえすなど悪行のかぎりを尽くしたという。

このころ、宮廷で幅をきかせていた宦官《かんがん》の一人で宰相のような権力をもっていたバゴアスは、三世を毒殺し、さらに三世の年かさのゆかない息子たちも殺してしまう。

そして、後継に三世の末子アルセスをアルタクセルクセス四世（在位前三三八～前三三六年）として即位させたが、四世は、兄たちを殺した下手人を罰しようとしたため、バゴアスはそれを恐れて四世も殺してしまう。

この時点で、アケメネス朝の直系《ちょっけい》はひとりも残っておらず、その結果、バゴアスが担ぎ出したのが、アルタクセルクセス二世の甥で、のちにアレクサンドロス大王と対決することになるダレイオス三世（在位前三三六～前三三〇年）であり、前三三六年に即位する。

こうした王家の混乱は、即ペルシア帝国の崩壊を意味していたわけではない。王の命令は全土に及び、相変らず大艦隊を擁し、数万の傭兵《ようへい》を雇える財力豊かな国であった点では、ギリシアの比ではなかった。

ギリシアの英雄の名をとどめるトロイ遺跡で供儀《くぎ》を行い、グラニコスの戦いへ

さて、アレクサンドロス大王の率いる遠征軍は、前三三四年の春、ヨーロッパとアジアをへだてる分岐点であり、古代ギリシア人たちがヘレスポントスと称したダーダネルス海峡を渡る。

トロイ戦争で有名な木馬

大王は、まず、トロイ戦争（前一二五〇年ごろ）の古戦場トロイに足を運びアテネ女神に供儀《くぎ》を行った。彼は大きな戦いの前や勝利のあとに儀式を行っており、羊や牛などの動物を殺して神に犠牲を奉げた。

そして、ホメロスの叙事詩を飾る英雄たちの霊に酒を注いだ後、母オリュンピアスの先祖にあたるアキレウス（トロイ戦争の英雄でこの地で死す）の墓標に油を塗り、裸になってヘタイロイ（朋友）と共に競技を行い花環《はなわ》をかけたという。

こうしたアレクサンドロス大王の行動は、彼のロマンチストな面を表しているいっぽう、ギリシアがペルシアへ報復の戦争をしていることを鼓舞《こぶ》するねらいがあったにちがいない。

年	事　項
前336年	フィリッポス２世暗殺され、アレクサンドロス王位に。
前334年	東方遠征へ。ダーダネルス海峡を渡る。トロイ戦争の古戦場で儀式を行う。グラニコスの会戦に勝利。
前333年	イッソスの会戦でダレイオス３世と対決。３世逃亡する。
前331年	エジプトのシーア・オアシスで「神の子」の神託を受ける。ガウガメラの会戦で勝利し、バビロンに入城。
前330年	ペルセポリスに入り、王宮を炎上させる。ダレイオス３世、ベッソスに殺害される。アケメネス朝ペルシア滅亡する。
前329年	アム・ダリヤを渡り、マラカンダへ。２年にわたって苦戦が続く。
前326年	インダス川を渡り、タキシラへ。将兵たちの前進拒否にあい帰国を決意する。
前324年	スーサに帰還。集団結婚式をあげる。
前323年	バビロンに帰還。アレクサンドロス大王、熱病のため死去。
前330～前30年	ヘレニズム時代を迎える。

アレクサンドロス大王の東方遠征略年表

小アジアに渡った遠征軍とペルシア軍の本格的な戦いは、前三三四年、グラニコス河畔に到達したときにおきた。ダレイオス三世不在のペルシア軍は、アジアの入り口にあたるグラニコス川（現在のビガ川）の岸に、ギリシア人傭兵をはじめ四万の軍勢を待機させ、渡河地点に陣を布《し》き、アレクサンドロスの軍も川をはさんで相対して布陣した。

グラニコス川の流れは深く、むこう岸は高いため渡るのに危険をともなったが、馬上の大王は、みずから「マケドニアの兵士よ、あっぱれ武勇を見せよ」と叫び、騎馬部隊を率《ひき》いて川につっ込み対岸に着くや白兵《はくへい》戦を展開した。

大王は、自分の兜《かぶと》がはね飛ばされるなどの危険がせまるなか、マケドニア兵が続々と川を渡る。長い槍をもったマケドニアの重装歩兵が対岸にたどりつくと、形勢が一変しペルシアの騎兵が倒され、リュディア太守のスピトゥリダスやカッパドキア太守のミドロブザネスらの指揮者が戦死してしまう。

グラニコスの戦いによるペルシア側の死者は騎兵二五〇〇、歩兵二万といわれ、マケドニア側の死者は三四人であった。マケドニア兵の戦死者が極端に少ないのは、アレクサンドロスに関する伝記が、大王側から書かれているためであり、勝者の論理からとらえた数字かもしれない。

アレクサンドロス大王は、勝利の後ペルシア兵の具足《ぐそく》（甲冑《かっちゅう》など）をアテネのアテナ神殿に奉献して戦勝を報告し、

フィリッポスの子アレクサンドロスおよびラケダイモン人を除くヘラス人たち、アジアなる夷狄《いてき》より獲得せしもの。

パルテノン神殿の前にて。オランダの高校生たち（アテネ）

という碑文を刻ませた。ラケダイモン人とはスパルタ人のことで、スパルタは東方遠征に反対し兵をおくっていなかった。

グラニコスの戦いの後、大王はアナトリア（トルコ）西岸を南下し、エフェソスとサルディスをペルシアの守備隊から解放した。

イッソスの戦い・エジプトのアモン神殿で「神の子」の神託を受ける

アレクサンドロスとダレイオス三世との初めての直接対決は、前三三三年一一月、シリアの入り口付近のイッソスであった。このあたりは、メソポタミアへの通路にあたるペルシアの中心部で、ダレイオス三世は、山が海に迫る狭い地形を戦場に選んだ。

大王は

ダレイオスがわれから狭隘《きょうあい》の地に入りこむとは神のお導きである。

マケドニアの兵士よ。せまいところはわが密集歩兵部隊にとってはうってつけの場所だ。すでにこれまでの戦いで諸君は勝者である。勝者が敗者と戦うのだ。諸君の武勇のほどを見せつけてやれ（『文明の道・アレクサンドロスの時代』ＮＨＫ出版参照）。

と兵士を鼓舞《こぶ》したという。

そして、みずからも敵陣に斬り込みダレイオス三世に直接対決をせまった。常に先頭に立ち勇猛果敢に攻撃をしかけるのが大王のやり方であったが、このとき、敵の短剣で腿《もも》に傷を負う。

ペルシアの大軍が、イッソスの浜でひしめくという隘路《あいろ》の地形は、少数精鋭で戦いを挑むマケドニア軍には有利で、ペルシア軍の戦死者は騎兵一万を含む十一万人にのぼった。

イッソスの会戦で、われ先へと逃亡するダレイオス三世の様子を、アリアノスの『アレクサンドロス東征伝』は、次のように記述している。

ダレイオスは、味方の左翼がアレクサンドロスの突撃を受けて最初に浮き足立ち、それが他の軍勢から切り離されたのを見てとるや、敗走する先頭集団とともに戦車で逃走した。……でこぼこな地面に行き当たると自分の戦車を乗り捨て、盾《たて》もマントも手放した。弓さえも戦車に残し馬にまたがって逃げた（『アレクサンドロス大王』森谷公俊著・講談社参照）。

ダレイオス三世が真っ先に逃げたかどうかはともかくとして、三世が臆病者《おくびょうもの》として記述されているのは、ある意図が見えて興味深い。

この勝利で大王は、大量の武器とダレイオス三世の天幕に放置されていた三〇〇〇タラントンという巨額な財宝を手に入れた。大王を驚かせたのは、馬車の中にダレイオス三世の母と妃、二人の娘と幼い息子が置き去りにされていたことである。

妃は当時、アジアで最も美しいと讃《たた》えられていた女性で、大王は捕虜にした王族を礼をもって丁重に扱った。この行為は、アレクサンドロスの気位の高さと自制心、ロマンチックな性格を垣間《かいま》見せたような一場面ということで、後に賞賛される出来事となった。未知の世界へと踏み出したアレクサンドロス大王は、パレスチナのガザを陥落させ、大量の香木や没薬草《もつやくそう》を没収し、故国にいる母オリュンピアスに送っている。

アレクサンドロスの名が刻まれているカルナック神殿
（エジプト・ルクソール）

大王は、さらに南下しエジプトのメンフィスに入城した後、西に向かい前三三一年にシーア・オアシスのアモン神殿に詣《もう》でる。アモン神はギリシア人たちが主神としたゼウスのことで、ゼウスはヘラクレス（父フィリッポス二世の先祖）の父にあたり、自分の生い立ちなどの神慮《しんりょ》を聞きたいという思いがあったにちがいない。

道に迷うなか、鳥や蛇に導かれてアモン神殿に到着するが、アモンの神域は廃墟になっており、棕櫚《しゅろ》の木が植わっているのみであった。大王はアモン神に二つの点について神託《しんたく》を受けた。

第一は、父フィリッポスの暗殺をめぐる点で、下手人はすでに復讐されたとの答えがあった。

第二は、自分はこれから征服を進め、人間全体の主権者になれるかと質問したところ、それは許されるとの答えを得た。

さらに、エジプトの神学者たちから「神の子」としてアジアの王

ペルシア王に謁見する諸民族が浮き彫りされている
（ペルセポリス）

になると告げられた（『世界の歴史ギリシアとローマ』桜井万里子著・中央公論社参照）。

この話から何を読み取ることができるか。世界四大文明発祥の地、世界で最古の文明を持つエジプトで、このときの大王が、どんな精神状態でいかなることに関心を寄せていたかを知る手がかりとなる話である。

ペルシア帝国の内懐《うちふところ》へ・ガウガメラの戦い

大王は、前三三一年にフェニキアにもどり神々に供儀《くぎ》を行い、ユーフラテス川（イラク）一帯を自分の領土にした後、いよいよ、ダレイオス三世に立ち向かうべく軍を進めていった。

エジプトからペルシア帝国の巨大な内懐《うちふところ》へと進むうちに、師アリストテレスの教えとは全く異なる現実の世界を目のあたりにする。

異なる現実とは、ペルシア帝国の統治政策を知ることであった。

この王朝は、

世界は多様であり、多様こそが世界である。そして多様は美しい。

と謳《うた》いあげた古代国家である。

たしかに、ペルシア帝国の版図であった現在のイランを見ると、ロシアやアナトリア、ユーラシアの国々、アラビア半島が地続きになっており、日本の四倍の広さを持つ。

アリアノスは、後一世紀末に生まれたギリシア人で、ハドリアヌス帝（在位一一七～一三八年）時代にカッパドキア（トルコ）の総督を務め、民族史などの著作もある「第一級のローマ人」と称されている。アリアノスは、『アレクサンドロス東征記』全七巻を書き残しているが、この書は軍事面を詳細に記しており、大王の遠征に関しての中心的研究書の一つである。

キャラバンサライ隊商宿（イラン）

その『アレクサンドロス東征記』に、

アジアを野蛮なペルシアから解き放ち、栄光あるギリシア文明を広めるのだ。

と記している。

ペルシア帝国の内懐に入ったアレクサンドロス大王は、ペルシアが軍事力だけの野蛮な国ではないことを知る。それは、帝国内二三のサトラペイア（州）を統治する手段として、都を中心に縦横に情報網が張り巡らされていた点である。

サトラップ（州の長官）は、反乱の気配はないか、税の集まり具合はどうかなどの情報を都ペルセポリスに定期的に送ることを義務づけられており、王は印章を使って二三のサトラップに命令を下していたという。

帝国の端から都まで二四〇〇キロの道のりを、軍馬ならわずか七日間で都に到達できたということで、この情報のやりとりを支えていたのが、帝国の全土に建設されていた「王の道」であった。

アレクサンドロス大王は、ギリシア世界にはないペルシア帝国の緻密《ちみつ》な情報網を知るとともに、蓄積された巨大な富を手に入れ、野蛮《やばん》とさげすんでいたペルシア文化の底知れぬ深さに接していく。

大王は、

異なる文明を持つ人々を強圧的に支配しても、そこからは何も生まれない。

ことを感じる。それは、師アリストテレスから教えられた文明観とは異なり、遠征を通してペルシア世界への考えを大きく変えていったことのあらわれとみてよい。事実、大王の統治は世界帝国を築くために、相手に敬意をはらい、諸民族の宗教や習慣を認めるというもので、ギリシア中心の態度を改めるものであった。

当時のペルシア帝国の都は、メディアのエクバタナ、イラン南西部の平野に位置するエラム王国の旧都スーサ、メソポタミアのバビロン、そしてペルセポリスなどにあり、首都は固定されず、各地を巡幸《じゅんこう》する王に伴って都も移動した。

大王は、前三三一年に大遠征の目標であるペルシアの本土へ再び進撃していった。この年の一〇月一日、マケドニア軍は、ティグリス川の上流ガウガメラで、アジアの覇権《はけん》をかけてダレイオス三世のペルシア軍と対決する。

ガウガメラの地は、アッシリアの平野から出たところにあり、ペルシア軍は戦車が動きやすい平坦な地で迎撃しようとした。ダレイオスの軍は、歩兵と騎兵二〇数万、一五頭の象、そして二〇〇台の鎌《かま》付き戦車という大軍であった。アレクサンドロスは、ペルシア王の本陣に襲撃をしかけるなどして、どうにかペルシア軍を破ったものの、六〇人のヘタイロイを戦死させ多くの負傷者を出した。

アリアノスの『アレクサンドロス東征記』は、ガウガメラの戦いにおける悲惨さを次のように描写している。もはや手にした槍を投げ合っての戦いでもなければ、騎兵の合戦の常道にかなった乗馬を巧みにあやつっての戦い方でもなかった。…彼らは、誰か他人に勝利を得させようとして戦ったのではなく、ただ己自身の命をまっとうせんがため、必死で戦ったのであった（『文明の道・アレクサンドロスの時代』NHK出版参照）。

敗れたダレイオス三世は、戦場から遁走《とんそう》しバビロンには行かず、アルメニアの山岳地帯を東へ抜けてエクバタナへと向かった。大王の軍が南下しバビロンからスーサに進軍すると読んだからである。

ガウガメラの会戦に勝利した大王は、戦うことなく壮麗な都バビロンに入城する。市民たちは、彼を王として迎え、大王もバビロンの神殿に参拝した。ここで大王は、征服した地域のサトラップには部下のギリシア人を任命していたのを改め、ペルシア人のサトラップを留任させ、ほかにもペルシア人を重要な行政職に任命した。

征服した土地の重要ポストを、そのままペルシア人に委《ゆだ》ねることは、武力による統治を転換させたことを意味し、大王が征服者ではなく、アジアの王としての自覚をもったということであろう。

壮麗なる宮殿群ペルセポリス王宮の炎上

大王の遠征は続き、前三三〇年にペルシア帝国の王宮ペルセポリスに入城する。ここはザグロス山脈の南東部、標高一六〇〇メートルの高地に位置し、古代ペルシア帝国発祥《はっしょう》の地である。ダレイオス大王（在位前五二二～前四八六年）が前五二一年に建設に着手し、前五世紀に完成をみた。

ダレイオス大王は、南北四〇〇メートル、東西三〇〇メートル、高さ一二メートルの巨大な基壇を造成し、その上に会議の間や宮殿を完成させ、さらにアパダーナ（謁見《えっけん》の間）と宝蔵をつくる。

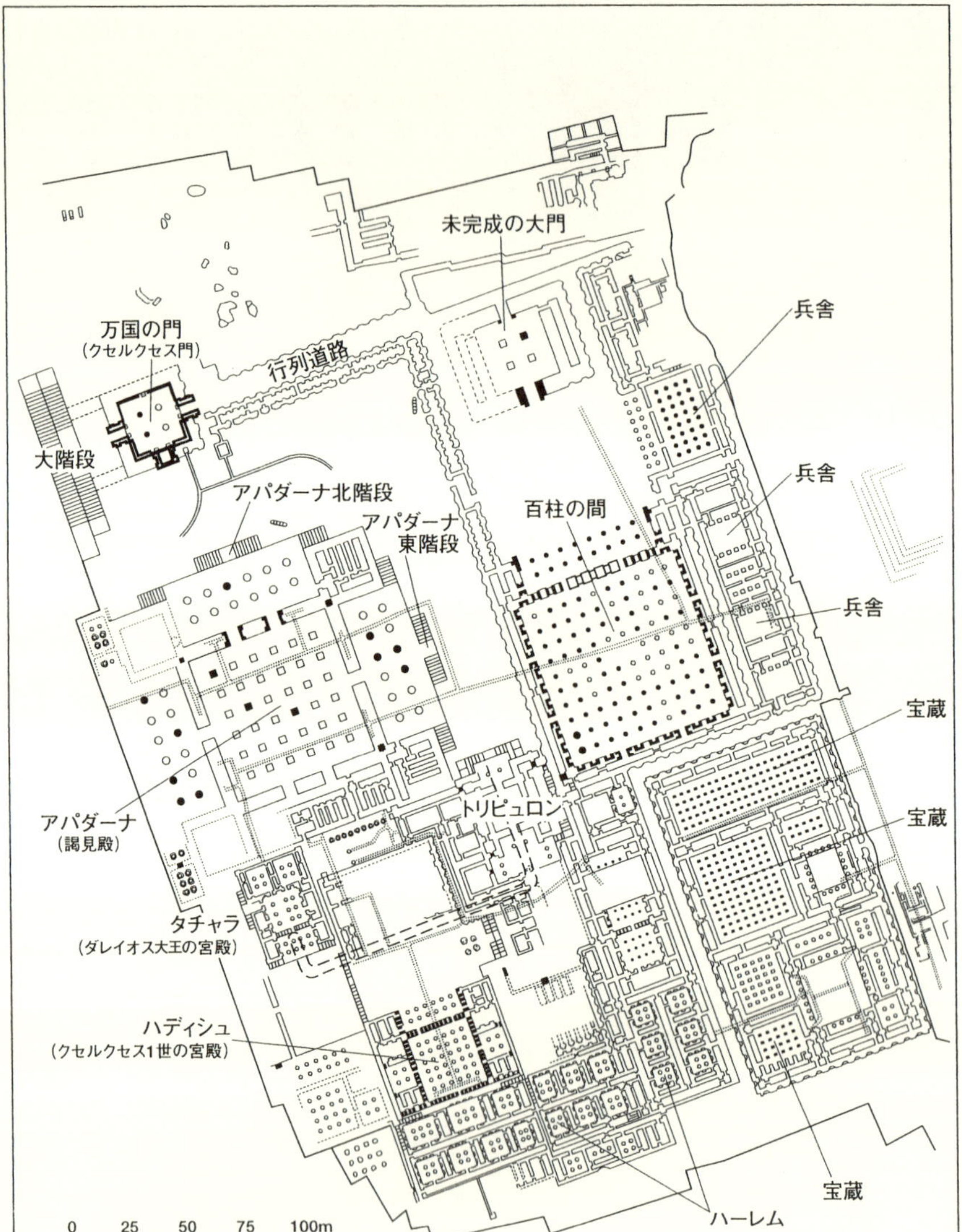

ペルセポリス平面図
(『文明の道・アレクサンドロスの時代』NHK 出版より転載・一部改変)

アパダーナは華麗な建物で、一万人が収容できる大広間があった。高さ一九メートルの六列三六本の石柱が、巨大な木造の屋根を支え、前廊と後廊の一二本を加えると七二本の柱が立ち並んでいたという。

アパダーナの円柱の柱頭には、ライオンや雄牛、グリフォン（架空の聖獣で、鷲《わし》の頭をした有翼ライオン）が形どられている。

王の政治的権威のシンボルともいえるアパダーナは、一辺六〇メートルの正方形の大広間で、ペルシア特有の多柱式宮殿になっており、三〇年の歳月を費やして完成した。

ダレイオス大王とゾロアスター教の祭壇（ペルセポリス）

ダイレオス大王の後、王位に就いたクセルクセス一世（在位前四八六～前四六五）は、アパダーナを完成させた後、王座の建設にとりかかる。

王座殿は、一〇〇本の柱がある大広間で「百柱の間」と称され、アパダーナに次ぐ大きさの建造物で、国事用の公式行事に使われた。入り口には、王座にすわる王や猛獣と戦う王の姿が浮き彫りされている。

トリピュロン（王門宮）には、「翼のある日輪」であらわされているゾロアスター殿の最高神アフラ・マズダーのレリーフがあり、豪華な彫刻や碑銘がみられる。

永年、砂に埋まり放置されていたペルセポリスは、一九三一年にシカゴ大学オリエント研究所が発掘調査を始め、宮殿群の全体像があきらかになってきた。

獅子が馬を襲う動物闘争文（ペルセポリス）

発掘調査によると、総面積は、およそ一三万平方メートル、万国の門（クセルクセス門）、謁見の間（アパダーナ）、百柱の間、ダレイオス大王の宮殿（タチャラ）、クセルクセス一世の宮殿（ハディシュ）、ハーレムや宝蔵などで構成されていることが判明し、これらの主要な建築物の建造には、三代、百年を要したという。

建物の北と東の正面階段と基壇の壁面には、ペルシア帝国の栄華を示す浮き彫りが施されており、階段の左側に諸民族の代表団、右側に宮廷人たちが描かれている。

多くの民族を支配下に置いたことを示している朝貢図《ちょうこうず》は、アッシリア人、イオニア人、バビロン人、カッパドキア人らが貢納品を持ち行列をつくっている浮き彫りであるが、この図は、帝国の権力を誇示する政治的パフォーマンスを目的にしたものであろうか。

ただ、アパダーナの東正面の朝貢図には、王権にひれ伏し畏怖《いふ》させるという雰囲気は見られず、行列には、諸民族を先導する宮廷人が、諸民族の先頭に立つ人物の手を握るなど和気藹藹《あいあい》とした様子がみられ、荘厳な儀式にもかかわらず、支配者と被支配者の親密さが強調されている。

朝貢図から見えてくることは、アケメネス朝の支配が強圧的なものではない点である。支配下にある諸民族が、税を納め兵役の義務を果たすかぎり、干渉しないという寛容な政策をとっていたことの表われかもしれない（『アレクサンドロスの時代』ＮＨＫ出版参照）。

では、この壮麗な宮殿は、何のために使われたのであろうか。一般的には、帝国内二三の属州、三五の民族の使節を接見する新年参賀の儀式や祭祀《さいし》の時に使われたと言われているが、不明である。

ローマ時代の作家アテナイオスは、

王は宮廷を四つもち、冬はスーサ、夏はエクバタナで過した。秋にはペルセポリスで過し、春はバビロンで過した。

と記している。いずれにしても、壮大な宮殿が帝国の権力と威信を象徴していることは、疑いの余地はない。

ペルセポリスの宮殿群は、マケドニア兵の入城後、放火され周辺の町々でも略奪《りゃくだつ》が繰り返された。大王は、前三三〇年一月から四ヶ月間、ここにとどまっているが、王宮炎上事件は謎につつまれている。

ダレイオス三世の追撃に向かう直前の夜の酒宴で、アテネの遊女タイスが、ペルシア戦争でアクロポリスが焼きはらわれた復讐に王宮に火をつけさせてほしいと願い出た。大王はそれを許し、酩酊《めいてい》していた大王も朋友《ほうゆう》たちと松明を持って宮殿に火を放ったという。大王は、炎上する宮殿を見ているうちに我にかえり、悔恨《かいこん》にさいなまれ消火を命じるが、手おくれであった。

現在残っているペルセポリスの宮殿の列柱の一部に延焼したことを示す痕跡が見られ、この事件が事実であったことを示している。いずれにしても、この放火によってペルセポリスは廃墟《はいきょ》と化し、再び脚光を浴びるのは二二〇〇年後のことである。

王宮炎上事件は、ギリシア人の復讐の終末を告げるもので、やがて大王は、世界帝国の王としての自覚をもち行動を始める。

奥がヒンドゥークシュ山脈、右にヒマラヤ山系、左にカラコルム山系、手前はインダス川とギルギット川の合流点

アケメネス朝ペルシアの終焉《しゅうえん》・ダレイオス三世の死

アレクサンドロスは、ダレイオス三世を追ってエクバタナからパルティアに向かう。そのとき、三世がバクトリアのサトラップに拉致《らち》されているという情報が入り急追すると、バクトリアの地方長官ベッソスに裏切られ、置き去りにされた重傷のダレイオス三世がいた。

大王が、ダレイオス三世に水を与えると、彼は自分の家族を親切に扱ってくれたことに感謝し、大王の腕の中で息を引きとった。大王は遺体をペルシア王にふさわしく立派に葬ったという。

これによって大王はベッソスに王位簒奪《さんだつ》者の汚名を着せ、自分はペルシア王の後継者として誇示することができた。それは、アケメネス朝ペルシアの終焉《しゅうえん》を告げるものでもあった。

アレクサンドロス大王の東方遠征は、「ギリシアのペルシアに対する報復戦争」として始まったが、ダレイオス三世の死後は「裏切り者の追訴《ついそ》」、やがて「あくなき拓疆《たっきょう》」へと変質していく。

大軍は東へ東へと進んでいくが、行く手を阻んだのは敵ではなく、山岳地帯であり、ステップ地帯であり、砂漠地帯というマケドニア兵にとっては未知の大地であった。なかでも寒暑の差のはげしい荒涼峻厳《しゅんげん》なヒンドゥークシュ山脈の三五〇〇メートルの峠を越えて大軍を率いていくのには、想像を絶する困難がつきまとったにちがいない。

バクトリアの征服とロクサネとの結婚

バクトリア地方と大王とは因縁《いんねん》浅からぬものがある。中央アジア最大のオアシス都市マラカンダ（現在のサマルカンド）を目ざす途中、ソグディアナの山間にそびえる城塞を攻略しなければならなかった。

前329年・アレクサンドロス大王はマラカンダにつく
（ウズベキスタン・サマルカンドのアフラシアブの丘）

この城壁は翼のない人間には難攻不落といわれており、大王は堅固な砦《とりで》に一番乗りしたものに莫大な懸賞金を与えるといって鼓舞《こぶ》した。マケドニア兵の一隊が、垂直な懸崖《けんがい》に鉄の釘をうち込んでよじ登り山頂にあらわれたため、バクトリア兵は不可能を実現した彼らに恐れをなして降服した。

この時、城に立籠《たてこ》もっていたのが、バクトリア貴族の娘で絶世の美女ロクサネである。大王との正式の結婚は、前三二八年・二八歳のことであった。すべての大王伝に彼がロクサネに恋をして結婚したと記されている通り、彼女を寵愛《ちょうあい》し、のちに王妃とした。

この結婚の背景には、ペルシア貴族の反乱や住民たちの執拗《しつよう》な抵抗、大量虐殺といった東方遠征で最も陰惨《いんさん》な事態に遭遇し、豪族の娘と結婚することによって、バクトリア・ソグディアナの豪族たちと和解し局面を打開したいとする意図があったにちがいない。

ただ、ロクサネの運命は、帝国の瓦解《がかい》とともに翻弄《ほんろう》される。ロクサネは、大王が死んだとき妊娠八ヶ月だった。生まれた男の子は、アレクサンドロス四世を名乗り、大王の弟であるフィリッポス三世アリダイオスとともに王位に就く。

ところが、幼児と障害をもつという二人の王には統治能力がないため、摂政《せっしょう》のペルディカスに実権をにぎられ、王家が分裂していくなかで、ロクサネ母子は、将軍の一人カッサンドロスに保護されるが、前三一〇年ごろ、二人は秘かに殺害されるという運命をたどる。

バクトリアに侵攻した大王の大軍は、オクサス川（アム・ダリヤ）を渡りベッソスを捕え、シル・ダリヤの河畔に「最果《さいは》てのアレクサンドリア」を建設し、前三二九年にマラカンダ（現在のサマルカンド）に入る。

東の果てで兵士に拒否され、インダス川から帰還

大王の大軍がインダス川に着いたのは、前三二六年のことで、インダス川の上流ヒュダスペス河畔でインドのポロス王と対決することになる。ポロス王は二〇〇頭の戦象部隊と戦車隊をもって大王と戦うが、大王に撃破され和平を結ぶ。

遠征軍は、さらに東方に移動し、ここで全軍から従軍拒否を受けることになる。拒否の理由には、次のような事情があった。

一つは、ポロス王との激戦に加え、七〇日間の豪雨に見舞われ兵士が疲弊《ひへい》していること。もう一つは、故国マケドニアを出発してから八年以上の歳月が流れており、行程も一万八〇〇〇キロに及び生きているうちに帰還したいとの思いが募り、戦闘に身を呈する心構えが失われたことがあげられる。

大王は、側近を集め

どうやら、万事が自分に引き返すように命じているようだ。

といい、撤退を決意する。兵士のなかから歓呼《かんこ》のどよめきが湧き上ったという。

大王がインドにとどまっているとき、バラモンの僧たちが話をしている野外の原っぱで、足で地面を踏んでいる僧に出くわした。

大王は、その仕草《しぐさ》はどういう意味かとたずねたところ、バラモン僧は、

アレクサンドロス大王よ、人間は誰しも今立っているこれっぽちの土地がもてるだけのことです。…あなたも遠からず死ねば、肉体が葬られるに足《た》るだけの、わずかな土地しかおもちになれないでしょうに。

と答えた。大王には格言を愛する心があり、それらに耳を傾けたのだろう。

遠征の途中、大王は東方人がペルシア式にひざまずく跪拝《きはい》の礼《れい》を許した。跪拝礼とは何か。ヘロドトスは『歴史』のなかで、次のように記している。

ペルシア人が路上でゆきあったとき、会った同士が同じ身分かどうかは、つぎのことで見分けがつく。対等の場合には、話しかける代りに口で接吻しあう。いっぽうの身分がやや低いときは、頬に接吻

前326年ごろアレクサンドロス大王が到着したインダス川上流（パキスタン）

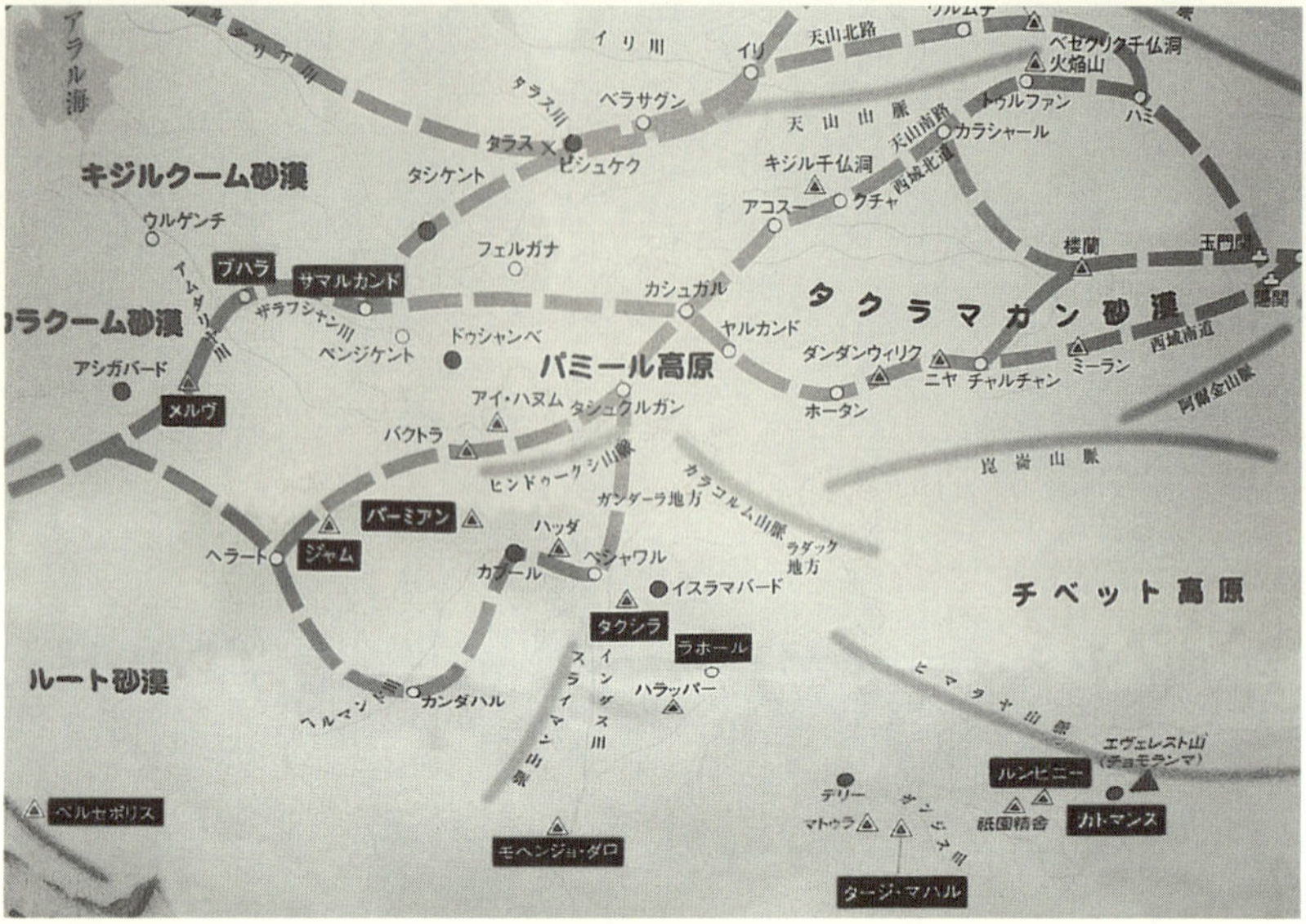

中央アジア地図

しあうし、いっぽうがはるかに卑賤《ひせん》の身であるときは、相手の前に土下座《どげざ》し平伏する。

アレクサンドロス大王は、これをマケドニア人やギリシア人にも導入しようとしたが失敗する。ギリシア人の間で平伏するという行為は、神に対してのみに行われる宗教儀礼であり、これを人間に向かって行うことは、自由人の人格を侵害し、神々を冒涜《ぼうとく》するものであった。結局大王の宮廷では、ペルシア人たちだけが跪拝礼を行ったという。

東のペルシア、西のギリシアの両文明は、跪拝礼をめぐって真っ向から衝突することになる。そして、これに反対する近習たちが陰謀をくわだて、その結果、遠征で艱難辛苦《かんなんしんく》を共にしてきた大王の甥《おい》に当たるカリステネスを絞首刑にする事件が起きた。

大王の痛手は、はかり知れないものがあったが、それでも遠征を続けた強靭《きょうじん》な精神力は驚嘆に値する。前三二四年に大王は、スーサに帰還する。

スーサにおける集団結婚式は何のためであったのか

やがて、大王自身は、旧ペルシア王家の二人の女性と結婚する。一人はダレイオス三世の娘スタテイラで、もう一人は、アルタクセルクセス三世の娘である。この結婚には、大王がダレイオス三世の死後のアケメネス朝の正当な後継者であることを示すとともに、自己の支配の正統性を世界に見える形で誇示する意図があった。

前三二四年、ペルシア帝国の旧都スーサにおいてマケドニア兵とペルシア女性との間で集団結婚式を挙げさせた。

アリアノスの『アレクサンドロス東征記』は、結婚式を次のように記している。

側近たちにもペルシア人やメディア人の家系で最高位に属する家の娘たちおよそ八〇人が与えられた。それらの人々の結婚式は、ペルシアの伝統的なしきたりに従って挙行《きょこう》された。……その他のマケドニア人で、アジア女性と結婚した者たちも、残らずその名前を届け出るよう指示されたが、その数は合わせて一万人以上にものぼった（『アレクサンドロス大王』森谷公俊著・講談社参照）。

この結婚式には、クレオパトラの先祖で、大王の死後エジプトにプトレマイオス朝を建国するプトレマイオスも花婿として参加していた。将兵一万人に達する合同結婚式は、「民族融合」をはかったものと考えられるが、同時に大王の「人類意識」の発現としても注目される出来事である。

集団結婚式は、帝国の支配を維持するためには、マケドニア人とペルシア人の相互の信頼が必要と考えた結果であり、ペルシアの言葉や衣服を採用することなどを通して両国が融和することが政治の安定につながると考えたのだろう。

アレクサンドロス大王の石棺と筆者（トルコ国立考古学博物館）

大王・伝説に彩られた壮麗な都バビロンに死す

スーサからバビロンに立ち帰った大王は、アラビア遠征を計画するが、前三二三年五月二九日突然熱病におそわれる。数日続く熱病で遠征をともにしてきた将軍たちも大王の死を予感し、ユーフラテス川を見下ろす部屋に集まる。このとき、将軍たちは、のちに激しい抗争を繰りひろげることになるとは、夢にも思っていなかったにちがいない。

プトレマイオス、セレウコス、ネアルコスら将軍たちは、ヤシの木立ちを微風が吹き抜ける部屋のなかで、大王の臨終のことばを待つ。息詰《いきづま》る一瞬であったであろう。大王の口から、わずかにもれた言葉は、「クラティスト」最も強い者へという一言であったというが、定かでない。

六月一〇日、大王は高く聳《そび》える城壁に囲まれた王宮の一室で、波瀾《はらん》に富んだ長くも短くもある三二歳の生涯を閉じた。

大王の死がアテネにもたらされたとき、雄弁家のディマデスは、

アレクサンドロス大王が死んだなんて……そんなことはあり得ない。世界は死体の臭いになってしまう。

と絶句したという。

また、同時代の喜劇詩人メナンドロスは、

神々に愛せられるものは、若くして死ぬ。

と、哀悼のことばを残している。

大王のカリスマ性があまりにも強烈で、しかも後継者についての遺言を残しておらず、王族に後継者となる成年男子がいなかったこともあって、帝国は混乱をきわめていく。

大王の東方遠征の行動を綿密に追っていくと、アリストテレスらギリシアの知識人が蔑視《べっし》していたペルシア人に対する認識に比べて、大王が古い民族的偏見を打ち破っていたことは間違いない。集団結婚式に続いて功績のあった民族九〇〇〇人を列席させ大宴会を催し、その折、マケドニア人とペルシア人の間の協和と共同支配を神に祈ったという。

アレクサンドロス大王の事績について、「東西の融合《ゆうごう》」という大理想を掲げて東方遠征を行い、のちにヘレニズム文化（ギリシア的）をオリエントからインドにもたらしたというのが一般的理解であり、高校の教科書『世界史』にもこのように記述されている。

アレクサンドロス大王の立像
（イズミルで発見・前３世紀・トルコ国立考古学博物館）

私は、素直にこの考えを支持したい。大王の世界帝国の建設、諸民族の混淆《こんこう》、そして東西文化の融合という歴史的事績を高く評価したいと思う。

アレクサンドロス大王が、帝国のその後についてどんな未来図を描いてい

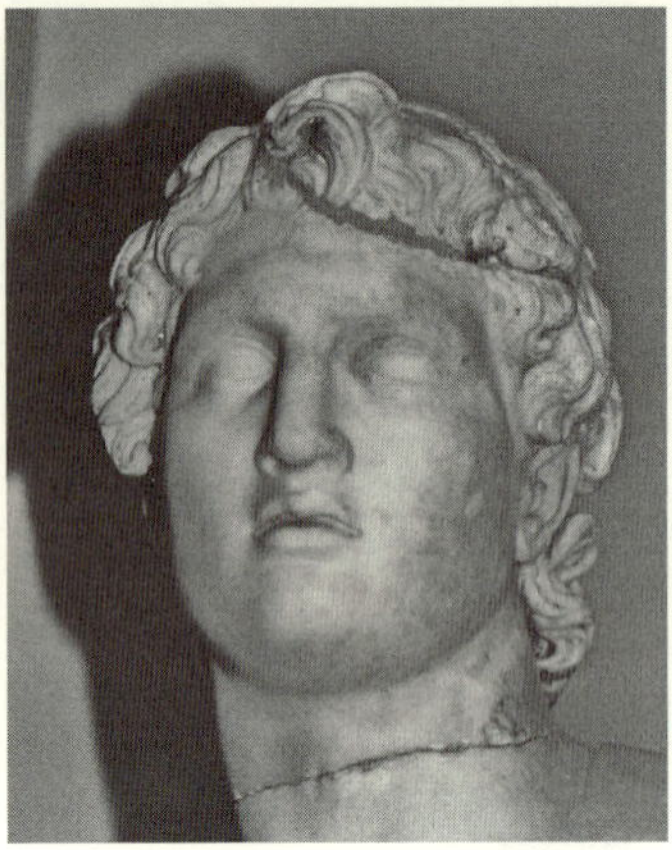

アレクサンドロス大王像

たのか、何も残しておらず知るよしもない。地中海とアジアに都市を築き、東と西の民族を融合させるとか、トロイにアテネ女神の大神殿を立てようとしたことなどが伝えられている。

大王が、民族融合を常に意識して遠征を続けたかどうかは定かでないものの、東方への遠征がギリシアのポリス中心の価値観を否定し、ポリスの枠を超えた国際的な世界観にもとづく世界市民主義（コスモポリタニズム）を、ユーラシア世界に出現させたことは疑いの余地はない。歴史上の人物としてアレクサンドロス大王が活躍した時期は、わずか一二～三年に過ぎない。

大王は世界史に類を見ない偉大な英雄なるがゆえに、古今、様々な評価がなされる。偉大な天才としての讃辞《さんじ》が贈られるいっぽう、冷酷《れいこく》な政治家として憎悪をあびせられることもある。

彼の少年時代から東方遠征に至るまでの行動の背景を探ると、ギリシア的なものはなく、天才という以上に、ロマンティシズムとか異常な理念、願望といった面からの考察が必要だと思えてならない。大王の常識をこえた行為は、単なる夢想家とか理想家のものではなく、強烈な意思と何よりも逞しい生命力に支えられていたことを痛感するとともに、大王の魔力とも思える偉大さが、マケドニアの将兵たちを引きつけてやまなかったのであろう。

アレクサンドロス大王の征服の範囲は、アケメネス朝ペルシアの版図と大きな差はなく、大王の支配がギリシアにまで及んでいた程度であるが、二つには大きな相違がある。

第一は、アケメネス朝が、その全盛期を現出するまでには一〇〇年以上の年月を要したのに対し、アレクサンドロスは帝国を樹立するのに、わずか一〇年を費やしただけという点である。

第二は、ペルシア人はエジプトやメソポタミア、そのほか東地中海の文明地帯から多くのものを吸収したが、マケドニア人は、アジアに新しい文化を注入した点である。

大王は、遠征した先々にアレクサンドリアを建設しており、都市の数は七〇とも二〇前後ともいわれている。新しい征服者である彼らは、神とその奉仕者の集団である古代東方型都市にかわってギリシア型都市をアジアに導入し、世界を大きく変貌させた。メンフィス、バビロン、ニネヴェ、スーサなどの都市の主人公はギリシア人にかわり、彼らは、アクロポリス・市民会議場・市場・劇場などをつくった。

アレクサンドロス大王の東方遠征の目的が、ペルシアを征服しギリシア的世界を実現させることにあったことは常識になっているが、アジアの重い伝統の圧力は、破壊することは出来ても変貌させることは困難であった。

大王の疾風的《しっぷうてき》な征服とギリシア的都市（アレクサンドリア）の建設が、アジア世界を一変させるまでには至らなかったものの、少なくとも古いアジアと新しいヨーロッパとの最初の架《か》け橋になったことは認めなければならない。

（児島建次郎）

第三章　ユーラシア大陸に展開されたヘレニズム王国の興亡

アレクサンドロス帝国の分裂とヘレニズム時代

マケドニア人とペルシア人の協調によって大帝国を築く大王の理想は、またたくまに崩れ去り、将軍たちは、権謀術数《けんぼうじゅつすう》を弄《ろう》して血なまぐさい争いを展開し、帝国の分裂は決定的となっていった。

そのなかで、哀れをとどめたのマケドニア王家である。王位にまつりあげられたアレクサンドロスの異母弟にあたるアリダイオスをはじめ、王妃ロクサネ、大王の子のアレクサンドロス四世、母オリュンピアスといった大王とつながる人物は、刺客の手によってことごとく殺害されてしまう。ここにマケドニア王家は断絶するのであった。

大王は生前に、エジプトで「神の子」の神託を受けたシーア・オアシスのアモン神殿に埋葬されることを望んでいたという。大王の死後、遺体はバビロンで防腐処理され、霊柩車《れいきゅうしゃ》を造るため二年間バビロンに置かれた。ところが、摂政のパルディッカスが大王の遺体をマケドニアの古都アイガイに埋葬しようと考え、本国に送り出し、霊柩車がシリアを通過しているとき、突然プトレマイオス軍が大王の遺体を奪いエジプトへ持ち去った。プトレマイオスは、王朝の都メンフィスで大王の葬儀を行い、のちに遺体をアレクサンドリアに移す。

この行為は、何を意味しているのであろうか。大王の遺体を自分の支配領域に置くことで、プトレマイオスは、大王の後継者は自分であるとするメッセージを内外に示したかったにちがいない。

その後、大王の遺産をめぐって、四〇年に及ぶ後継者（ディアドコイ）争いが続いて帝国は分裂し、前三〇六年から数年のうちに、後継将軍たちは王を名乗り、最終的にはアンティゴノス朝マケドニア・プトレマイオス朝エジプト・セレウコス朝シリアの３つのヘレニズム王国が誕生する。

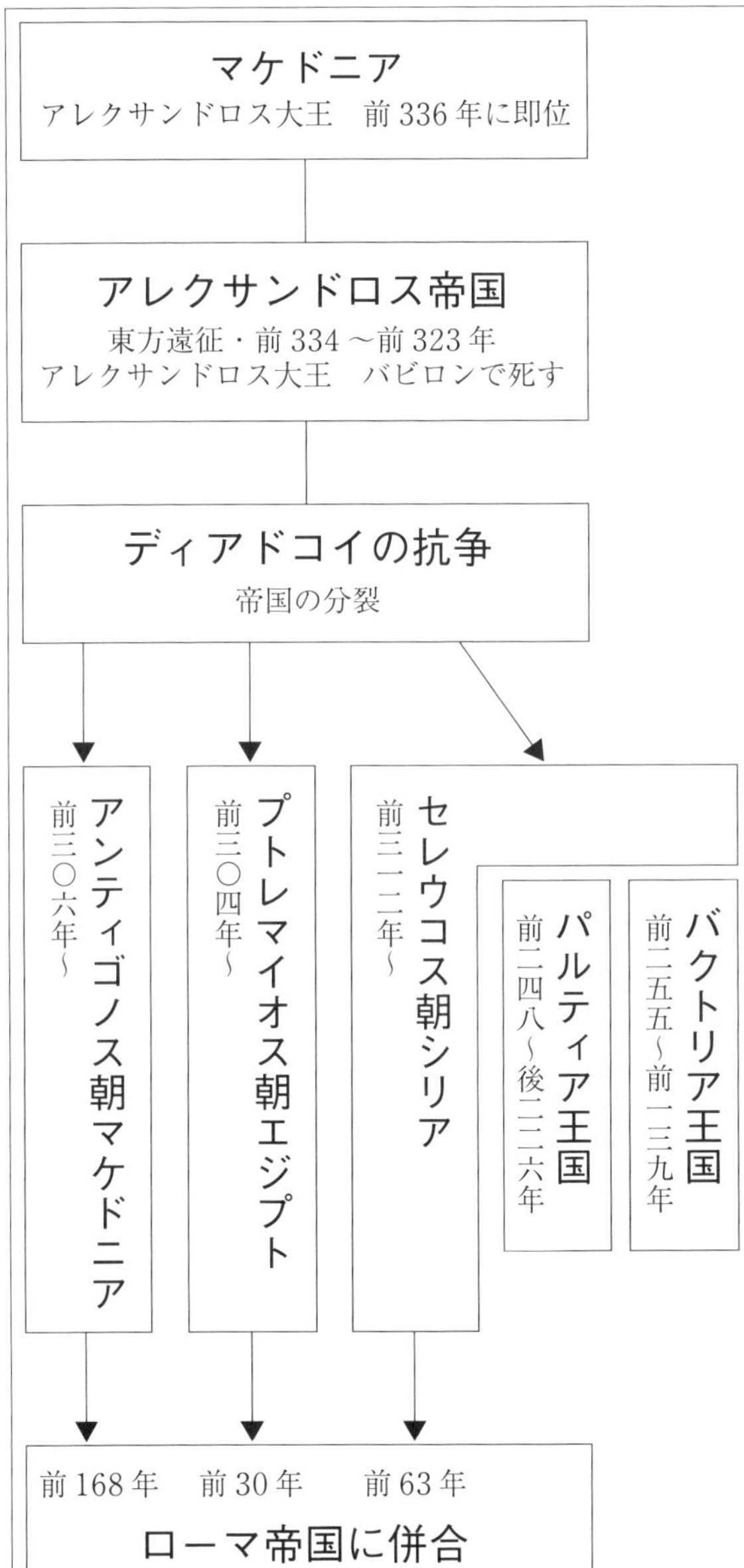

アレクサンドロス帝国とその後

後継者をめぐるヘレニズム諸国の抗争

ヘレニズム諸国の誕生について先鞭《せんべん》をつけたのは、マケドニアの将軍でフィリッポス二世と同じ年令で、マケドニア王国の興盛に尽力したアンティゴノス一世（前三八四〜前三〇一年）である。彼は、大王の遺領《いりょう》の再統一をはかり、分割支配を企てる他のディアドコイと争った。

息子のデメトリオス一世（在位前二九四〜前二八三年）と共に勢力拡大に乗り出した彼は、マケドニア全軍の指揮官として、セレウコスを追放し、アジアの最高権力者となった。そして、キプロス沖でプトレマイオスの艦隊に勝利した前三〇六年に、息子のデメトリオス一世とともに王位を名乗る。

彼の王位宣言は重要な意味をもつ。これまでは、王位に就くには王家の血統につながる人物でなければならなかった。ところが、アンティゴノス一世が依拠《いきょ》したのは、血統ではなく戦争で手柄を立てるという卓越《たくえつ》した業績であった。

ここに、個人の才覚と偉業によって王位を名乗るという、新しい性格をもった王権が生まれたのである。しかも息子とともに王位に就いたことは、王位の世襲というこれまでにない王朝の創始のあらわれである（『興亡の世界史・アレクサンドロスの征服と神話』森谷公俊著・講談社参照）。

アンティゴノス一世に続いて、前三〇四年にプトレマイオスが王の称号を採用し、再びバビロン総督になったセレウコス、トラキアのリュシマコス、マケドニアのカッサンドロスもこれに倣《なら》い、アレクサンドロス帝国から六人の王が出現するという混乱状態に陥《おちい》る。

アンティゴノス一世は、王国相互の対立が深まる前三〇一年に、小アジアのイプソスで他の王たちとの戦争で

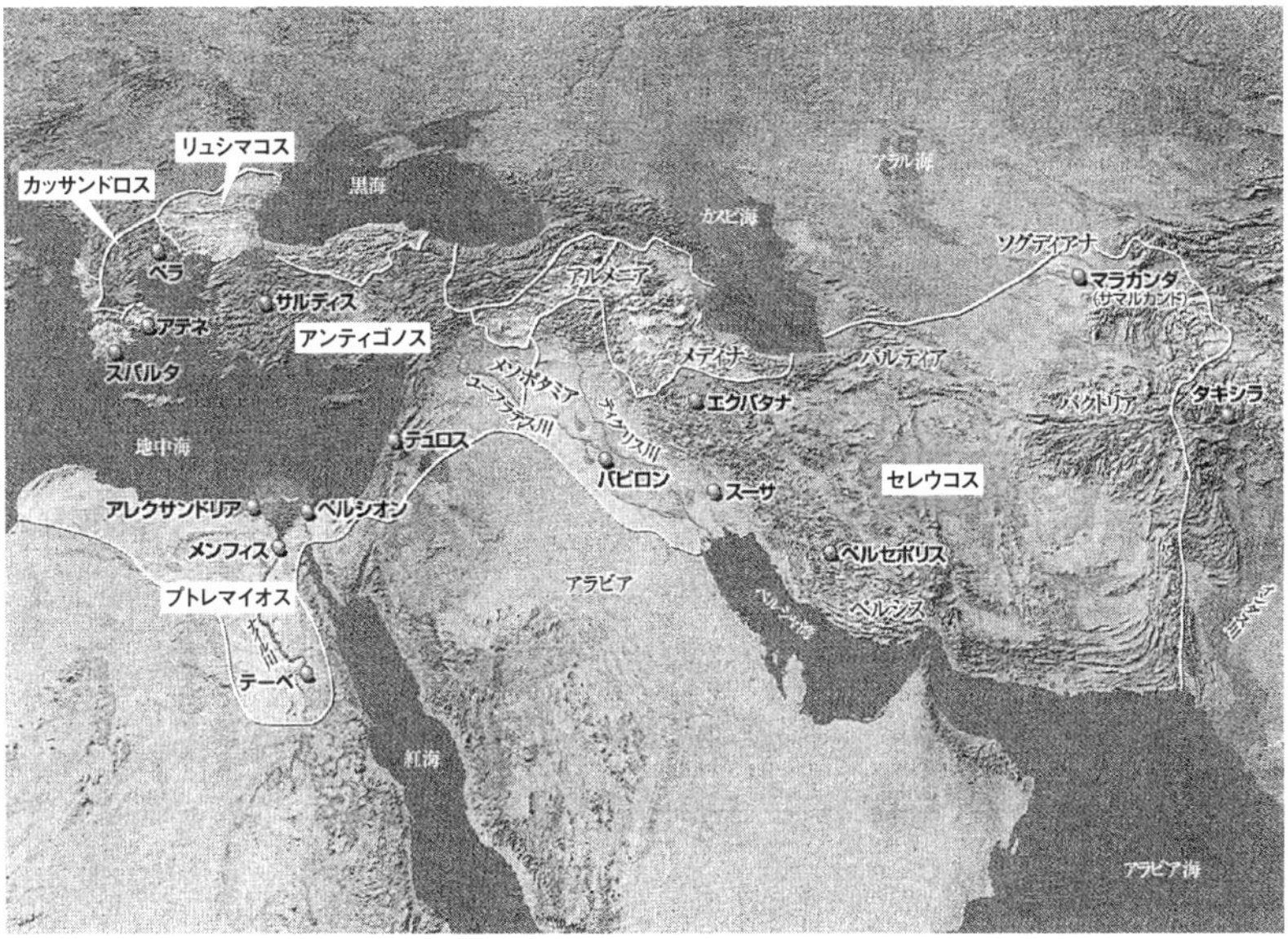

アレクサンドロス帝国後の世界・前300年ごろ
(『文明の道(2)ヘレニズムと仏教』NHK出版より転載・一部改変)

戦死してしまう。

いっぽう、デメトリオス一世は、父を助けて戦いを繰りひろげ、前二八五年にアナトリアで失地回復をはかるものの、捕えられ獄中で服毒死する。

このため、アンティゴノス一世が築いた王国は、あっという間に瓦壊《がかい》し、彼の支配地域は他の王たちが奪い合う結果となった。

クレオパトラまで、三〇〇年続いたプトレマイオス朝エジプト

アレクサンドロス大王の最高首脳の一人だったプトレマイオス一世（前三六七～前二八三年）は、前三〇四年に王を名乗り、エジプトを支配することになり、プトレマイオス朝エジプトを創設し、王朝は前三〇年にクレオパトラが死ぬまで存続する。

この王朝は、古来の宗教を尊重し、祭政一致に合うように、オシリス神と聖牛サラピスを国家神としてアレキサンドリアに神殿を建てるなどし、プトレ

マイオス一世と二世の治世はヘレニズム王国の中で最も安定した国家となった。

アレクサンドロス大王は、エジプトに遠征しているあいだにアレクサンドリアの建設を命じているが、この地を首都に選んだのがプトレマイオス一世とその子孫たちであった。プトレマイオス一世は、大王の霊柩車がシリアを通過しているとき遺体を奪いエジプトに運ばせ、メンフィスに葬祭殿《そうさいでん》を、アレクサンドリアに王墓を設けたとされているが、遺構は見つかっていない。

古代の文字記録によれば、大王の遺体は王家の葬祭施設があったセーマ（ソーマ）に埋葬されたという。これが発見されれば、エジプト史に新たな一ページを飾ることになるであろう。

アレクサンドリアの市街は、幅三〇メートルの道路が直角に交叉《こうさ》し、河口のファロス島には世界七不思議のひとつである高さ一一二メートルの石造りの灯台が建っていた。

アレクサンドリアは「世界の結び目」と称され、有名なムーセイオン（王室付属研究所）が営まれ、ギリシアから学者や文化人を招いた。ここに集った人物は多彩で、アリスタルコスの地動説やアルキメデスの数理科学（アルキメデスの原理の発見者）など、驚くべき成果をあげ、プトレマイオス王家がアテネをしのぐ文化の中心地をめざした夢が、見事に開花し、ヘレニズム時代の学問の発展に尽くす。

また、ムーセイオンに隣接して設けられた図書館には、七〇万巻を数えたというパピルスや羊皮紙の蔵書が集められ、高度な文法学などの発展に貢献した。ところが、前四八年のアレクサンドリアの内戦で、クレオパトラに味方したカエサルが放った火によって延焼し消失してしまう。

現在、アレクサンドリア市の北部に新アレクサンドリア図書館が再建され、観光客らに公開されている。

このヘレニズム都市は、ローマ時代には人口一〇〇万を数え、その半数以上はギリシア人で、その他にユダヤ

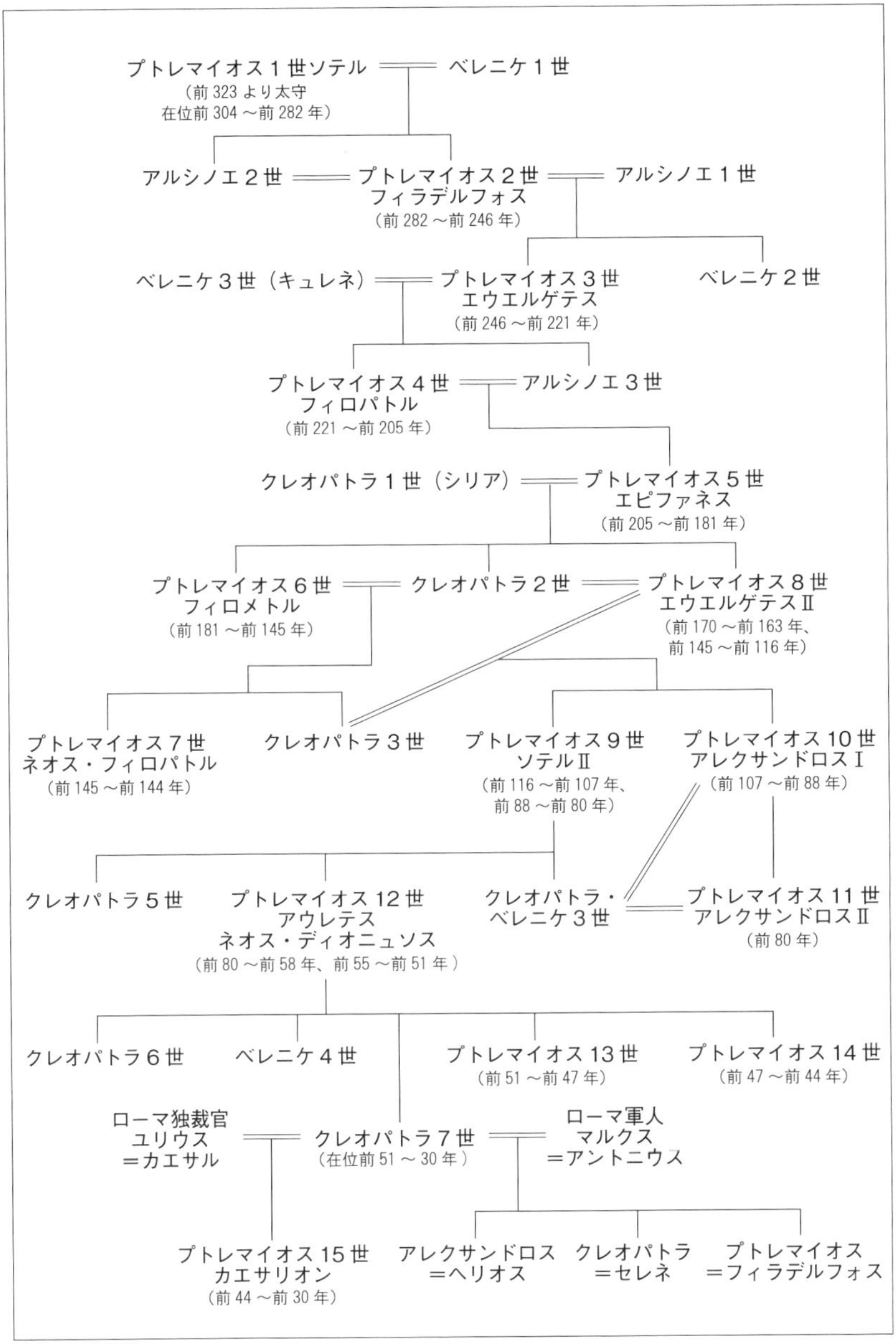
プトレマイオス１世ソテル
（前323より太守
在位前304～前282年）
ベレニケ１世
アルシノエ２世
プトレマイオス２世
フィラデルフォス
（前282～前246年）
アルシノエ１世
ベレニケ３世（キュレネ）
プトレマイオス３世
エウエルゲテス
（前246～前221年）
ベレニケ２世
プトレマイオス４世
フィロパトル
（前221～前205年）
アルシノエ３世
クレオパトラ１世（シリア）
プトレマイオス５世
エピファネス
（前205～前181年）
プトレマイオス６世
フィロメトル
（前181～前145年）
クレオパトラ２世
プトレマイオス８世
エウエルゲテスⅡ
（前170～前163年、
前145～前116年）
プトレマイオス７世
ネオス・フィロパトル
（前145～前144年）
クレオパトラ３世
プトレマイオス９世
ソテルⅡ
（前116～前107年、
前88～前80年）
プトレマイオス10世
アレクサンドロスⅠ
（前107～前88年）
クレオパトラ５世
プトレマイオス12世
アウレテス
ネオス・ディオニュソス
（前80～前58年、前55～前51年）
クレオパトラ・
ベレニケ３世
プトレマイオス11世
アレクサンドロスⅡ
（前80年）
クレオパトラ６世
ベレニケ４世
プトレマイオス13世
（前51～前47年）
プトレマイオス14世
（前47～前44年）
ローマ独裁官
ユリウス
＝カエサル
クレオパトラ７世
（在位前51～30年）
ローマ軍人
マルクス
＝アントニウス
プトレマイオス15世
カエサリオン
（前44～前30年）
アレクサンドロス
＝ヘリオス
クレオパトラ
＝セレネ
プトレマイオス
＝フィラデルフォス

プトレマイオス朝の系図（『アレクサンドリア』筑摩書房より一部改変）

人、フリュギア人、ペルシア人、エジプト人ら諸民族が住む国際都市に成長する。

強力な専制君主として君臨《くんりん》したのが、プトレマイオス二世（在位前二八二〜前二四六年）である。彼は王を権威づける政治手段として「君主崇拝《すうはい》」を徹底させ、土地は王の所有であり、国土の最大の部分を「王有地」とし、隷属的な身分の農民に耕作させ、高い地租を王に支払うという制度を導入した。

プトレマイオス朝の施策で、注目すべきことは、完璧《かんぺき》ともいえる経済統制をはかった点である。農民は、種子の種類を役人に決められ、収穫も役人の監督のもとで行なわれ、収穫物は国家に帰属し国家のとり分が決まってから残りを手にすることができた。

このほか、植物油の生産は国家が独占するなど、王朝の利益は莫大な額にのぼった。（『世界の歴史・ギリシア』村田数之亮著・河出書房参照）。

貿易も王朝の支配下におかれ、輸入を最小限に輸出を最大限にのばし、多くの貨幣が国内に流入する「重商主義」に似た統制が取られた。

王朝は、海外領としてエフェソスなどのアナトリア南西部や、キプロス島などを保持し、地中海東部を制覇する勢いであった。プトレマイオス三世（在位前二四六〜前二二一年）の治世には、エジプトによる海外支配は頂点に達する。

このようにプトレマイオス朝は、ヘレニズム諸国の中で最大の繁栄を享受したが、前二世紀になるとローマが食指《しょくし》を伸ばしはじめ、前一世紀後半にはエジプトを残して、ヘレニズムの二国はローマに併合されてしまう。

迫りくるローマの脅威の前にクレオパトラ（在位前五一〜前三〇年）は、カエサルに接近し国家の延命を図ろうとする。前六〇年ごろのローマは、カエサル、ポンペイウス、クラッススの三人の提携で三頭政治が始まる

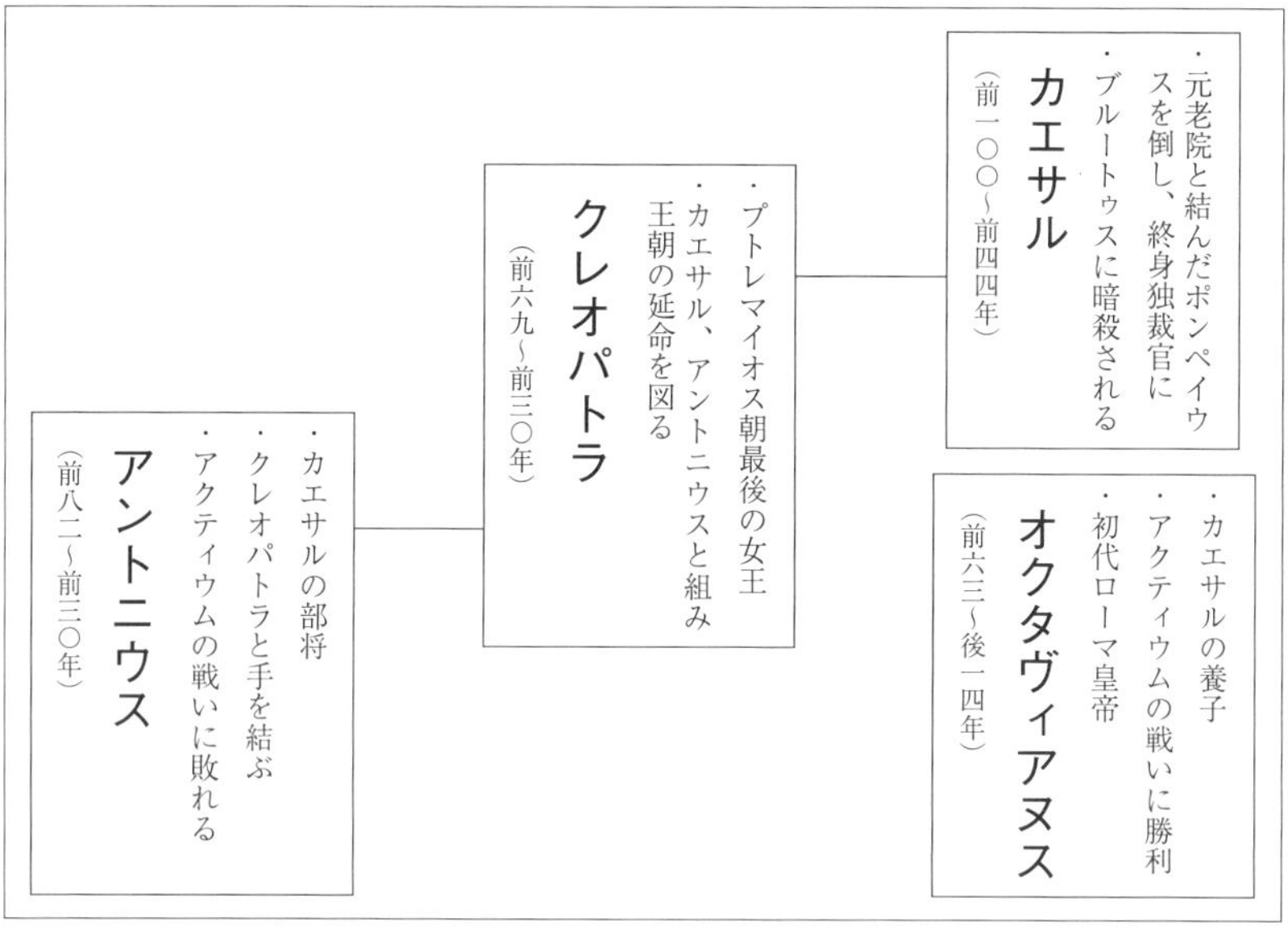

クレオパトラの人物相関図

が、前四四年にポンペイウスを倒したカエサルが「終身ディクタトル」になる。

　カエサルは、エジプトの内紛に介入し、クレオパトラをプトレマイオス朝の女王に据《す》え、エジプトを勢力下においた。カエサルは、貧民の救済などの改革をなしとげた文武にすぐれた政治家で、元老院の伝統的な力を軽くみて独裁に走った。独裁的な権力を握るカエサルは、共和政の伝統を守ろうとするブルートゥスによって、前四四年に暗殺される。

元老院のカエサル像（ローマ）

ローマ帝国の政治の中心・元老院（ローマ・フォロロマーノ）

翌年、アントニウス（カエサルの部下）、オクタヴィアヌス（カエサルの養子）、レピドゥスによる第二回の三頭政治が始まり、ブルートゥスを破る。

カエサルの暗殺で衝撃を受けたクレオパトラが、つぎの同盟者として選んだのが、カエサルの部下であったアントニウス（前八二～前三〇年）であった。アントニウスは、絶世の美女クレオパトラと恋におち、エジプトにとどまり東方帝国の建設を目論《もくろ》む。

勇猛な部将として信頼のあついアントニウスの判断を誤らせたのが、プトレマイオス朝の豊かな富と、クレオパトラの美貌にあったとは「歴史の皮肉」といわざるを得ない。クレオパトラとの仲を深めていくアントニウスに対して、その動きに不信感を抱いていた元老院を味方につけたオクタヴィアヌス（前六三～後一四年）は、前三一年に開戦を決意する。

ローマ軍とアントニウス・クレオパトラ連合の両軍は、バルカン半島の南西部アクティウム岬沖で戦うが、勝敗が決まらないうちにエジプト海軍が戦闘行為を放棄して逃亡してしまう。エジプトに逃れたアントニウスは、翌年クレオパトラが自殺したという虚報を信じて自殺、クレオパトラも自殺し、一〇〇年におよぶ内乱はおさまる。ここにプトレマイオス朝は滅び、ヘレニズム時代は終焉《しゅうえん》を迎えることになる。

分裂し弱体化するセレウコス朝シリア

セレウコス朝シリアは、バビロンの太守となったセレウコス一世（在位前三〇五～前二八一年）を祖にし、東はヒンドゥークシュ山脈から西はエーゲ海までを支配し、首都をシリアのアンティオキアにおき、アレクサンドロス帝国のなかで最大の領域を継承した。

セレウコス一世が大領域を継承できたのは、集団結婚式で妻としたアパマのおかげである。アパマは、中央アジアで頑強に大王に抵抗したペルシア貴族スピタメネスの娘で、大王の死後、多くの側近たちがペルシアの女性たちを離縁したのに対し、セレウコスは生涯妻を愛し連れ添ったという。このことが、ペルシア人から信頼を得ることになったということで、大王の東西融合の理想が思わぬ形で実を結んだことになる。

セレウコス朝の版図は、ペルシア帝国の大部分を占め、ペルシア人を始めパルティア人、バビロン人、バクトリア人ら多様な民族を包含《ほうがん》していたため、統一的な支配はできず、地方分権による支配体制がとられた。

セレウコス一世は、前三〇一年にアレクサンドロス大王の遺産の継承をはかったアンティゴノス一世（大王の死後、遺産の再統一をはかった将軍）と、フリュギアのイプソスで会戦して勝利し、前二九三年には共同統治者として息子のアンティオコス一世（在位前二八一～前二六一年）に、ユーラシア以東の地をまかせる。彼は、アパマとの間に生まれた長男で、首都を建設し農耕地を全長二五〇キロの城壁で囲ったという。

セレウコス一世の政策で注目すべき点は、一説によればシリアを中心に七〇の都市を建設し、ギリシア人やマケドニア人を入植させたことである。目的は、東西交流の拠点をつくることと、住民の中の少数派であるギリシア人に生活の場を提供することであった。しかも、シリアでは都市が軍事的要衝《ようしょう》の地に建設され、王権に忠実

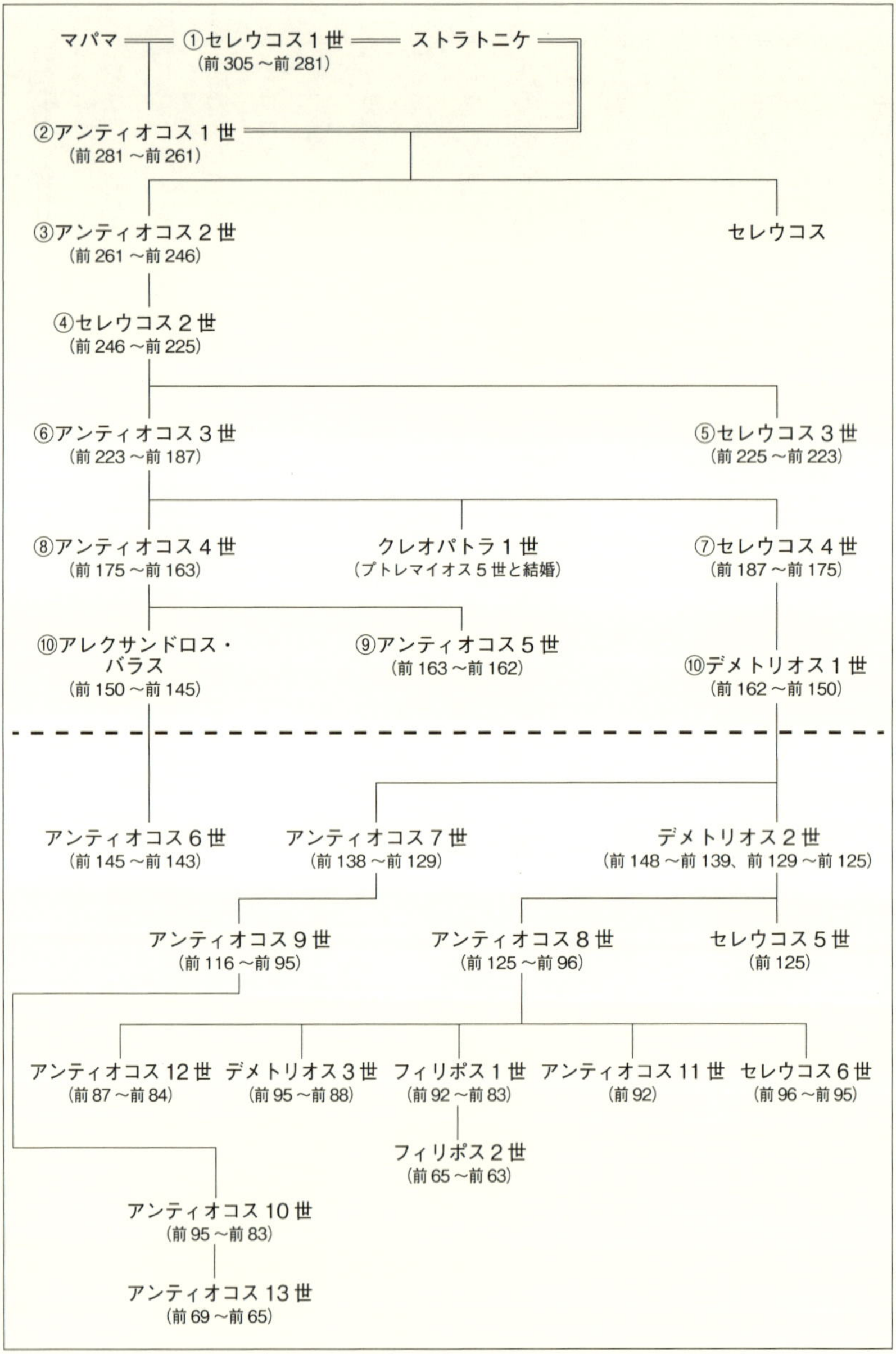
マパマ
①セレウコス１世
（前305～前281）
ストラトニケ
②アンティオコス１世
（前281～前261）
③アンティオコス２世
（前261～前246）
セレウコス
④セレウコス２世
（前246～前225）
⑥アンティオコス３世
（前223～前187）
⑤セレウコス３世
（前225～前223）
⑧アンティオコス４世
（前175～前163）
クレオパトラ１世
（プトレマイオス５世と結婚）
⑦セレウコス４世
（前187～前175）
⑩アレクサンドロス・バラス
（前150～前145）
⑨アンティオコス５世
（前163～前162）
⑩デメトリオス１世
（前162～前150）
アンティオコス６世
（前145～前143）
アンティオコス７世
（前138～前129）
デメトリオス２世
（前148～前139、前129～前125）
アンティオコス９世
（前116～前95）
アンティオコス８世
（前125～前96）
セレウコス５世
（前125）
アンティオコス12世
（前87～前84）
デメトリオス３世
（前95～前88）
フィリポス１世
（前92～前83）
アンティオコス11世
（前92）
セレウコス６世
（前96～前95）
フィリポス２世
（前65～前63）
アンティオコス10世
（前95～前83）
アンティオコス13世
（前69～前65）

セレウコス朝シリア略系図（『世界史小辞典』山川出版社参照）

で強力な軍隊を供給する拠点となり王国を支えた。

建設された都市は、セレコウス朝の首都ティグリス河畔のセレウキアをはじめ、アナトリアのアパメア、シリア北部のアンティオキア（ここがのちに首都になる）、旧アレッポのベロニアなどがあり繁栄を誇った。

セレウコス王朝の領土を通る、主要なルートを見てみよう。インド洋では比較的正確に季節風が吹くが、前一世紀ごろ、ギリシア人船乗りがインド洋の季節風を利用して南アラビアからインドまで一気に航海するルートをみつけた。このインド洋に吹く季節風を、ギリシア人船乗りの名をとって「ヒッパロスの風」と呼び、この発見が海のシルクロードの開幕を告げるものとなった。

交易ルートは、インド洋に吹く季節風を利用する海上交易路でペルシア湾に着き、そこで東方から来るシルクロードの幹線道路に接続し、シリアのアンティオキアに至り、さらにタウロス山脈のキリキアの関門を経て、小アジアのエフェソスに達するものであった。

セレウコス一世の征服欲は旺盛で、前三〇五年にはインドに遠征して、マウリア朝の初代の王チャンドラ・グプタ（在位前三一七～前二九二）と協定を結んでいる。

これによって、メガステネスという使者がマウリア朝の首

アレクサンドロス大王の銀貨（上）とセレウコス１世の銀貨（下）

都パータリプトラに一〇年間（前三〇三～前二九二年）特使として派遣され、インドに関する記録『タ・インディカ』を書き残した。

ちなみに、セレウコス朝やバクトリア朝のコインは、表に王の像が描かれ、裏面に神の守護神や肖像が刻まれるという特色がある。セレウコス一世のコインは、アレクサンドロス大王のコインと似ている。大王のコインの表は、ヘラクレスの顔といわれており、裏面の様式も左手で杖を持ち右手で鷲を持つというゼウス神を写しており、こうした点もよく似ている。

この王朝は、ギリシア文化の様式を東方に伝えたといわれ、コインはギリシア文化の伝承という現象が中央アジア一帯にひろがっていった姿を証明するものであろう。

セレウコス一世は、前二八一年に大王の僚友でトラキアやアナトリアの北西の地を支配していたリュシマコス（前三八〇～前二八一年）を倒して、ディアドコイの中で頭角をあらわす。ところが、エジプトから亡命していたプトレマイオス・ケラウノスによって殺され、七七年の生涯を閉じる。

セレウコス一世が暗殺されると、王朝内の広大な領土で独立や謀反の動きがおこる。そこに六代目のアンティオコス三世（在位前二二三～前一八七年）という優れた王が登場し、アジアを平定して領土を回復し落ち着きをとりもどす。

王朝の宗教は、ギリシアの宗教にオリエント的なものが加味されたものであった。ゼウスと結婚した女神ヘラが沐浴《もくよく》した川は、ユーフラテス川の支流にあたるアホラス川であったり、英雄たちの出身地がアジアの地であったりと、ギリシアの神々をセレウコス王朝の支配地に移植していった。

ここで、セレウコス朝が建国されたころの前三一二年に、歴史の舞台に登場したナバティア王国にふれよう。

シルクロードの隊商都市として栄えた
（ヨルダン・ペトラ遺跡）

シックと呼ばれる岩に囲まれた
道をいくとファザードがみえる
（ヨルダン・ペトラ遺跡）

ナバティア人はアラブ系の遊牧民で、ラクダや羊を飼育し隊商をおそい略奪などをしていたが、次第に香料や没薬《もつやく》の中継貿易にかかわるようになり、ほかの遊牧民の富をはるかに凌《しの》ぐ富を得て、前二世紀ごろペトラを首都とする王国を建国する。

ヨルダンの砂漠の岸壁を切り開いて作られたペトラは、何世紀も忘れ去られていたが、一九世紀になって発見され「はるかな昔より、よみがえったバラ色の都」と称される。

ペトラの町に入るには、「シック」と呼ばれる岩に囲まれた狭い道を通っていき、道を抜けた瞬間、ペトラで最も有名な造営物ハズネの岸壁をくりぬいたファサードが眼前に現れる。一瞬、息をのむこの光景に、ナバティア人の英知とロマンを感じずにはいられない。

ペトラの位置は、メソポタミアとエジプトの二大文明を結ぶ東西横断ルートの中継点にあたり、さらに、両方向に伸びシルクロードと結びついている。シルクロードは、中国からインド、オリエントを横断し地中海に至る。そこで船に積まれた産物は、ギリシアやローマに運ばれた。特に南アラビアや紅海からの貿易品は、みなペトラを通って北方のダマスカスに輸出されていた。

ナバティアの最初の王アレタス一世（前一六九年ごろ）からしばらくたった前一〇〇年ごろに、彼の後継者たちはセレウコス朝の弱体化に付け込み、地中海のネゲブ砂漠まで勢力をひろげていった。アレタス三世の時代になると、ペトラはローマの一都市のような様相を呈していき、テメノス（聖域）の列柱に囲まれた広場には大きな神殿が建ち、その先に市民の家々が並び、その向こうに墓群ができ、それが今日まで残っている。

前八六年から翌年にかけて、セレウコス朝のアンティオコス一二世（在位前八七〜前八四年）は、隊商都市として繁栄をほこるナバティア王国の富に目をつけ、南方に軍を進めるが、アレタス三世に打ち破られ、セレウコス朝の軍は敗北する。

ローマのポンペイウスが、エルサレムに入城した前六三年ごろのナバティア人の人口は、数十万に達していたといわれ、すでにセレウコス朝には、ナバティア王国を倒す余力は失われていた。ナバティア王国は、後一〇六年ラベル二世の頃にローマに併合される。

さてセレウコス朝は、プトレマイオス朝と度々抗争し、内部では小アジアにペルガモン（前二四一〜前一三三年）、東部にバクトリア、イラン高原にパルティアが独立して王国をうちたてる。

前二世紀には、アンティオコス三世の第三子にあたるアンティオコス四世（在位前一七五〜前一六三年）が、ユダヤ人のギリシア化をはかって、エルサレムのヤハウェ神殿を掠奪《りゃくだつ》し、オリュンポスの主神ゼウス像を建て、ユダヤ教の祭儀に禁圧を加えた。アンティオコス四世の死後、宮廷は陰謀、暗殺、叛乱《はんらん》の場と化し、残忍な専制君主政治が続き武装蜂起や都市に独立の動きがおこる。その衰亡は止めようがなく、ついにシリア北部と隣のキリキア東部だけを領有する、全盛期の五分の一ほどの小王国に没落していく。

前六三年にローマの将軍ポンペイウスが、シリアをローマの属州にしたことによって、セレウコス朝は壊滅《かいめつ》する。

ギリシア人の植民市・謎を秘めたバクトリア王朝

セレウコス朝は、セレウキアを都とし、アレクサンドリアを都とするプトレマイオス朝とシリアで対決を繰り返していたため、東方の対応が放任されていた。その結果、現在のアフガニスタンを中心として誕生したのがバクトリア王国＝グレコ・バクトリア（前二五五～前一三九年）である。

バクトリアとは、中央アジアのアム・ダリヤとシル・ダリヤの両岸、今のウズベキスタンからアフガニスタン北部、ロシアの南一帯を指す古名である。

前六～前四世紀にかけてのバクトリアは、ペルシア帝国の治下にあり、バクトリア人はソグド人、ホラズム人、サカ人（スキタ人の一部）らとともに東イラン語を話していた。

ヘロドトスの『歴史』には、

キュロスの煩《わずら》いになっていたのは、バビロン人のほか、バクトリア人、サカイ人、エジプト人などで自らはこれらの討征にあたり、イオニアには別の司令官を向けるつもりだった。

と記されており、バクトリア人をエジプト人と同列においている。このころのバクトリアには、インドからアジアにかけての交通路が出来ており、バクトリアの貴族層は豊かであった。それは「オクサスの遺宝」からもうかがえる。

バクトリア王国は、前二五六年にバクトリアの太守ディオドトス一世（前二五六〜前二四八年）が、セレウコス朝からの分離を策謀《さくぼう》し、貴族層の支持を得て建国したギリシア人による王国であった。この王国は、その後一〇〇年にわたって文明の交流に偉大な役割を果たす。

ディオドトス一世がいかなる出自の人物かは不明であるが、マケドニア以外の出身のギリシア人で、ギリシア移民にあたって指導的役割を果たしたものと思われる。

バクトリアの首都はアム・ダリアの流域のバクトラ（現在のバルフ）に置かれ、北はソグディアナから南インド、東はタリム盆地から西はペルシアに至り、文明の十字路に当たっている。バルフは、アフガニスタン北部の都市でバクトラとして繁栄するが、ヘレニズム時代の遺構《いこう》は発見されておらず、現在、周辺に仏教遺跡が残っている。ここは、中央アジア北部の草原地帯とは異なり、豊かな沃野がひろがり灌漑《かんがい》が進み、果樹園が営まれ穀物もよく取れる「地上の楽園」と称された。

バクトリア王国の基礎は、ディオドトス一世の後を継いだ、息子のディオドトス二世（前二四八〜前二三五年）によって確立するが、まもなく王室内で内紛が起きる。

二世は、政略結婚によって義母となったセレウコス二世の娘と対立しパルティアと誼《よしみ》を結んだ。いっぽう、セレウコス二世の娘は、ディオドトス一世との間に生まれた娘を、有力な総督のエウティデモスに嫁がせ対立は深まる。

前二三五年ごろ、ディオドトス二世は、エウティデモス一世（前二三五〜前二〇〇年）に殺され王位を奪われる。これから三〇年あまりのエウティデモスの治世に独立国家の体制が固まる。

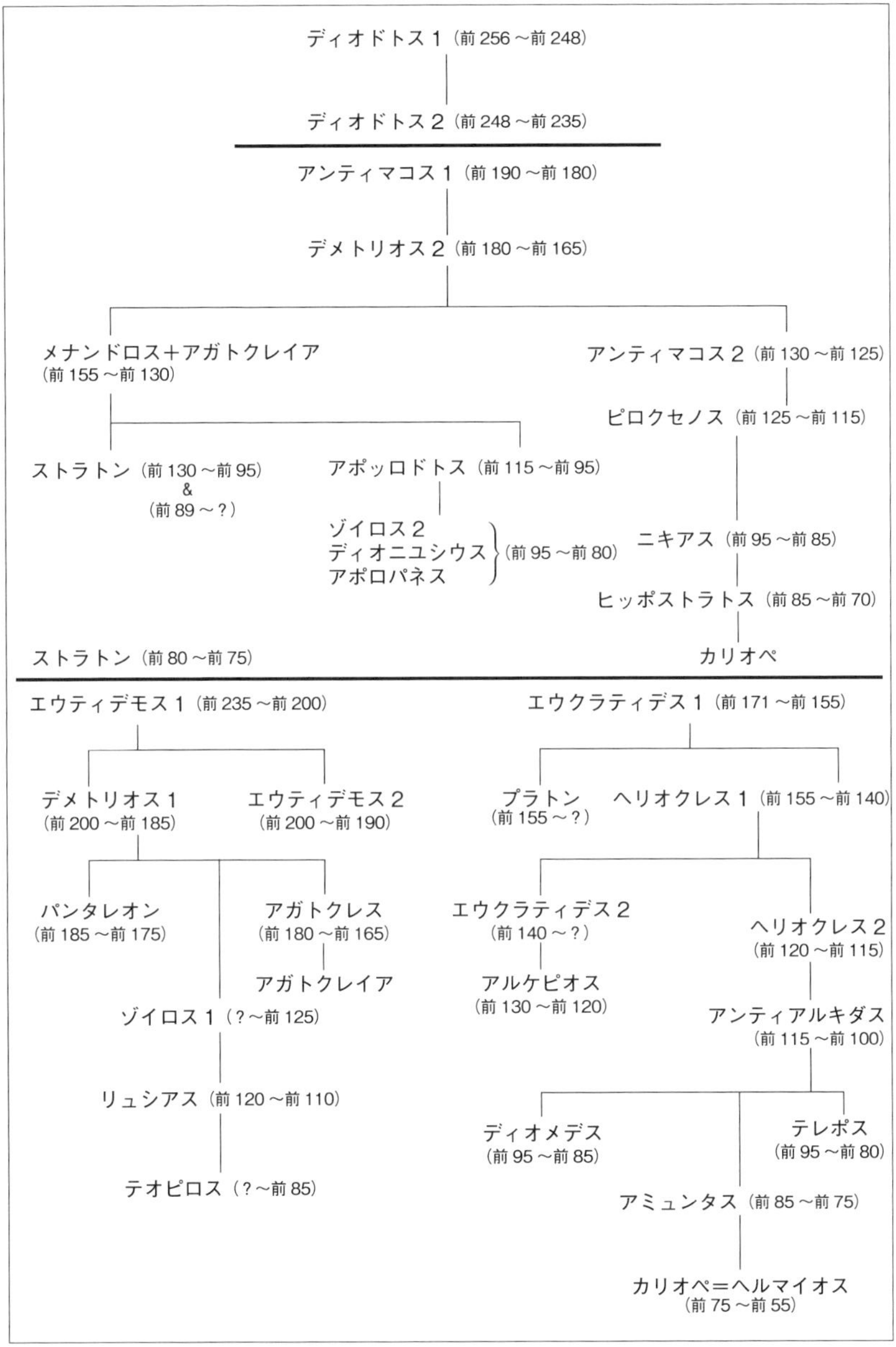
ディオドトス1（前256～前248）
ディオドトス2（前248～前235）
アンティマコス1（前190～前180）
デメトリオス2（前180～前165）
メナンドロス＋アガトクレイア
（前155～前130）
アンティマコス2（前130～前125）
ピロクセノス（前125～前115）
ストラトン（前130～前95）
&
（前89～？）
アポッロドトス（前115～前95）
ゾイロス2
ディオニユシウス
アポロパネス
（前95～前80）
ニキアス（前95～前85）
ヒッポストラトス（前85～前70）
ストラトン（前80～前75）
カリオペ
エウティデモス1（前235～前200）
エウクラティデス1（前171～前155）
デメトリオス1
（前200～前185）
エウティデモス2
（前200～前190）
プラトン
（前155～？）
ヘリオクレス1（前155～前140）
パンタレオン
（前185～前175）
アガトクレス
（前180～前165）
アガトクレイア
エウクラティデス2
（前140～？）
ヘリオクレス2
（前120～前115）
アルケピオス
（前130～前120）
ゾイロス1（？～前125）
アンティアルキダス
（前115～前100）
リュシアス（前120～前110）
ディオメデス
（前95～前85）
テレポス
（前95～前80）
テオピロス（？～前85）
アミュンタス（前85～前75）
カリオペ＝ヘルマイオス
（前75～前55）

バクトリア王朝の系図（長澤和俊『シルクロード』講談社より一部改変）

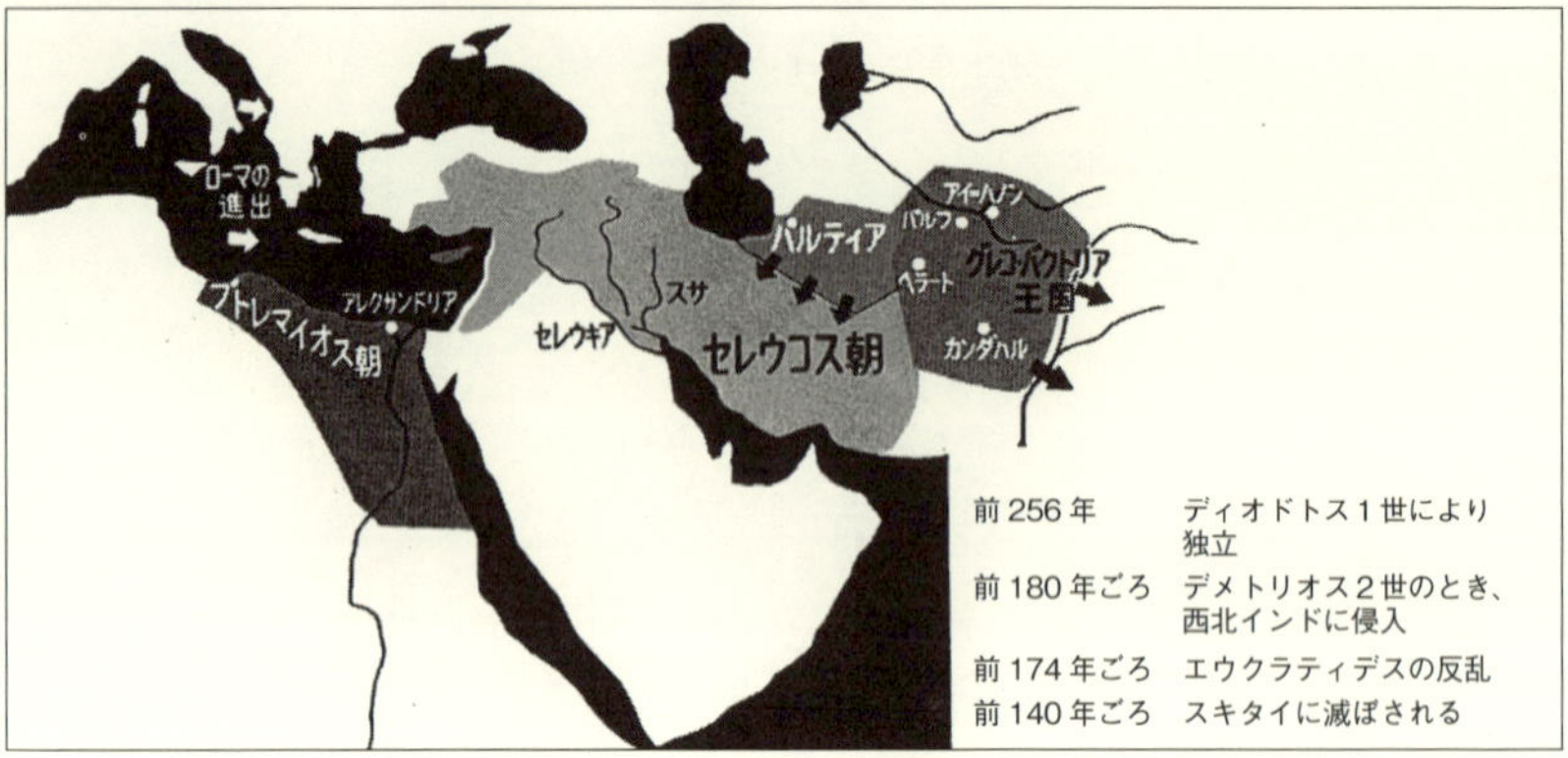

前256年	ディオドトス1世により独立
前180年ごろ	デメトリオス2世のとき、西北インドに侵入
前174年ごろ	エウクラティデスの反乱
前140年ごろ	スキタイに滅ぼされる

前 200 年前ごろのバクトリア
（長澤和俊『シルクロードの文化史１』白水社より一部改変）

前二〇八年から前二〇四年にかけて、セレウコス朝のアンティオコス三世は、東方遠征を成功させバクトリアの首都バクトラに軍を進め、二年にわたって包囲するも勝利には至らず、バクトリアから牛馬の飼料と戦闘用の象群を受け取ることで講和が結ばれる。バクトリアはセレウコス朝にとって、野蛮な遊牧民の侵入に対する最東端の防壁であった。

バクトリア王のエウティデモス一世は、アンティオコス三世に対して

　バクトリアの弱体化は、ギリシアを野蛮な状態に陥《おち》らせる

と指摘したと伝えられている。このとき、エウティデモス一世の子、デメトリオス一世とアンティオコス三世の娘との間で婚約が成立する。

この時代のバクトラは、エジプトのアレクサンドリア、西北インドのサガーラとともに、世界貿易の中心地であったという。

エウティデモス一世には、二人の息子がいた。兄のデメトリオス一世（前二〇〇〜前一八五年）は、南下してカブール渓谷からアラコシア（現在のカンダハル）まで国土を広げ、アラコシアに都を建設した。弟のエウティデモス二世（前二〇〇〜前一九〇年）は、遊牧民の侵

入から北方を守るものの、ソグディアナの副王に王位を奪われたという。

バクトリアが東西交易の中心地として繁栄の絶頂期を迎えるのは、デメトリオス二世（前一八〇～前一六五年）の治世であった。西はエジプト・ローマ、東は中国そして南はインドを結ぶ国際交易のルートとして、バクトリアには東西の国から商人が集った。

絹はもちろん、北方からの皮革、毛織物、西方からのモスリン（うす地の織物）などが集積され、香辛料や宝石、ガラス、象牙《ぞうげ》、金属製品、その他あらゆる東西の物産がバクトリアを中継市場として取引きされ、キャラバンはここに集まり、東西南北に流れていった。

デメトリオス一世は、前一九〇年ごろ、ヒンドゥークシュ山脈を越えて、マウリア朝（前三一七～前一八〇年）の領土であるガンダーラ地方を占領する。デメトリオス一世のコインをみると、表にインド的な象の頭皮で作った兜《かぶと》をかぶり、裏にギリシア的なヘラクレスを刻したもの、また、表にディアデム冠をかぶった王、裏にアテネ女神を刻したものがあり、ヘレニズム文化の香りが漂う。

デメトリオス一世の版図を受け継いだデメトリオス二世は、娘婿のメナンドロスを率いてインドへの進出を図るが、バクトリア本国でエウクラティデス（母はセレウコス二世の娘）による反乱がおき、六万の軍を率いて戦うも撃破される。

エウクラティデス一世（前一七一～前一五五年）は、前一七一年にバクトリアの王となり国力の充実を図り、バクトリアを長子のヘリオクレス一世（前一五五～一四〇年）にゆだね、自らはガンダーラ地方へ進出した。

彼は、前一五五年ごろバクトリアに帰国しようとして祖国に入る前に、息子のヘリオクレス一世の裏切りによって殺害される。ヘリオクレス一世は、

ディオドトス１世の銀貨（左）・デメトリオスの銀貨（中）・
エウクラティデスの銀貨（右）

自分は敵を倒したのであって、父を殺したのではない。

といって、父の遺骸《いがい》の上に戦車を走らせたという。

父親を殺して王となったヘリオクレス一世のコインの銘文には、

正義をなすヘリオクレス王

と記されている。

このころ、遊牧民の南下が続き、怒涛《どとう》のように進撃する月氏やスキタイ・サカ族の侵攻にあい、ヒンドゥークシュ北方に拠ったバクトリアは、前二世紀ごろ、ヘリオクレス一世のときに崩壊する。彼はバクトリアに君臨したギリシア人最後の王となった。

バクトリア王国の時代は、都市的な集落が増え都市生活が発展した時期であった。コインが多数発見されていることからも、農業中心の社会から商業、手工業を取り入れた国家へと変っていったことがわかる。

いっぽう、ヒンドゥークシュ山脈の南へ進出したギリシア人たちは、パンジャブ地方（現在のパキスタン）に新しい王朝をひらく。それがメナンドロス王（前一五五～前一三〇年）を頂点とするインド・グリーク朝である。

彼は、デメトリオス軍の勇猛な将軍で、戦場で武勲《ぶくん》をたて、王の娘アガトクレアと結婚し王となる。メナンドロス王は、インドではミリンダと呼ばれ、首都をサガーラ（現在のシアルコト）においた。

メナンドロス王は、インドの僧ナーガセーナと仏教の教義について問答し、出家して仏教徒になったギリシア人王として知られている。このときの問答が『ミリンダパンハ（ミリンダ王の問い）』におさめられており、北インドには、メナンドロス王の肖像を刻印したコインが数多く出土している。問答は、ギリシア精神と仏教思想の初めての対話であった。

インド世界において、バクトリア・ギリシアとの出会いは劇的であり、東西文明の遭遇でもあった。

バクトリア時代の文化の華麗さを示すものとしては、一八七七年に発見された「オクサスの遺宝」がある。アフガニスタン北部のクンドゥス付近で発見されたとされているが、詳しい発見場所はわかっていない。

手綱をとる御者《ぎょしゃ》と腰をかけた人物を乗せ、四頭立ての馬に引かせた黄金製の戦車のミニチュアは、草原の道を疾駆《しっく》した騎馬遊牧民スキタイやペルシア帝国の影響をうかがわせる。遺宝には、ギリシア的なアポロン像、ミトラ像、黄金製のリュトンなども見つかっており、その大部分は、大英博物館とヴィクトリ

オクサスの遺宝　四頭立ての二輪戦車
（ヴィクトリア・アルバート博物館）

ア・アルバート博物館におさめられている。金銀器一七七点、貨幣一三〇〇点に達する「オクサスの遺宝」は、バクトリアが滅びるころ、貴族の墓にひそかに埋葬されたのではないかといわれているが不明である。

バクトリア王国の遺物は、銀貨などわずかなものしか出土しておらず、実体の解明が困難であったが、一九六五年にフランス考古調査隊が、アフガニスタン北部のバクトリア時代の都市遺跡、アイ・ハヌムの発掘調査を手がけたことによって解明が進みつつある。

アイ・ハヌムの遺跡からは、王宮や行政区の建築物、円形劇場、廟墓《びょうぼ》などをはじめ、塑造《そぞう》による彫像が見つかっており、「幻《まぼろし》」といわれたアジアにおけるギリシア人植民市の概要が判明してきた。

バクトリアは、前三世紀ごろ北方遊牧民に攻められ弱体化する。ローマとエジプトに長く住んだローマ時代の歴史家ストラボン（前六四〜後二一年）は、トカロイ、アシオイなどのスキタイ族の南下によって、前一四〇年ごろ滅亡したという。

幻のパルティア王国とローマ帝国・クシャーナ朝

パルティア王国は、カスピ海南東方に位置するセレウコス朝のパルティアより興《おこ》り、イランやメソポタミアを支配した。

初めてパルティア王を宣したのは、かつてのセレウコス朝の太守であったが、やがてイラン系遊牧民パルレイの族長アルサケスが権力を握り、前二四八年に王となりアルサケス朝（パルティア）の開祖となった。

中国の歴史書では、前九〇年ごろに著された司馬遷《しばせん》の『史記』大宛伝《だいえんでん》に安息《あんそく》の名で登場する。

安息は大月氏《だいげっし》の西数千里ばかりに在り。その俗、土着して、田を耕し、稲麦を田《う》え蒲陶酒《ぶどうしゅ》あり。城邑《じょうゆう》、大

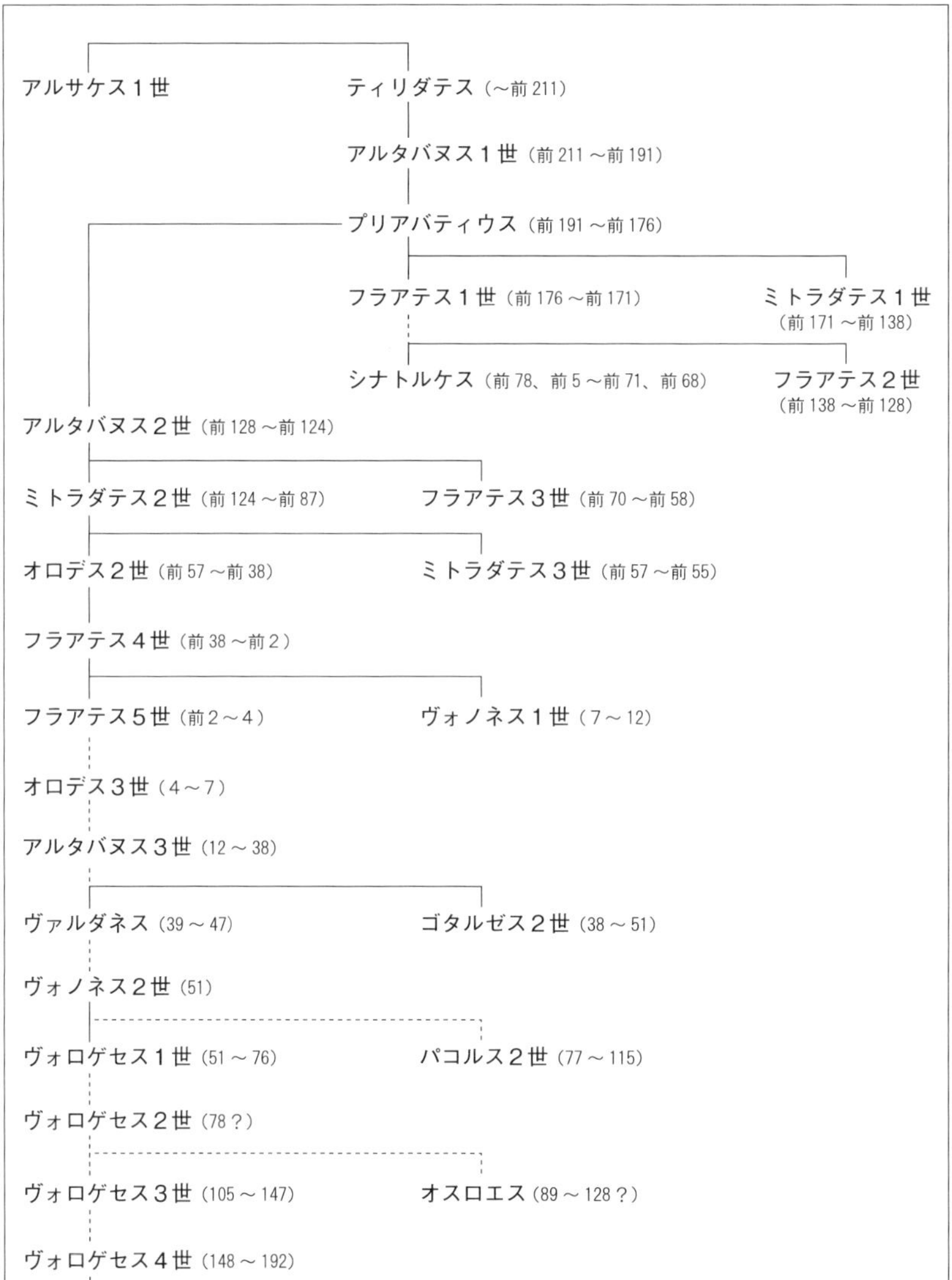
アルサケス１世
ティリダテス（〜前211）
アルタバヌス１世（前211〜前191）
プリアパティウス（前191〜前176）
フラアテス１世（前176〜前171）
ミトラダテス１世（前171〜前138）
シナトルケス（前78、前5〜前71、前68）
フラアテス２世（前138〜前128）
アルタバヌス２世（前128〜前124）
ミトラダテス２世（前124〜前87）
フラアテス３世（前70〜前58）
オロデス２世（前57〜前38）
ミトラダテス３世（前57〜前55）
フラアテス４世（前38〜前２）
フラアテス５世（前２〜４）
ヴォノネス１世（７〜12）
オロデス３世（４〜７）
アルタバヌス３世（12〜38）
ヴァルダネス（39〜47）
ゴタルゼス２世（38〜51）
ヴォノネス２世（51）
ヴォロゲセス１世（51〜76）
パコルス２世（77〜115）
ヴォロゲセス２世（78？）
ヴォロゲセス３世（105〜147）
オスロエス（89〜128？）
ヴォロゲセス４世（148〜192）
ヴォロゲセス５世（190〜206）
〔備考〕破線は血縁関係が明らかでないことを示す。
ヴォロゲセス６世（207〜227？）
アルタバヌス５世（213〜224）

パルティア・アルサケス朝の系図
（『世界の歴史４　オリエントの世界の発展』中央公論社より一部改変）

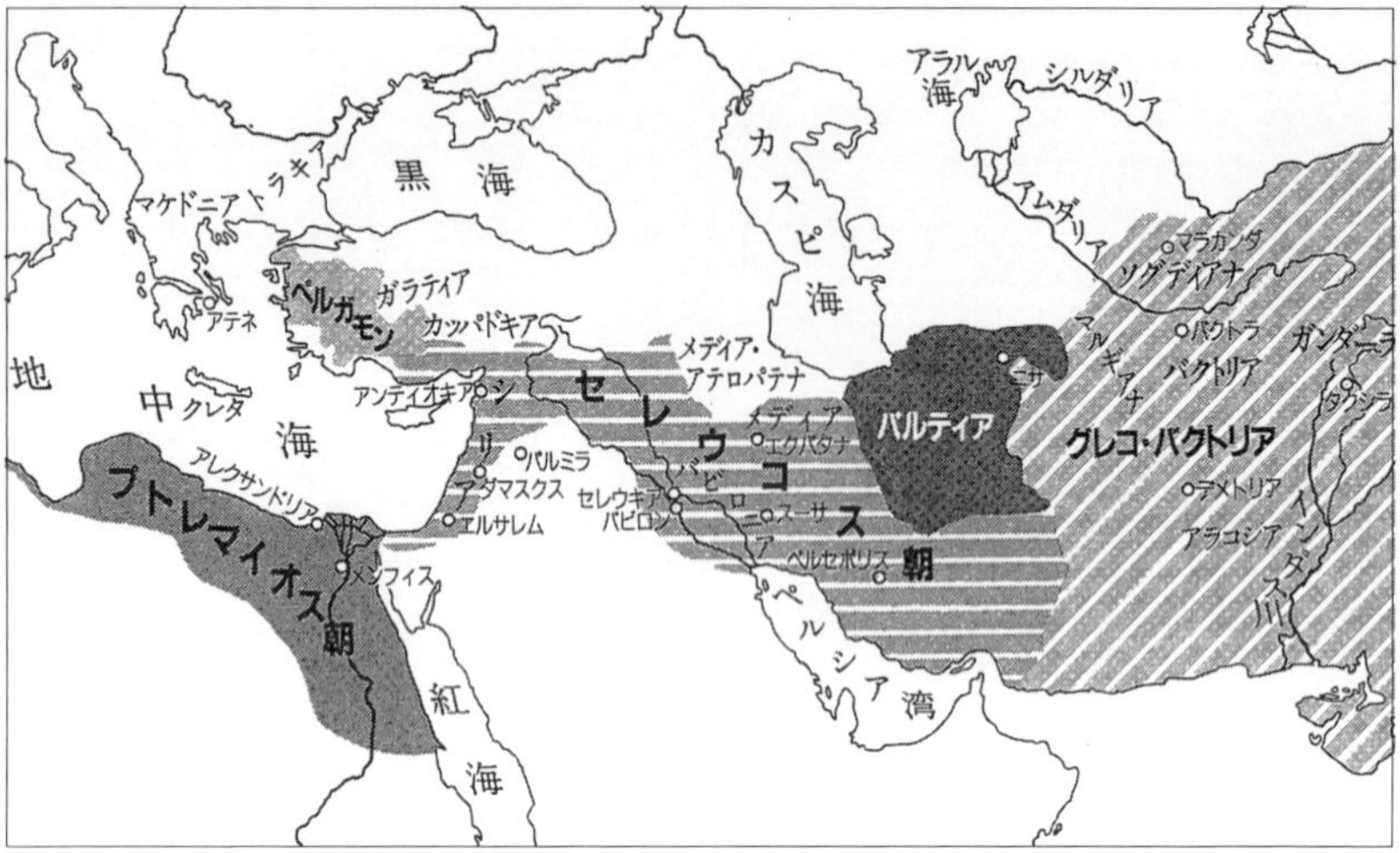

前185年ごろの西アジア
（護雅夫『民族の世界史・中央ユーラシアの世界』山川出版社より一部改変）

宛のごとし。その属、小大数百城、地、方《ほう》数千里、最も大国たり。市《いち》ありて、民の商賈《しょうこ》するもの車および船を用いて旁国に行く。銭はその王面のごとし。王死すれば銭を更《あらた》めて、王の面に倣《なら》う。

パルティア王国の初代の王アルサケスが、アサーク（現在のアシュハバード付近）というパルティアの都市で即位したのは、前二三八年ごろとされているものの、アルサケスの業績は判然とせず伝承的な人物かもしれない。

第二代のティリダテス（～前二一一年）の事績は、新しい都市ダラの建設や軍隊の増強など具体的で、この時代になって歴史をたどることができる。

パルティア人は、スキタイ系遊牧民を糾合《きゅうごう》し、セレウコス朝の勢力をイラン高原から駆逐《くちく》する。ティリダテスは、三七年にわたってパルティアの王として君臨し西方への進出をはかった。

パルティアのコインには、表にティリダテスの肖像、裏に先祖アルサケスの肖像が描かれており「偉大なる国王アルサケス」の文字が刻まれている。

パルティアとセレウコス朝の対立は長く続く。前一九五年にパルティアは、ローマがセレウコス朝を破った機に乗じてギリシア人勢力を駆逐《くちく》し、そのためセレウコス朝はさらに分裂して、王国に衰亡の影が宿る。

第六代の王ミトラダテス一世（在位前一七一～一三八年）は、東方のバクトリア王国のヘラートに侵入し、西方のセレウコス朝と争ってメディアを奪い、前一四七年にエクバタナ（現在のハマダーン付近）を陥落させ、前一四一年にはアッシリア、バビロンに侵入してセレウキアを占領した。

ティリダテス１世の銀貨（上）・ミトラダテス１世の銀貨（下）

さらに、これを奪回しようとしたセレウコス朝のデメトリオス二世（在位前一八〇～前一六五年）を捕虜にして、自分の娘と結婚させる。

ミトラダテス一世のコインの銘文《めいぶん》には、「バシレオウス＝諸王の王」という文字がみられるが、これはイラン的な伝統でアケメネス朝の王の称号である。つまり、パルティアは、はじめはギリシア的文化が強かったものの、次第にアケメネス朝の後継者、イラン文化の後継者という性格をおびていく。

パルティアは、辺境の小国から長い期間のなかで大国となっていき、前二世紀中ごろにはユーフラテス川からインダス川に至る大領域を支配し、前二世紀ごろからはメソポ

沈黙の塔　ゾロアスター教の聖地（イラン・ヤズド）

タミアを中心にローマ帝国と攻防を繰り返す。

パルティアの時代は、中央アジアではバクトリア、インドでは最初の統一王朝マウリア朝とクシャーナ朝（後一～後三世紀）、中国では前漢から後漢（前二〇二～後二二〇年）、西方ではローマ帝国が強勢であった。

パルティアの統治方法は、王と貴族との協定による国家のようなもので、各地の大貴族に自治を認め、王は貢ぎ物は受けたが租税は取らなかった。ただ、軍の統帥権《とうすいけん》は王の絶対的権限であり、戦争になれば、地方領主は軍勢を引き連れて馳せ参じた。

パルティアの祖先は、遊牧民である。したがって、宮廷の場所も季節に応じて簡単に移動し、固定的な首都を設けなかった（『文明の道』ＮＨＫ出版参照）。

パルティアの文化を見ると、ギリシア的というよりペルシア的で、宗教はゾロアスター教を信仰した。ゾロアスターは、前六五〇年ごろ東イランに生まれた人物で、三〇歳で啓示を受けたと言われているが、諸説があってはっきりしない。パルティアでは、ゾロアスター教の最高神アフラ・マズダーと、ギリシアの最高神ゼウスを同一視していたという。

ゾロアスター教は、存在のすべてを善と悪に分ける二元論を展開する。この世界は「すべてを知り給う」全能の神で、あらゆる「善き創造」を行なうアフラ・マズダーと、悪《あ》しき創造の神であるアンラ・マンユが対立する戦場であるとし、やがて終末がおとずれるとする。

この世の終末には、地球は灼熱《しゃくねつ》の溶鉱につつまれ浄化され、死者も蘇《よみがえ》るというもので、聖典は『アヴェスタ』という。ゾロアスター教の教えは物体や行為を媒介にして伝えられ、中でも重要なのは「聖なる火」と「鳥葬の塔」である。この宗教について、もう少し詳しく述べよう。

ゾロアスター教は、アケメネス朝ペルシアやササン朝ペルシア（二二六～六五一年）の諸王に篤《あつ》く尊崇され、祭祀は拝火壇を中心に施行されたため拝火《はいか》教とも呼ばれ、ペルセポリスにあるダレイオス二世（前四二三～前四〇四年）の墓の向かいには、聖火を祀っていた建物が残っており、アフラ・マズダー像もみえる。

聖典『アヴェスタ』には、「耕地を増大する神聖なもの」や「富を増大する神聖なもの」などの言葉が出てくるが、アフラ・マズダーによって創造された善霊《ぜんれい》スパンダ・マンユは、悪霊《あくれい》アンラ・マンユと対立する。

つまり、光・生命と闇・死との戦いで、人間がどちらに属するかは自由で、死後に魂が報《むく》いを受けるという。

善なる神と悪なる神との対立という善悪二元論のゾロアスター教の中で興味深いのは、最後の審判、終末における救世主の登場という観念である。死者の霊魂は、天上に向かう時、「チンワトの橋」を通過しなけ

アフラ・マズダー（最高神）

信徒は火を拝し、善き心を持ち、正義に近づくことを望む。善思・善語・善行の三徳で王国に至ろうとする。

・アシャ（最善なるもの）
・アールマティ（女神で献身）
・アムルタート（不滅）

アンラ・マンユ（悪魔の中の悪魔）

知恵がなく、破壊者で無慈悲である。強欲で嫉妬深く、世界の主宰者になろうとする。

・アカ・マナフ（悪意）
・クローマティ（背教）
・ザリチュ（渇）

世界は、善なる神と悪なる神の戦い

ればならない。これは生前における善行・悪行をはかるもので、生前に善行を施した者は、チンワト橋の幅が広くなり天界に向かうことが出来るが、悪行に走った者は、橋の幅が狭くなって地獄におちる。

ここに、天国と地獄の思想がみえ、最後の審判という観念は、ユダヤ教やキリスト教に影響を与えた。古代ペルシア的要素を取り込んで体系化したゾロアスター教は、イスラム教徒のイラン侵入が始まる六三六年ごろから衰退を余儀なくされる。現在、世界で一二万人の信者がおり、大半はインドに住んでいるが、イランのヤズドには「沈黙《ちんもく》の塔」とよばれる鳥葬の跡が残っている。

ここで、パルティアとローマの関係をスケッチしよう。両者のクライマックスは、前五三年に起こったカルラエの戦いである。この戦いの目的は、二人の執政官（コンソル）、カエサルとポンペイウスを嫉《ねた》む総督クラッススの個人的栄光を高めるためであったという。

ローマの創建から七〇〇年目（前五三年）の初夏、ローマの執政官でシリア総督であったクラッスス（前一一四～前五三年）は、ティグリス川の左岸バビロンから六〇キロ北のセレウキアに向かって進んでいた。ローマ軍は四〇〇〇の騎兵を含めて四万二〇〇〇人、パルティアの兵数は不明であるが騎兵中心であった。パルティアの騎兵は、槍を用いる重装騎兵と弓を主武器とする軽装騎兵とで編成され、軽装騎兵は自由に疾駆する馬上から矢を浴びせる戦法をとり、重装騎兵は密集隊形で敵陣に突入するものであった。

いっぽう、ローマ軍の主力は重装歩兵で、甲冑に身を固め投槍と剣を用いる接近戦闘の作戦をとった。パルティア兵の攻撃は凄まじかった。ドラムを打ち鳴らし矢を雨あられと射かけ、常に有効射程距離を保つ。ローマ兵の投槍は、パルティア兵の矢の射程におよばない。

しかもパルティア兵の騎馬は、蹄鉄《ていてつ》が使われていたため、一日八〇キロ走破できる高い機動力を備えており、

ローマ帝国の政治の中心フォロ・ロマーノの遺跡

騎射兵は後退しながら、ふりむきざまに矢を射る「パルティア式射法」を身につけていた。この技術を目の当たりにしたローマ兵は驚愕《きょうがく》したという。ローマ兵はパルティア兵の長い矢が盾や上着を貫通したり、馬を狙う弓矢の攻撃にさらされながらも長時間、持ちこたえた。

しかし、パルティア兵が突然軍旗をひるがえすと、飢渇《きかつ》と恐怖におびえるローマ兵は、敗走するしかなかった。数時間後、敵の罠《わな》にかかったクラッススの死でもって戦いは終わった。彼の息子は、パルティア軍の手にかかるのを潔《いさぎよ》しとせず自刃する。

四万二〇〇〇人のローマ遠征軍のうち逃げ帰ったのは、わずか四分の一で、二万人が戦死し一万人が捕虜になったと伝えられている。前五三年に起きたカルラエの戦いは、ローマ史上、最も悲惨なものとなった。

クラッススの首級は、アルメニアにいたパルティア王オロデスの許に送られ、一万の捕虜たちは、アレクサンドロス王が創建したマルギアナに拉致され、一部はその地方の女性と結婚して定住し、一部はパルティア軍に編入された。

歴史家フロルスが、興味深いことを記述している。それは、凄惨《せいさん》な戦いが続いているときに、パルティア兵が絢爛《けんらん》たる錦繍《きんしゅう》の軍旗をはためかせたためローマ軍の兵士たちは、それに眩惑《げんわく》されたという。

もし事実であれば、ローマ人がこのとき初めて絹製品と接したことになり、シリアの戦場で戦った兵士たちは、運よく出くわした戦利品であれ交易品であれ、絹を手に入れたことになる。

それから一〇年後、ローマに凱旋《がいせん》したカエサル（前一〇〇〜前四四年）は、民衆の頭上に絹の天蓋《てんがい》をひろげて見せたが、それを見た群衆は絹の艶《あで》やかさと光沢のきらびやかさに驚嘆の声をあげたという。

ローマでの絹の嗜好《しこう》は、あっという間に高まり、初代ローマ皇帝アウグストゥス（在位前二七〜後一四年）の死後、数ヶ月たった後一四年に、元老院は不名誉とみなした男には絹の着用を禁止し、女性には使用を制限する条例を発した。わずか五〇年のうちに、この新しいエキゾチックな産物（絹）の使用は、社会的脅威となるほど盛んになったという（『シルクロード』リュセット・ブルノア著・長澤和俊訳・河出書房新社参照）。

後一世紀ごろ、ローマとの抗争でパルティアが国力を消耗している機に乗じて、クシャーナ朝のクジュラ・カドフィセスは西方に進出し、ヘラート（アフガニスタン）までを勢力圏におさめた。

パルティアとアム・ダリヤからガンジス川流域までを支配したクシャーナ朝との関係については、史料が乏しく五里霧中といった感がいなめない。パルティアは西にローマ帝国という強敵をひかえ、東部では南下の脅威をあたえていた中央アジアの遊牧民の存在によって、クシャーナ朝と争うことを好まなかった。

いっぽう、クシャーナ朝はカスピ海と黒海を使う北方陸路、メルヴやヘラートを経由する中央陸路、南西アジア航路というシルクロードの中枢をおさえることによって、東西貿易の利益を享受していた。したがって、草原と砂漠の荒涼とした東部イランにまで進出する必要性を感じなかった。

パルティア王国の隆盛には、二つの要因が考えられる。

その一つは、パルティア騎兵軍団の存在で、軍団は弓射の軽騎兵と重い鎧《よろい》をつけた重装騎兵から成り立っており、ローマと対峙《たいじ》した点である。

もう一つは、シルクロードの交易である。宮廷は国際貿易に便宜《べんぎ》をはかり、特別の道路表をつくって商人のキャラバンを保護するため護衛兵を送り出した。中国の前漢がローマとの交易を進めるために独自の道を開拓しようとするのを阻止し、東方と西方を結ぶキャラバンルートを確保したことである。

パルティアの文化は、時代とともに変貌《へんぼう》していくが、前三〜前一世紀ごろはヘレニズムの影響を受けて、王たちは自らを「フィルヘレン＝ヘレニズムを愛する者」と称したという。

建築装飾にはコリント式の柱頭が使われ、宝物庫にはビーナス像などの大理石彫刻がおかれ、フリーズの彫刻にオリュンポスの一二神像が描かれている。そのいっぽう、建築資材には日干し煉瓦《れんが》が使われ、大広間を方形にし、宮廷の陶片文書にゾロアスター教的人名が記されるなど、パルティア的な伝統文化が存在していた。このように、パルティア文化には二つの文化層があり、さまざまな要素が複雑にからみあっていたのだろう。

パルティアの時代は、東はクシャーナ朝、西はローマ帝国という大国との対立、抗争はあったものの、東西交易が最も栄えたときであり、パルミラやローマと接点にあたるニシビスなどの交易都市が栄えた。

ただ、東西交易は思わぬお荷物も伝えることになる。二世紀ごろクシャーナ朝で一〇年余りにわたって猛威をふるった天然痘《てんねんとう》が、東西交易のルートを通ってローマに伝染し、ローマ人の四分の一が死んだという。

パルティアとローマは、アルメニアの帰属をめぐって抗争が続くが、やがて、パルティア王の即位にあたってはローマの承認を求める協定が結ばれる。後一〇〇年ごろ、パルティア王パコルス二世（後七七〜後一一五年）は、ローマの承認なしに息子のエクセダレスを王位につけ、アルメニアの王にパルタマシリスを即位させた。

これに怒ったローマ皇帝トラヤヌス（在位九八〜一一七年）は、トルコ南西部のアンティオキアを経て、一一五年ユーフラテス川に沿ってアルメニアに入りパルタマシリスを殺す。さらに、メソポタミアに入り、パル

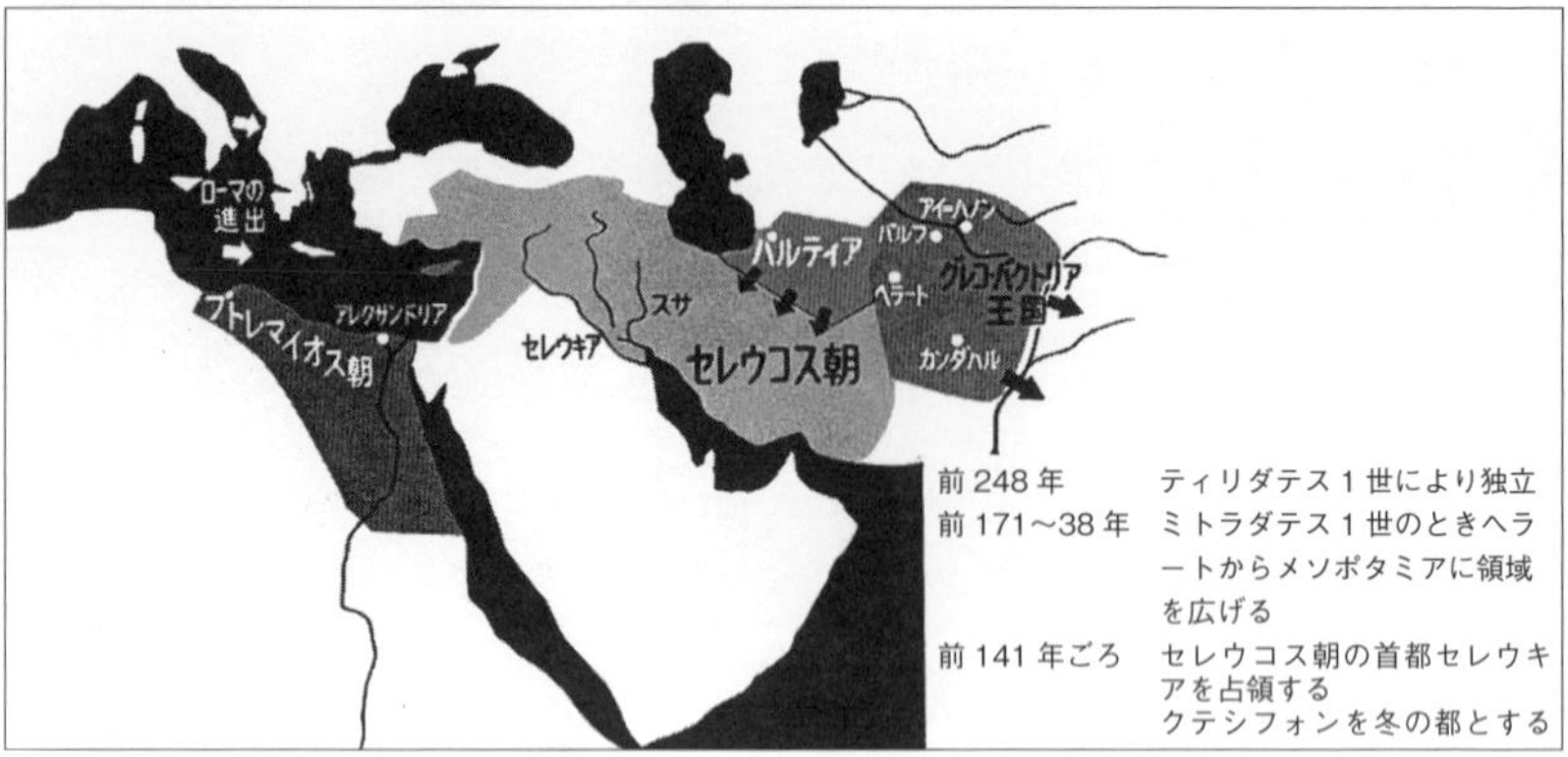

前 140 年ごろのパルティア
（長澤和俊『シルクロードの文化史１』白水社より一部改変）

ティアの二大都市セレウキアとクテシフォンを占領した。

パルティアは、文化的にはヘレニズムの影響を受けていたが、内部では遊牧的、地方割拠的《かっきょてき》な性格を有し、しかも広大な勢力範囲の東西において戦闘状態がつづいたため、文化面での発達は進まなかったといえる。

パルティアには、華麗な建造物の遺跡や精美な遺物がなく、記録された歴史は空白に近い。そのなかで、近年、アラム文字の変形、その他の文字で写されたパルティア語の文書が、ニヤの遺跡などで発見され、パルティア語は、イラン語の標準的な北方方言であったことが判明した（『人類文化史・西アジアとインドの文明』岩村忍著・講談社参照）。

二世紀の終わりごろ、パルティアでは王位継承をめぐって争いが起こり、王国はヴォロゲセス四世（一四八～一九二年）の二人の息子、アルタバヌス五世（二一三～二二四年）とヴォロゲセス五世（一九〇～二〇六年）に分裂する。

この機に乗じて、ローマ皇帝カラカラ（在位一九八～二一七年）は、策謀《さくぼう》を弄《ろう》して二人の兄弟の争いを激化させるものの、彼も古戦場カルハエで暗殺される運命をたどる。カラカラ帝は、二一二年に勅令を発してローマ帝国に居住している全自由民にローマ市民権を与えたり、ローマにカラカラ浴場を建設したりした皇帝としてよく知られている。

カラカラ帝の謀略を逃《のが》れたアルタバヌス五世は、報復を企てるが、カラカラ帝の死を知り、ローマ軍の後継者と接見する。この場でアルタバヌス五世は、ローマ軍の撤退と賠償を求めるものの、交渉が決裂し、両軍が激突した結果、ローマ軍は敗れる。しかし、この勝利はパルティアの黄昏《たそがれ》の輝きに過ぎなかったのである。

このころ、パルティアの周囲には、四〇〇年にわたって遊牧民支配の下に呻吟《しんぎん》していたペルシア人の不満が、マグマのように充満し爆発寸前の状態にあった。後二二〇年、ペルシア人の領主、すなわちササン朝ペルシア（二二六〜六五一年）の初代の王アルダシール一世（在位二二六〜二四一年）がパルティアへ反旗を翻し、アルタバヌス五世を敗死させる。

アルダシール一世は、二二六年にクテシフォンを陥落させて全土の支配権を握り、アケメネス朝の後継者であることを自認し、ゾロアスター教を国家統制のもとにおく。ここに、大遊牧帝国パルティアは崩壊し歴史の舞台から退場することになる。いっぽう、アケメネス朝の都ペルセポリス付近におこったササン朝の第二代のシャープール一世（在位二四一〜二七二年）は、「イラン人および非イラン人の諸王の王」と称し、シリアに遠征してローマ軍を破り、皇帝ヴァレリアヌス（在位二五三〜二六〇年）を捕虜にした。東方ではクシャーナ朝を滅ぼすなど広大な版図に中央集権的な王朝を築いていく。

カラカラ帝によって造られたカラカラ浴場（ローマ）

王朝は、五世紀ごろ中央アジアの遊牧民エフタルの侵入を受けるものの、ホスロー一世（在位五三一～五七九年）の時代にエフタルを滅ぼし、ビザンツ帝国を破って国力は増し黒海沿岸まで進出する。やがて、アラブ人の征服を受け、六五一年に滅亡するが、滅亡したササン朝の王子たちは唐の都・長安に亡命しペルシア・モードを流行させることになる。

アンティゴノス朝マケドニア

アレクサンドロス大王の母国マケドニアでは、部将たちの間を主権が転々とする。まず、アンティパトスの子カッサンドロスらが王位に就くものの長続きせず、アンティゴノス一世が前三〇六年に、息子のデメトリオス一世とともに王を称し大王の遺領の再統一を図り、デメトリオス一世の子アンティゴノス二世・ゴナタス（在位前二七六～前二三九年）が、マケドニア王として認められる。ここに、シリア、エジプト、マケドニアのヘレニズム三国が確立したのである。

東西文明の融合・ヘレニズム文化の影響を受けて仏像は誕生したか

大王とその後継者によって展開された歴史過程をヘレニズム時代（前三三〇～前三〇年）といい、以後三〇〇年続き、大王によって歴史的現実となった大帝国の領域では、ギリシア文化の影響を受けた独自の文化が生まれ、ヘレニズム文化と呼ばれている。ヘレニズム時代の諸国は、西のローマに対して団結して対抗することができなかったため、前一世紀までにはすべてローマ帝国に滅ぼされてしまった。

ヘレニズム（ギリシア的）という言葉は、一九世紀の歴史学者J・G・ドロイゼンが、『ヘレニズム史』のなかで使ったのが最初で、いまや歴史概念として定着しているが、ヘレニズムの語の背景には、ギリシア文化がオリエント世界に拡大していった事実を基にしたヨーロッパ偏重《へんちょう》の歴史観がうかがえ、オリエントの主体性を軽視しているとする問題提起がある。

このため、前三世紀になるとオリエント側からの巻き返しというか、オリエント文化が隆盛していく過程に着目する研究も重要視されつつある。

ヘレニズムの語感には、ヨーロッパ側からオリエントを見るまなざしが強く感じられ、ヘレニズム時代へのアプローチとして、ギリシア文化を受容していくオリエント側に身を置いてとらえ直すことが現代的課題となっており、それらに耳を傾ける必要性がでてきた。

人面有翼獣身像・万国の門
（イラン・ペルセポリス）

私は、二〇一一年の夏にペルシア帝国（イラン）を訪ねる予定である。帝国が都を置いたペルセポリスをはじめ歴代の大王が眠る墓ナグシェ・ロスタムや、イスファハン、ヤズド、ササン朝ゆかりのビシャプールなどに足を運び、ペルシアが東と西の狭間でさまざまな文化を吸収した実態を確かめたいと思っている。

ペルセポリスの万国の門を飾っているのは、オリエント美術の特色である「人面有翼《ゆうよく》獣身《じゅうしん》像＝アニマルスタイル」である。宮殿の基壇には猛獣が相争う動物闘争文様が彫刻されているが、これは、単に弱肉強食のさまを描いたものではなく、神聖な力の交替を意味したものと

正倉院宝物「白石板」

も考えられる。

「雄牛《おうし》を襲う獅子」の彫刻は、冬の星座牡牛座に春の訪れを告げる獅子座がかわる春分を表しているのではないか。「百聞は一見にしかず」で、実物を見て、何かをつかみたい。

動物闘争文様は、古代ユーラシア大陸に広くいきわたった意匠で、スキタイ族の墓からは「金製の馬を襲う怪獣」などが出土しており、正倉院宝物「白石板《はくせきばん》」には、十二支や四神を組み合わせた文様が描かれている。

イランの旅では、ペルセポリスの「百柱の間」といわれる一万人を収容した大広間の石柱に残る斑文に、猛火の爪あとが見られるということで、確かめてきたいと思う。

イランの旅に続いて、二〇一二年の一〇月には、ヘレニズム文化の影響を受けたといわれるインドを訪ねたいと思っている。釈尊ゆかりのガンジス川流域とデカン高原のエローラ、アジャンタなどの石窟寺院を見てまわる予定である。私にとっては三度目のインド訪問であるが、ギリシアからインドまでの文化交流の様子を、いろいろな歴史遺産を通して調べていきたい。

バクトリア王国のデメトリオス二世の時代、バクトリアのギリシア人たちはガンダーラに移住しはじめ、この地で仏教と遭遇する。ギリシア人たちは、碁盤状の都市を建設し小高い丘にアクロポリス神殿をたて偶像をつくった。彼らは偶像と神殿を持たない仏教に不満を抱いたかもしれない。

ギリシアの工芸家は、仏教のために仏像を刻み、建築家は壮麗《そうれい》なストゥーパなどを作った。ここにガンダーラ美術が産声《うぶごえ》をあげることになる。

仏像の誕生は、クシャーナ朝三代目のカニシカ王（在位一四四～一七二年ごろ）の時代といわれている。北インド一帯を支配した王朝は、カニシカ王のころに、南はパータリプトラ、東北はパミール、西はパルティアまでを統治してシルクロードの中枢を握り、東は漢、西はギリシア、ローマと交易を行った。

遊牧民のクシャーナ王朝には、ペルシア帝国の帝王観にもとづく肖像彫刻の伝統があり、トハリスタンのハルチャヤン宮殿などには、神々に讃嘆される王侯の姿、貴族の儀礼場面などが表わされている。

仏教の文献に、カニシカ王は仏教に帰依し保護した偉大な王として記されており、カニシカ王自身のコインの表に槍をもった全身像、裏に釈迦像が刻まれている。

中央アジアからインドにまたがる大帝国を築いたクシャーナ朝の王は、「諸王の王」として神格化した帝王像を見せることが求められていたのかもしれない。

ガンダーラの工人たちは、釈尊《しゃくそん》を抽象的にシンボリックな形で描くことから「人間を超えた人間」として表現するようになり、そこ

雄牛を襲う獅子（イラン・ペルセポリス）

ギリシア人が建国した碁盤目状の都市　シルカップ遺跡（パキスタン）

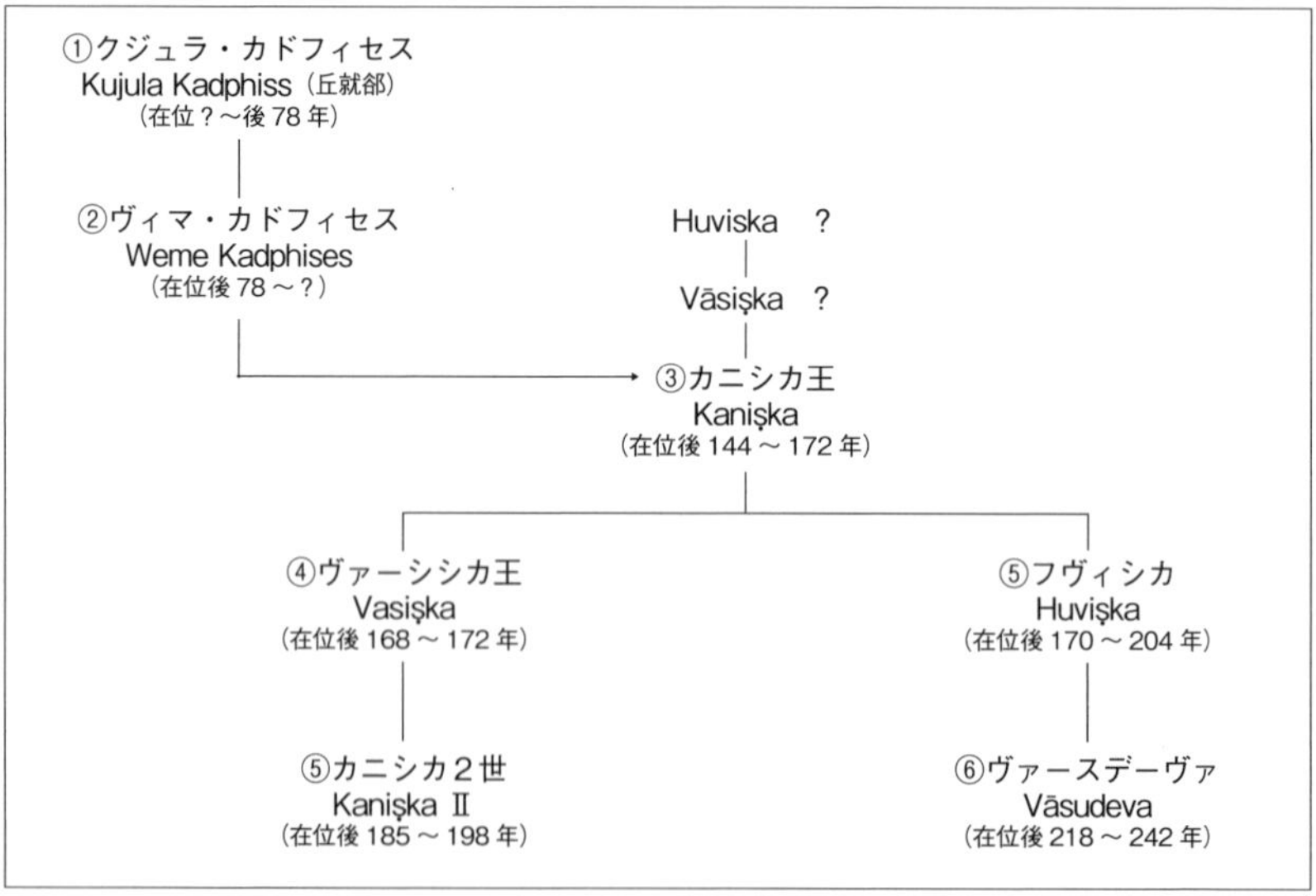

クシャーナ朝の系図

に仏教徒たちが人間の感情を託す縁《よすが》とした。

こうして、悟りを完成した釈尊の姿が登場するが、さらに、衆生《しゅじょう》の救済を願う菩薩像が作られ、釈尊の前世《ぜんせ》の物語（本生図＝ジャータカ）を石に刻むようになる。ガンダーラ美術は現実的かつ歴史的な釈尊の像を通じて、釈尊の神的な側面を表現しようとする（『ガンダーラ仏の不思議』宮治昭著・講談社参照）。ほぼ同時代に、中インドのマトゥラーでも仏像がつくられる。

ガンダーラ美術を最初に研究したフランスのアルフレッド・フーシェは、西北インド（現在のパキスタン）に侵入したギリシア人たちがインドの仏教を受け入れ、ギリシアの太陽神アポロンに似せて仏像を作ったとして、つぎのような言葉を残している。

ヘレニズム文化の影響を受けて
誕生した釈迦三尊像
（後１～２世紀・ウズベキスタン・タシケント博物館）

　ギリシア人の彫刻家を父とし、インド人の仏教徒を母に持つ、欧亜混血の仏教彫刻は東西文化交流の結晶である。

まさに名言といえる表現で、フーシェはさらに、ガンダーラ美術を「ギリシア的仏教美術」と名づけ、ガンダーラ仏が成立したのは、前一世紀のはじめごろと想定した。ただし、フーシェの見解は、インド・グリーク時代の仏像や仏教美術品が発見されていないため、近年否定する意見が多い。

ギリシア美術の要素を取り入れた仏教美術は、燦然《さんぜん》たる輝きを保ちながら、中央アジアからシルクロードを通って中国、朝鮮半島、日本へと伝わる。その道筋に、クチャやトルファン、敦煌《とんこう》、雲崗《うんこう》、龍門《りゅうもん》などの仏教石窟寺院があり、ヘレニズム文化東漸《とうぜん》の足跡は、日本の法隆寺や正倉院宝物にまでたどりつく。

ヘレニズムとは、ギリシア文化の栄光に満ちた拡大ではなく、ギリシア文化が遠くの地まで拡散していった文明につけられた便宜的なものに過ぎない。私たちは、ヘレニズム文化の再考を通して、異文化を受容する意味を現代社会の中で問い直さなければならない。

（児島建次郎）

第一章・第二章・第三章　主要参考文献

『シルクロード文化史』長澤公俊著・白水社・一九八三年
『世界の歴史・ギリシア』村田数之亮著・河出書房・一九六八年
『世界の歴史・ギリシアとローマ』桜井万里子・本村凌二著・中央公論社・一九九七年
『文明の道・アレクサンドロスの時代』NHK文明の道プロジェクト・NHK出版・二〇〇三年
『興亡の世界史・アレクサンドロスの征服と神話』森谷公俊著・講談社・二〇〇七年
『シルクロード紀行マケドニア』森谷公俊著・朝日新聞社・二〇〇九年
『図説ギリシア』周藤芳幸著・河出書房新社・一九九七年
『世界の歴史・古代ギリシアとアジアの文明』J・M・ロバーツ著・桜井万里子監修・創元社・二〇〇三年
『世界の歴史・オリエント世界の発展』小川英雄・山本由美子著・中央公論社・一九九七年
『人類文化史・西アジアとインドの文明』岩村忍著・講談社・一九七三年
『シルクロード』リュセット・ブルノア著・長澤和俊訳・河出書房新社・一九八〇年

『ガンダーラ仏の不思議』宮治昭著・講談社・一九九六年
『民族の世界史・中央ユーラシアの世界』護雅夫・岡田英弘著・山川出版社・一九九〇年

第四章　仏像は何時《いつ》・何処《どこ》で誕生したか

仏教の開祖、釈迦とは？

仏教では、開祖を仏陀とか、釈迦と呼んでいるが、尊像である仏像を礼拝して、願い事をかなえるのが、門徒の悲願であった。ところが、仏教の初期には、仏像は無かった。

古代インドでは、釈尊は一般の人間とは違った超人的存在であるという意識があった。特に、涅槃《ねはん》に入った後の釈尊は、肉体が消えてしまった神であり、人間の姿では表現できない、あるいは表現してはいけないという戒律が当時の仏教徒にはあった。したがって、初期の仏伝図《ぶつでんず》は「仏陀なき仏伝図」と言われ、釈尊の像は現れていなかった。仏教の根源は釈尊の教えにあるのであって、人間釈尊にあるのではないという意識があったのかもしれない。

「仏陀」とは梵語《ぼんご》の音訳で、「真理を悟った人、覚者」の意味。「釈迦牟尼《しゃかむに》」は「シャカ族出身の聖者」と言う意味で、何れも個人名ではない。釈尊の個人名はパーリ語の Gautama Siddhartha である。Gautama はガウタマ家の姓名で、Siddhartha は「目的を達成せる優れた人」の意味の個人名である。釈尊のことを理解するためには、彼が生きた時代と地域の歴史を古代から知っておく必要があろう。

地域はインド亜大陸とイラン、それに、パミール高原地帯を含む中央アジアの広い地域で、紀元前二〇〇〇年

仏教美術出現期の関連の地図

頃に中央アジアの遊牧民アーリア人が、西北インドのインダス川流域に入り、紀元前一〇〇〇年頃には、東のガンジス川にも侵入し、インド・アーリア人といわれ、土着民族と融合し、バラモン教を信仰して、多くの部族国家を形成した。

その内の遊牧・騎馬民族国家の一つが釈迦族国であり、ヒマラヤ南麓のネパールにカピラバストウ城があり、釈迦はその近くのルンビニーで生まれた。父はシュットダナ（浄飯王）、母はマーヤー（摩耶）夫人である。釈迦はシャカ族の王子として生まれ、シッダールタ太子と言われ、二九歳で出家し、ヴァイシャーリーで修行生活に入り、ボドガヤで成道《じょうどう》し、サールナートで初めて説法し、クシナガラで涅槃に入った。釈迦の実年代には異説があり、紀元前六世紀中頃生まれて、八〇年の生涯を過ごし、寂滅《じゃくめつ》の年を紀元前四八六年などと謂われている。釈迦が死んだ後、遺体は火葬され、その遺骨が舎利《しゃり》と謂われ、ストゥーパに安置されて、礼拝の対象となった。

仏教始原の時代

釈尊が北インドで説法をしていた頃、紀元前六世紀の後半には、ペルシアのアケメネス王朝が西アジアを統一していた頃で、二三の属州の中に、バクトリア、ガンダーラ、ソグドなどの名前がある。そのなかのバクトリアはアフガニスタンの北部、オクサス川の流域にあり、ヘレニズム世界の最も東方にあった国である。紀元前五四〇年頃、アケメネス王朝のキュロス大王がバクトリアを征服し、紀元前五一九年には同じアケメネス王朝のダレイオス大王が、ガンダーラを領有したのである。

紀元前三三〇年、アレクサンドロス大王が東方遠征して、ダレイオス大王の子孫を滅ぼして、バクトリアやガンダーラを攻略した。アレクサンドロス大王の死後、その跡を継いだセレウコスが、ガンダーラを治めようとしたが、紀元前三一七年、インドのマウリア王朝のチャンドラ・グプタがガンダーラで独立し、セレウコスの進入を阻み、ガンダーラはインドの支配下に入った。ギリシアとインドの接点であった。紀元前四世紀までは、仏教徒の活動はインド内に留まり、仏典の結集などを進めていた。

仏教美術の進展

では、仏像は何時頃、何処で、どのようにして出現したのであろうか？　それには、仏教美術の歴史を理解する必要がある。インドの仏教文化は美術の流派に従って、次のように地域と時代が区分されている。

インド

古代インドで、最初の統一国家ができたのは、ギリシアのアレクサンドロス大王が東方遠征して、西北インドに侵入したことが、インドに国家統一を促した。

やがて、マガタ国のチャンドラ・グプタが勢力を蓄《たくわ》えて西北インドで挙兵し、近隣諸国を併呑《へいごう》して、マウリア王朝を創設し、西はアフガニスタンのヒンドゥークシュ山脈以南まで勢力を伸ばし、インドに初めて大帝国を建設した。

(a) マウリア王朝期（紀元前三一七〜紀元前一八〇）　仏教がしっかりとした体制を整え、宗教として普及したのは、マウリア王朝三代目のアショカ王（紀元前二六八〜紀元前二三二年）の時代である。彼はインド全域を征服し、アフガン中部のヒンドゥークシュ山脈までの広大な地域を支配したが、戦争の悲惨さを憂い、武力でなく、法による統治を行い、その法勅《ほうちょく》を刻したスタンバ（石柱）や磨崖碑《まがいひ》を領土の各地に立てた。スタンバの柱頭には動物の像を乗せて飾った。

ヴィシャリーの獅子像を載せたスタンバ

菩提樹・宝座の礼拝
（インド・サーンチー第一塔東門南柱）

アショカ王はそれとは別に、仏教を強く信仰し、その発展に努めた。例えば、仏陀の遺骨を納めた仏舎利を再発掘して、八萬四千塔（ストゥーパ）に分納し、それが礼拝の対象となった。ヤクシャ、ヤクシニーの男女の民間の守護神像も造ったが、釈尊関係の図像は未だなかった。

（b）シュンガ朝（紀元前二世紀前半〜紀元前一世紀初）、初期アーンドラ朝（紀元前一世紀〜後一世紀）　マウリア王朝が滅んだ後、北インドのシュンガ王朝と南インドのアーンドラ王朝がインドを支配したが、この時期に、インド中西部のバールハットやサーンチーでは、仏教寺院が建立され、その中の大塔（ストゥーパ）の塔門（トラーナ）や玉垣（欄楯）に、浮き彫りの彫刻が施されており、その中に、「仏伝図」や「ジャータカ（本生）図」がある。しかし仏陀の像は未だなく、菩提樹、宝座、法輪、仏足跡、傘蓋《さんがい》などで仏陀の存在を示していた。

（c）クシャーナ期（紀元後一世紀〜三世紀）

クシャーナ朝は中央アジアのバクトリア地方を支配していた

大月氏《だいげつし》の配下である五翕侯《ごきゅうこう》（五つの部族）の中の一つ貴霜《きそう》族が、大月氏に代わって天下を取り、アフガニスタンからパキスタン北部、インドに至る大帝国を建設し、特に、三代目のカニシカ王（後二世紀、在位二八、二九年）が厚く仏教を信奉したので、仏教文化が澎湃《ほうはい》として興った。

同じ時期に中インドのマトゥラー派（紀元前一世紀～後六世紀）と、パキスタン北部のガンダーラ派（紀元前一世紀～後五世紀）の二つの流派が生まれ、両方に仏像が出現した。そのいずれに初現したかが問題となっている。

（d）グプタ期（五世紀～八世紀）　中部インドでは、グプタ派美術が発達した。サールナートが中心で、淡黄色砂岩やマトゥラー石が使われている。独立の仏立像や初転法輪の仏坐像もあり、仏伝図では四大聖地の他に、舎衛《しゃえい》城の神変、三道宝階降下《さんどうほうかいこうげ》、酔象調伏《すいぞうちょうぶく》、弥猴奉蜜《みこうほうみつ》の四場面を加えた八相図が流行した。

（e）パーラ派（九世紀～一二世紀）　小国に分立した中世には、東インドを中心として作られた釈迦八相図が多い。この頃からヒンズー教の隆盛に押されて、仏教は次第に衰退していった。

ガンダーラ

パキスタン西北部のガンダーラ地方は、もともと民族も文化も美術もインドとは違っていた。「ガンダーラ」という名前は、ペルシアのアケメネス朝の都スーサの碑文に、ダレイオス大王が支配下に置いた属州に、ガンダーラやバクトリア、サカなどの州名が出てくる。

紀元前四世紀の後半、アレクサンドロス大王が東方遠征を実施し、イラン、アフガニスタンを経て、パキスタンのガンダーラに入り、タキシラに留まり、ギリシア文化がアジアへ伝えられる道が開かれた。ところが、大王の死後、ガンダーラはインドのマウリア王朝の領地となっていた。

マウリア王朝三代目のアショカ王は、仏教の信奉者であったので、ガンダーラ地方にも仏教が広まったが、

年	事　項
前６世紀 （前 550 ～前 330 年）	アケメネス朝ペルシアが支配する。
前 326 年ごろ	アレクサンドロス大王、インダス川まで来るものの、バビロンに引き上げる。
前 317 ～前 180 年ごろ	マウリア朝が支配する。第３代アショカ王、仏教に帰依する。
前２世紀	バクトリア王国のもと、ガンダーラにギリシア人が移住する。
前１世紀ごろ	サカ族が南下する。
後１～３世紀	大月氏のクシャーナ族（イラン系）が王朝を創始する。第３代カニシカ王の時、最盛期を迎え、仏像が誕生。ガンダーラ仏教美術が繁栄する。
後 320 ～ 550 年ごろ	グプタ王朝。「大王たちの王」と称し、支配は北インドと中央アジアに及ぶ。古代インド美術様式のグプタ美術が発展する。
５世紀末～６世紀	エフタルの侵入。ガンダーラ美術が衰退する。

ガンダーラの歴史略年表

その頃の仏教寺院跡や彫刻はない。

アショカ王の死後（紀元前二三二年）、マウリア王朝は衰え中央アジアのオクサス川流域にバクトリア王国が建設された。その王朝のデメトリウスが、紀元前一九〇年頃パンジャップに進出し、タキシラを首都とするインド・グリーク王国を建設する。その王国のメナンドロス王が仏教に熱心で、この頃（紀元前一五〇年）からギリシア文化と仏教が密接に関わっていくようになる。紀元前一世紀には、北方遊牧民のサカ族、トハロイ族等が侵入し、バクトリア王国を滅ぼした。そのトハロイ族が大夏《たいか》と謂われている。

紀元前二世紀から紀元前一世紀中頃まで、西トルキスタン地域を支配していた大月氏《だいげつし》は、元は東トルキスタンで匈奴《きょうど》と対決していた遊牧民で、それが匈奴に追われて、アフガン北部のバクトリア地方に移り、そこの大夏を討って、大月氏王国を作った。その王国の従属である五翕侯《きゅうこう》の一つの貴霜族が紀元前二〇年頃、大月氏に代わって、アフガニスタンから北インドに亘《わた》る広い地域を支配したのが、クシャーナ王朝である。初代のクジュラ・カドフィセス王が、バクトリアからカーブル周辺を支配し、二代目のヴィマ・カドフィセスの時代にガンダーラへ侵入してきた。ガンダーラに仏教美術が

ガンダーラ地方周辺図　（『シルクロード紀行16・ガンダーラ』朝日新聞社参照）

及んだのは、この時代（後六〇年頃）である。

この王朝の三代目のカニシカ王は、インド西北部にまで侵入し、大帝国を確立し、ローマ帝国やインドなどとの通商により、諸国の文化を輸入した。特に王は仏教を厚く信仰していたので、ギリシア文化とインド仏教の合体したガンダーラ派美術が発達した。ガンダーラ美術はカニシカ王の時代が最盛期で、仏像も作られ、その影響はパキスタン北部のスワットやアフガニスタン東部のハッダ、更に、オクサス川周辺にも及んだ。

クシャーナ朝は三世紀の中頃、ササン朝ペルシアの侵攻を受けて衰退するが、仏像の製作はその後ますます盛んとなり、四、五世紀にはストゥッコ像が作られた。

最後は、六世紀の初め、エフタル族の侵入により、ガンダーラは壊滅した。

長期にわたるガンダーラ美術の発展が、仏教の中央アジアから東アジアへ伝播する道を開いたとも言える。

仏像の誕生

仏像が何時、何処で出現したかについては、ヨーロッパの学者も加わって、いろいろの説が出されたが、いずれも決定的な証拠がないので、そのまま信用するわけにはいかない。要はマトゥラー起源説とガンダーラ起源説の二つに絞られると言う点であろう。

ガンダーラ起源説

ガンダーラにはギリシア、ローマの美術の影響があった。西洋では人間の像は早くから作られており、キリストの像やアウグストゥス皇帝の像もあった。当時のコインを見ると、表には皇帝の像を描き、裏には各所の神像を描いている。同じタイプのコインがバクトリアやクシャーナ朝コインにも見られる。カニシカ王の貨幣には、表にはカニシカ王の像があり、右手で火壇に触れ、左手に槍を持っており、周りにギリシア文字で、「Shaonano Shao Kaneski Koshano」（諸王之王、迦貳色迦、貴霜族）と刻している。裏には仏像を表しているが、他の貨幣ではギリシア、スキタイ、ペルシアの諸神像を表しており、他の貨幣の神々の像に混じって、仏像も刻ませていたことがわかる。その影響が礼拝像としての、仏像の出現を促したと考えられる。

最初の仏像は単独の礼拝像ではなく、物語の場面を表す群像の中の仏陀像であったかも知れない。例えば、「祇園布施《ぎおんふせ》」の浮き彫り像がある。仏陀と弟子と在家の人々が同じ大きさに表され、仏陀には肉髻《にっけい》、通肩《つうけん》、頭光背《ずこうはい》がある。それと向き合って仏に瀉水《しゃすい》（水を注ぐ）し水瓶を持って立つ人物は、祇園精舎を寄進した舎衛国《しゃえいこく》の給孤独《ギッコドク》長者のスダッタであろう。似たような彫刻がアテネのパルテノンの平和の祭壇にあるフリーズ「パンアテナイア祭の行進図」にある。

ガンダーラの初期の仏立像を見ると、ローマの皇帝像と極めて似ていることがわかる。頭は髷《まげ》を結って、肉髻とし、眉間《みけん》に白毫《びゃくごう》をつけているのは仏教的だが、通肩の僧衣は、トーガをまとったアウグストゥスの像と極めて似ている。更に、托胎霊夢《たくたいれいむ》、釈迦誕生、降魔成道《ごうまじょうどう》、初転法輪、梵天勧請《ぼんてんかんじょう》、帝釈窟禅定《たいしゃくくつぜんじょう》、燃燈仏授記《ねんとうぶつじゅき》、など

カニシカ王の金貨―カニシカ王と仏像
（パキスタン・タキシラ博物館）

カニシカ王の金貨―カニシカ王と神像
（パキスタン・ラホール博物館）

祇園布施（パキスタン・カラチ国立博物館）

ローマのアウグストゥスの像

ガンダーラ初期の仏立像

の仏伝図がある。「托胎霊夢《たくたいれいむ》」では、ベッドに横たわるマーヤー夫人が夢で、白象が自分の腹の中に入るのを見ているさまを描いている。「釈迦誕生」では、両手を挙げているマーヤー夫人の右脇の下から太子が生まれてくるのを、帝釈天（インドラ）が布で受け取っているさまを表している。

仏伝図も中期になると、仏陀の像が、他の人物像よりも大きく表現されるようになる。「草刈り人の布施」では、一段と大きな光背を付けた仏陀のうしろに、仏の守護神とされるヴァジュラパニの像が居る。

単独の仏像には立像と座像がある。

仏像は仏教の開祖である、シャカムニではなく、仏教の礼拝の対象である神像として存在するに至ったのである。

シークリー出土の釈迦苦行像（三～四世紀）は、悟りを求めて諸国を遍歴した後、最後に断食《だんじき》・苦行《くぎょう》に入った。痩せこけた体のリアルな表現、悟りを開くまでの精神的な苦悩までが表現されている像である。

ペシャワル郊外にあるシャージキーデリーストゥーパの中から出た、カニシカ舎利容器は円筒形の器身に、

仏立像
（パキスタン・ラホール博物館）

托胎霊夢（パキスタン・ラホール博物館）

釈迦誕生（パキスタン・ラホール博物館）

釈迦苦行像
（パキスタン・シークリー出土・ラホール博物館）

仏座像
（パキスタン・サフリ・バフロール出土・ペシャワル博物館）

カニシカ舎利容器
（パキスタン・シャージキーデリー出土・ペシャワル博物館）

ローマのモチーフにある花綱を抱えた群像の浮き彫りが巡っており、蓋の上には、仏の座像と両側の菩薩像の三尊が、独立して立っている。刻銘に「カニシカ」の名前があるが、仏像のスタイルは古い物ではなく、年代には異説がある。

マトゥラー起源説

マトゥラーは、ガンジス川の南の支流ヤムナー川の右岸にある町で、西北インドと西アジア地中海を結ぶ交通の要衝《ようしょう》に位置し、商業的発展と共に、仏教、ジャイナ教などの民間信仰の一大拠点として古代から栄えた。一世紀初頭、サカ族の侵入を受け、一世紀後半にクシャーナ朝のヴィマ・カドフィセス王の支配下に入る。二世紀前半のカニシカ王の時代には、北のガンダーラと並んで、仏教美術の拠点となり、栄えた。マトゥラーの近郊のシークリー産の白斑点のある赤色砂岩製の彫刻で、クシャーナ期の物が中心である。

インドでは、古くから、ヤクシャ像の伝統があり、仏像創始の環境も備わっていたと言われている。マトゥラーの近郊のブーテーサルに玉垣の柱列に彫刻された豊満な乳房のあるヤクシニー女神像（二～三世紀）がある。同じ砂岩製のカニシカ王像もある。

マトゥラー石で作られた仏の尊象としては、偏袒右肩《へんたんうけん》の仏座像の礼拝像（カトラー出土）がある。獅子座に結跏趺坐《けっかふざ》し、施無畏印《せむいいん》で、薄衣を偏袒右肩し、掌《てのひら》と足裏に法輪《ほうりん》が有り、巻き貝風の肉髻《にっけい》を頭に乗せている。

ヤクシニー像（インド・コルカタインド博物館）

仏座像
（インド・カトラー出土・マトゥラー博物館）

カニシカ王像
（インド・マトゥラー博物館）

両側に二菩薩を従え、光背のうえには、二飛天が飛んでいる。ただ、銘には「仏像」ではなくて、「菩薩像」と記されていた。

初期に、人間の形で釈尊の礼拝像を造ることは、戒律として禁止されていたインドに、このような礼拝像ができるには、信仰心に余程大きな変化が無ければ不可能であろう。これらの彫刻を飾る寺院などの建造物は、度重なる外族の侵入によって、殆ど破壊された。

（**樋口隆康**）

第五章

最新の新疆《しんきょう》ウイグル自治区の発掘状況

―伊犁《いり》・洋海《ようかい》・小河《しょうが》を中心として―

はじめに

イギリスのトインビー博士は、『歴史の研究』の著者として有名な学者である。日本人の有識者との対談の中で、「今ひとたびの人生があるならば、西暦〇年前後の新疆《しんきょう》に生まれて、自分の可能性を試したかった」と述べたと伝えられている。

その頃の新疆は、天竺《てんじく》文明が、ペルシア文明が、そしてギリシア・ローマ文明や中国文明が、ダイナミックに交流し、異文化が共存した地域だった。それゆえに、今日、私たちがオアシスの遺跡を発掘すれば、多種多様な時代の文物が出土する。また、その言語もサンスクリット、トカラ、西夏《せいか》、ウイグル、モンゴル、チベット、ソグド、漢文など各時代の異質な文献が出土してくる。

このように新疆、すなわち中央アジアやシルクロードの中心部であるタクラマカン砂漠の周辺は、民族と文明の興亡の歴史舞台といえる。とくに新疆地域は、漢代から唐代までは、東西交易の中継地として多くの旅人が往来した。しかし、唐末から宋代にかけて、イスラムの流入、仏教僧の腐敗と堕落《だらく》による民心の離反、さらに、自然環境の変化による河川の枯渇《こかつ》と砂漠化によって、町や村は流沙《りゅうさ》に埋没していった。

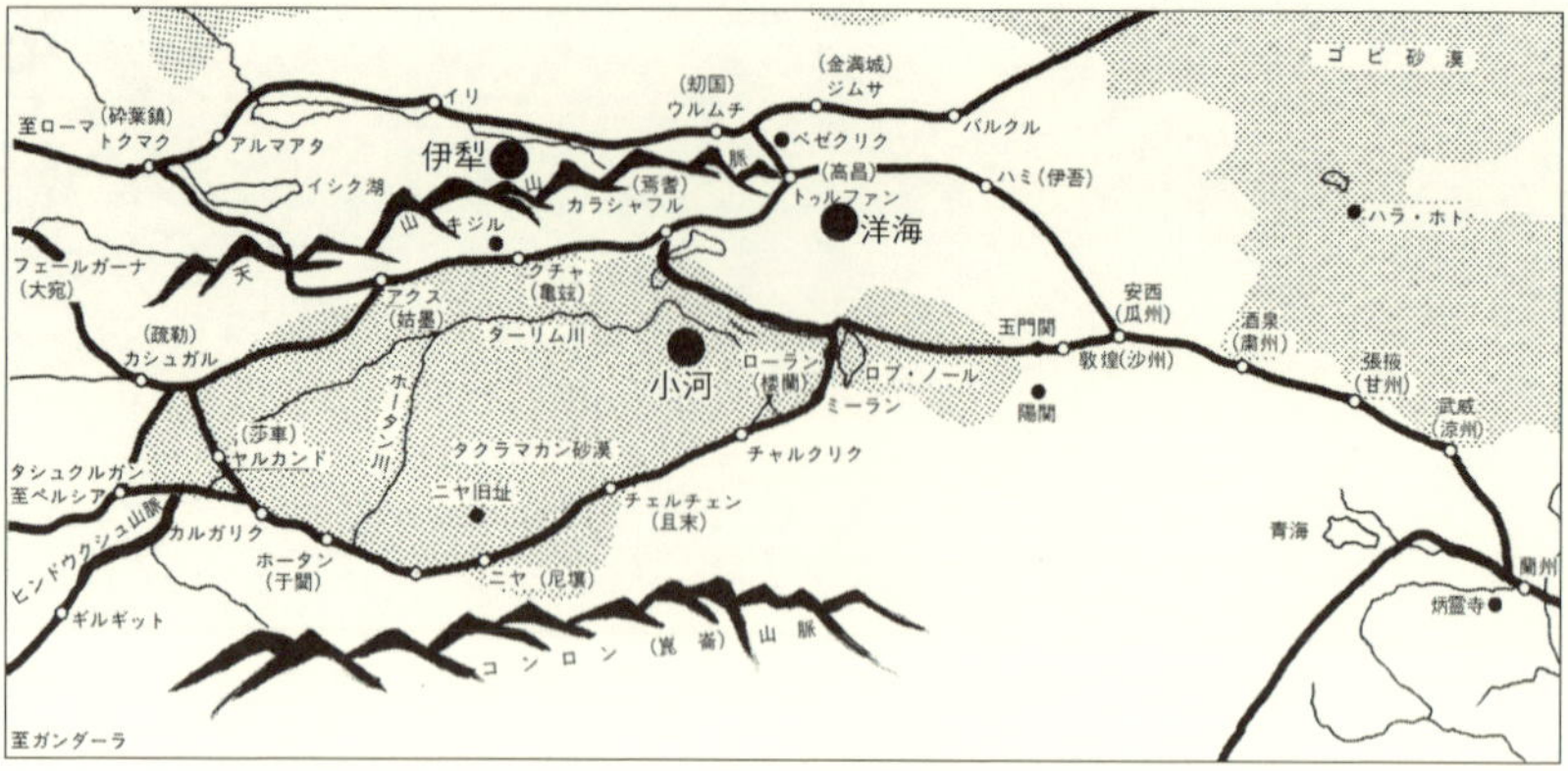

シルクロードと遺跡位置図

新疆が再び世界の注目を浴びたのは、一九世紀の終わりから二〇世紀にかけてである。ドイツの地理学者リヒトホーフェンの『中国』という巨著によって、にわかに脚光を浴び、イギリスのスタイン、ドイツのルコック、フランスのペリオ、スウェーデンのヘディン、日本の大谷探検隊などが探検に入り、大きな考古学的成果をあげた。

その後、世界大戦などで、発掘は一時中断されたものの、一九五〇年代から再びアジア深奥部への探検がなされはじめた。そして、一九七〇年代の後半からは、研究者や探検家だけでなく、観光地としても脚光を浴び、多くの外国人がシルクロードに足を踏み入れている。

日本でも一九八〇（昭和五五）年から始まったNHKの放送番組「シルクロード」を皮切りに、西域の魅力に取りつかれた人は数多く、書店にはシルクロード関連の写真集や解説書が並び、その数は一〇〇点をはるかに超えている。昨今は、観光的紹介や初歩的研究の時代は終わり、本格的な研究の時代に入ったといえる。

ところで、かつてはガンダーラ地方に、世界の研究者は自由に足を踏み入れることができたのに、今は全く入国できない。バーミヤーンの大仏二体も、タリバンによって破壊され、今では跡形もなく消失してしまった。新疆も、今から十数年前には、台湾や香港だけでなく日本や欧米、韓国等からも、年間五万人は下らない民間人が観光に訪れていた。しかし、二〇〇九年七月五日のウルムチ暴動以後、旅行に来る人はほとんどいない。

そのためホテル（賓館）はガラガラ、かつて日本語や英語の通訳をしていた人たちは、今では皆失業し内地に移っていったか、転職し漢方薬を売ったり店員になったりして生計を立てている。新疆地域の不安定な情勢が観光客を追いやったといえる。

しかし、二〇一一年五月以後、治安も安定しはじめ、町や村が平静さを取り戻すとともに、観光客も少しずつ増え始めてきた。カシュガルやホータンで若干のテロが起きて死傷者が出ているものの、日本外務省は五月十二日に、法人向け海外危険情報を「渡航の是非を検討」から、「十分注意」と一段階下げている。

なお、私たちの考古学調査や発掘は、政府の中国西部地区の開発と大規模プロジェクトの進行に伴って、着実に展開し発展している。とくに、二一世紀に入ってか

オアシスに生きる子どもたち（トルファン）

天山山脈北麓の風景

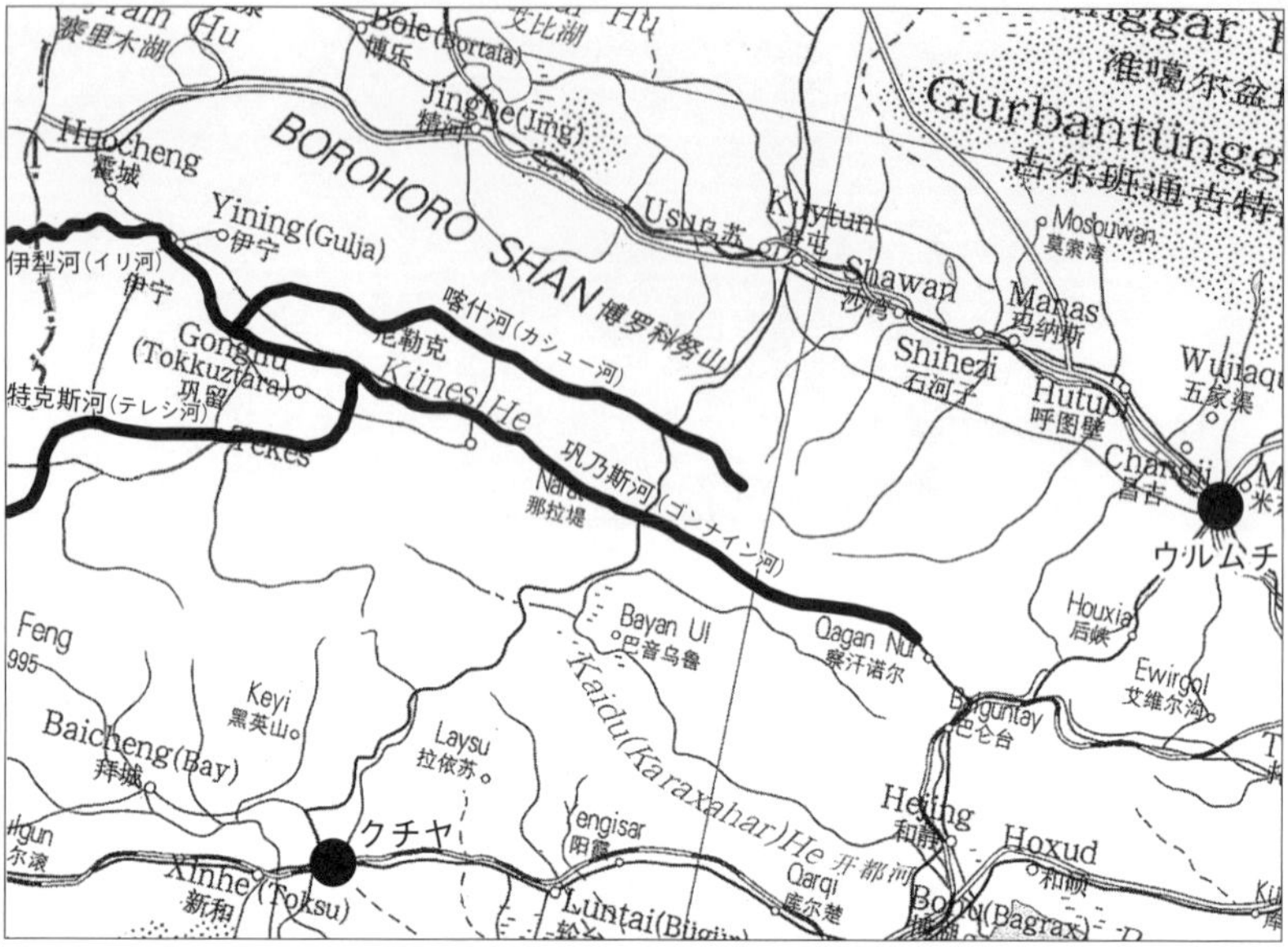

天山山脈北麓のイリ河上流地域

らの新疆の考古学的事業は飛躍的に進み、新たな成果が続々と出てきた。本稿では、多くの出土調査の中から三つの地域を選び、その成果を紹介する。

イリ（伊犁）河上流の発掘

イリ河は中国・新疆ウルムチ市の北西約七〇〇キロのところに流れている大河で、河源はクチャの北東の七〇〇〇メートルを超える天山山脈の雪解け水である。支流は無数にあるが、大きなものとしては、カシュー（喀什）河、ゴンナイン（巩乃斯）河、テレシ（特克斯）河の三つである。前二つの河は、巩留と新源で合流し、テレシ河も伊寧《いねい》の郊外から合流して、大河としてのイリ河となり、中国の国境を越えてカザフスタンの湖水に流れ込んでいく。

この天山北麓を流れるイリ河流域の風光はすばらしく、ここは塞外《さいがい》ではあるが、まるで長江（揚子江）の南岸の豊かな田園地帯のようであるところから、地元では「塞外《さいがい》の江南《こうなん》」と呼ばれている。

イリ河の貯水池から発掘された彩陶の壺

イリ河流域の祭壇を発掘する新疆の考古学調査隊

まず、この地方の地理的な特徴を見てみよう。イリ河の河谷の左右には、草原地帯がどこまでも広がっている。そこでは古来、匈奴《きょうど》や突厥《とっけつ》、今ではカザフ族やキルギス族などの遊牧民が住んでおり、牧歌的で平和な地域であった。

ところで、イリ河の上流の三支流の周辺は、きわめて美しい自然環境である。太古の森林が生い茂り、森の民が住み狩猟《しゅりょう》生活を中心として、少ない牧草地を利用して遊牧も行ない、皆たくましく自然との調和の中で生きている。最近は近代化の波も少しずつ押し寄せ、森林の伐採や鉱物の産出も行なわれている。

思うに、いずれの地域でも古代文明は、河川のほとりで発生している。インダス文明もエジプト文明も、ティグリス・ユーフラテス文明も黄河文明も、河川に沿って誕生している。同じようにイリ河の流域も、寒冷地ながらもそれを克服してきた先住民の文化が多く眠っているのである。

考古学界では、イリ河流域には数千年前から人間の文化が存在していると推測してきた。しかし、いかなる民族がどんな生活を営み、どのような文化を構築していたかは不明であった。ところが近年、中国政府の主導によって、イリ河上流に大きなダムが建設されることにな

イリ河の貯水池近くの古墳から発掘された金の指輪

り、水没する地区が出ることが明らかになった。そこで新疆の考古事業の一つとして、まず水没地域を考古学的に調査することになったのである。

新疆文物考古研究所のメンバーを中心として、イリ河上流における考古探索隊を結成することになったのは、二〇〇一年のことである。以後、二〇〇六年までの六年間、本格的な発掘調査がなされ、私もその中心者の一人として加わったので、現地での最新の状況を紹介する。

私たちはまず、カシュー（喀什）河の吉林台庫《きちりんだいこ》地区の古墓の発掘を実施した。その正確な墓の名称は、キオンゲテ（窮科克）、キレントウオハイ（其仁托海）、ジアレケシケインテ（加勒克斯卡因特）、ティエムリゲゴー（鉄木里克溝）、アケブザオーゴー（阿克不早溝）、フジウェゴー（胡居尓溝）、シャレブラケゴー（沙尓布拉克溝）、シャロハラス（小哈拉蘇）、ドンマイデー（東売里）などである。一三ヵ所の古墳群の中から、約七〇〇の墳墓を発掘した。七〇〇基というと多いと思われるが、六年間にわたっての作業であり、携わった人数も、二〇～四〇人がかりであるので、これだけの数量の仕事ができたといえる。

一ヵ所の墳墓は、小さいものは周囲三～五メートル、キオンゲテやシャロハラス墳墓のように、一つの敷地が二千平方メートルを超える大きなものもあった。当然のことながら死者の周りからは、生前使用していた衣服や食器など多くの埋葬品が出土した。

テレシ河流域のキャフギハイク（恰甫其海庫）で、両岸にわたって散在した遺跡を二〇ヵ所発掘した。また、ゴングル県内の墳墓もちょうど三〇〇基発掘し、ここで発掘した成果のおかげで、天山北麓の草原地域の先史文明の研究が一歩前進したといえる。

イリ河流域の墳墓は、河川の両岸と天山山脈の中腹の台地に分布していた。死霊にとっても景勝の地と思える場所に墓は集中しており、死者を尊ぶ古代人の性向が垣間見られる。

また、古墳群は不規則にあるのではなく、地形をふまえて埋葬されていた。すなわち、南北にチェーン状のものと、スライス状のものに分けられる。墓丘の中心部の地下に墓室があり、墳墓の形状で最も多いものは単に土砂を盛っただけの盛土墓であり、これらは地面より円形に土丘が造られ、周りは壁のように石で囲まれている。

土丘の大きなものは、部族の住民を動員して造営したと思われ、長方形の竪穴木棺が配置されていた。死体を保護するために墓の周りは伐採した大きな樹木で囲われており、とくに墓室の四面と天井には太い原始木が使用されていた。墓棺の底部と墓室の入り口には、卵石が敷かれている。現代から見れば、素朴で単調な墓に見えるが、当時の生活水準の中では精いっぱい荘厳したと言える。

しかし、古代人が心を込めて造営した墓地も、後の世の墓泥棒によって何度も盗掘にあっており、いずれの墓室も荒らされ散乱しており、副葬品はほとんど残っていない。略奪のすさまじさは、言語では表現できないほど悲惨な状態であった。そうした中、私たちは残存する遺品を必死になって探索したが、考えてみればこの行為はまさしく現代の盗掘といえると思う。ともあれ、盗人が残したわずかに出土した文物を列挙すれば、次のようになる。

①陶器　―　帯流槽《たいりゅうそう》、鉢、壺、瓶《びん》、ほとぎ

②鉄器　―　刀、短剣

③銅器 ― かんざし、ピアス、指輪、腕輪、鏡
④石器 ― 研磨皿、研《と》ぎ、化粧棒、紡輪
⑤骨器 ― 蔟《ぞく》、帯ボタン
⑥金 ― 指輪、イヤリング
⑦珊瑚《さんご》 ― ネックレス、ピアス
⑧炭 ― 帯ボタン、アクセサリー
⑨その他 ― 瑪瑙《めのう》、松石《しょうせき》の珠《たま》

次に、イリ河の流域の主たる遺跡を紹介しよう。キオンゲテ遺跡はその規模や内容からいって注目される墳墓で、ニレケ県の東四〇キロのカシュー河畔の南方の山麓に広がった台地に位置している。この台地の近くには、天山山脈の支脈の一つの尾根があり、その丘陵沿いに一〇〇基以上の墳墓が整然として分布していた。この墓地を見下ろすかのように、北岸の断崖の石窟には美しい古代壁画が刻描《こくびょう》されている。

私たちがこの墓地を発掘したのは、二〇〇二年であった。盗人によって壊されていたが、墓室の地下約五メートルのところに、偶然、文化層があることを発見した。この文化層の中層から、石の杵《きね》と青銅器と紅形陶器が出土した。また、下層からは細石器が出土した。これらの出土品は、他のイリ河下流地域で発見された遺品とほぼ同じもので、このことから、同類の民族による青銅器時代の文化層に属すべきものと推定された。

次に調査したシヤロハラス遺跡からも、類似な状況が見られることから、キオンゲテ遺跡とシヤロハラス遺跡での発掘により、新疆ウイグル自治区で初めて明確な重畳関係のある三段層が存在することが確認できた。すなわち最下層が細石核を含む早期文化層、中間層がアンデヌオウオ（安徳羅諾沃）文化層、上層部が墳墓・彩陶・

側室付け墓・竪穴式《たてあなしき》石積墓であることがわかった。

この墓地があるイリ河谷は、その西にあるナリン（納倫）と、東にあるユレッツシ（裕勒図斯）とともに、天山山脈の谷あいの三大名所とされている。とくに真ん中に位置しているイリ河谷は、早期遊牧民族誕生の地であるといわれており、その民族は月氏《げっし》族と匈奴《きょうど》族ではないかと史料から推測されている。

イリ河流域の墓地の人骨

ところで、中央アジアの考古学と古代史研究においては、東洋と西洋の歴史観の違いから意見はさまざまである。さらに、その研究者たちの言語が異なるため、同じ民族の遺跡でありながら、表現は研究者によって異なっている。また、同時代の遺跡であっても、異なる文化層に指定されている場合もある。例えば、斯基泰《シキタイ》と塞克《サイク》、斯基泰《シキタイ》風と塔加爾《タージャア》文化・邁埃米《マイアイミー》文化、匈奴と薩爾馬特《サァーマーツ》時期、斯基泰《シキタイ》と薩爾馬特《サァーマーツ》世界、馬薩格特《マサァークーツー》と大月氏人などである。この点は、今後の研究において十分に注意すべきことである。

現在の研究水準では、いずれの地域においても、年代測定や考古学的文化期間の認定と分類などに差異が生じている。したがって私たちは、発掘調査の作業中、基礎的な点検を絶えず続行し、データを補充し細部にわたって調整していく必要がある。そうすれば、考古年代測定理論と科学技術の発達に伴い、あらゆる材料と手段を用いて、人類の歴史を復元することが可能になるのである。その結果、古代遊牧民族の活動および彼らが創った文化が、現代という時代に生きる私たち

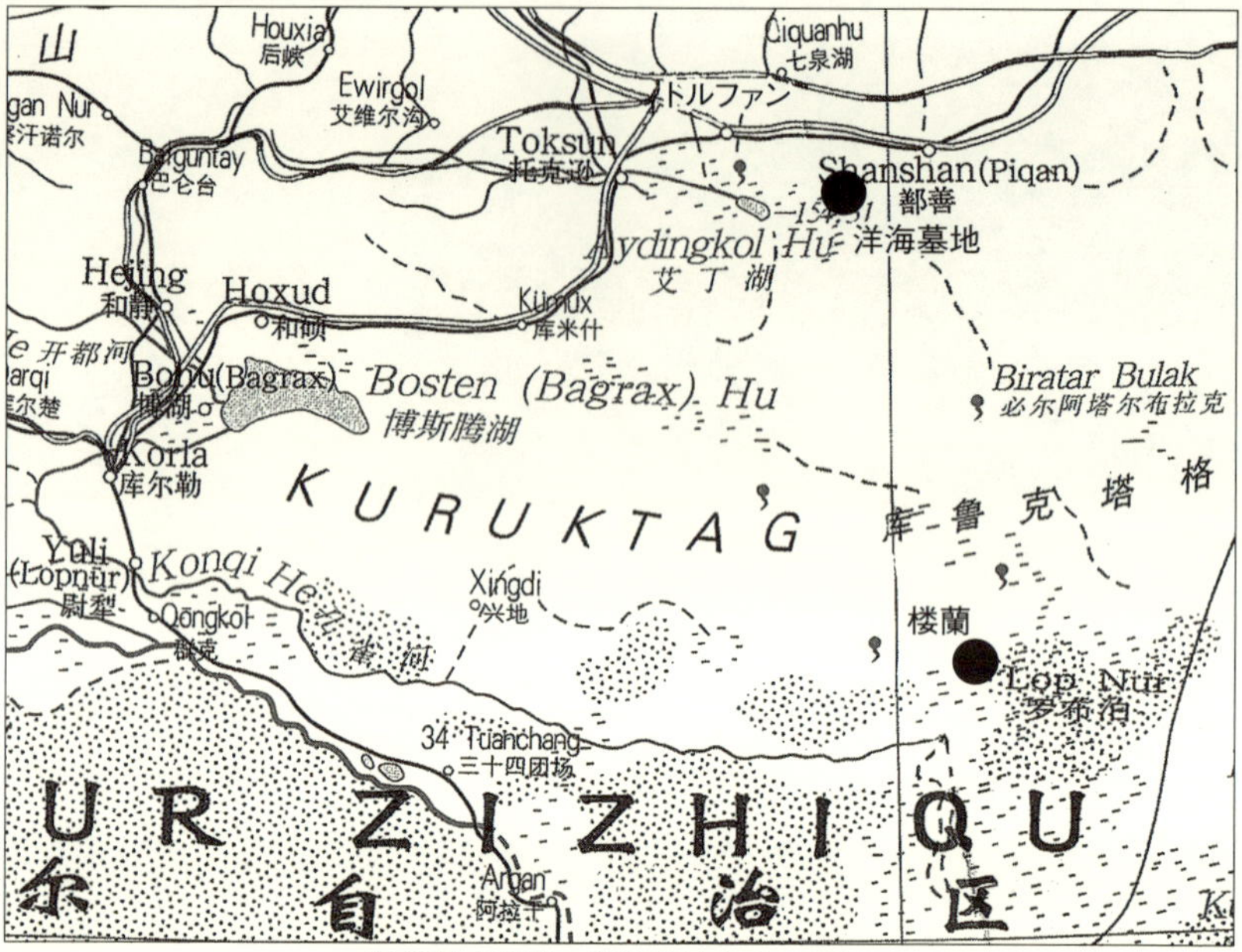

鄯善県吐峪溝の洋海墓地とその周辺

人間に、恒久かつ神秘な魅力を与えるに違いないと思う。

思えば二〇〇一年以前、イリ河の流域の考古作業は、ほとんどなされていなかった。また資料もなかったが、今回の私たちの調査により、新たな発見が生まれ、考古学文化の年代的・文明的な序列を立てる上で、基礎的な素材ができたといえる。

洋海墓地の発掘の新成果

洋海墓地は、新疆ウイグル自治区のゼンゼン（鄯善）県トヨクコウ（吐峪溝）郷の洋海夏村の北西にある。玄奘《げんじょう》の『大唐西域記』を物語化した小説に出てくる孫悟空で有名な火焔山《かえんざん》の南麓のゴビ（戈壁）砂漠の中にある。墳墓はゴビの丘陵の三つの黄土の尾根に分布していた。

まず、西側の墓地（一号墓地）の長さは三〇〇メートル、幅五〇メートル、敷地は一・五万平方メートルである。東の墓地（二号墓地）は長さ三〇〇メートル、幅八〇メートル、敷地は二・四万平方メートルである。また、南の墓地（三号墓地）は、長さ一五〇メートル、幅一〇〇メートル、敷地は一・五万平方メートルである。その他、北西と南東部には、これらとよく似た小規模の尾根に沿って、竪穴墓地と側室《そくしつ》墓と坂形羨道《えんどう》の付いている洞室墓が散在している。

二〇〇三年三月から四月にかけて、新疆文物考古研究所と吐魯番（トルファン）地域文物局は、共同発掘作業を行なった。そして、洋海にある三つの大型墓地を発掘し、そこから五〇九基の墳墓を発掘調査した。ここではその成果を分かりやすく、出土文物を中心に紹介する。

洋海墓地の墳墓は、埋められた形状が整然としている。すなわち、現在の墓地の区分のように、一つひとつの墓がきちんと並んで分布している。墓の多くは長方形竪穴墓であり、若干、竪穴側室墓も存在している。この墓の埋葬方式の特徴は、死体が円木で造られたベッドの上に寝かされていたことである。ベッドは四本の脚と樽支

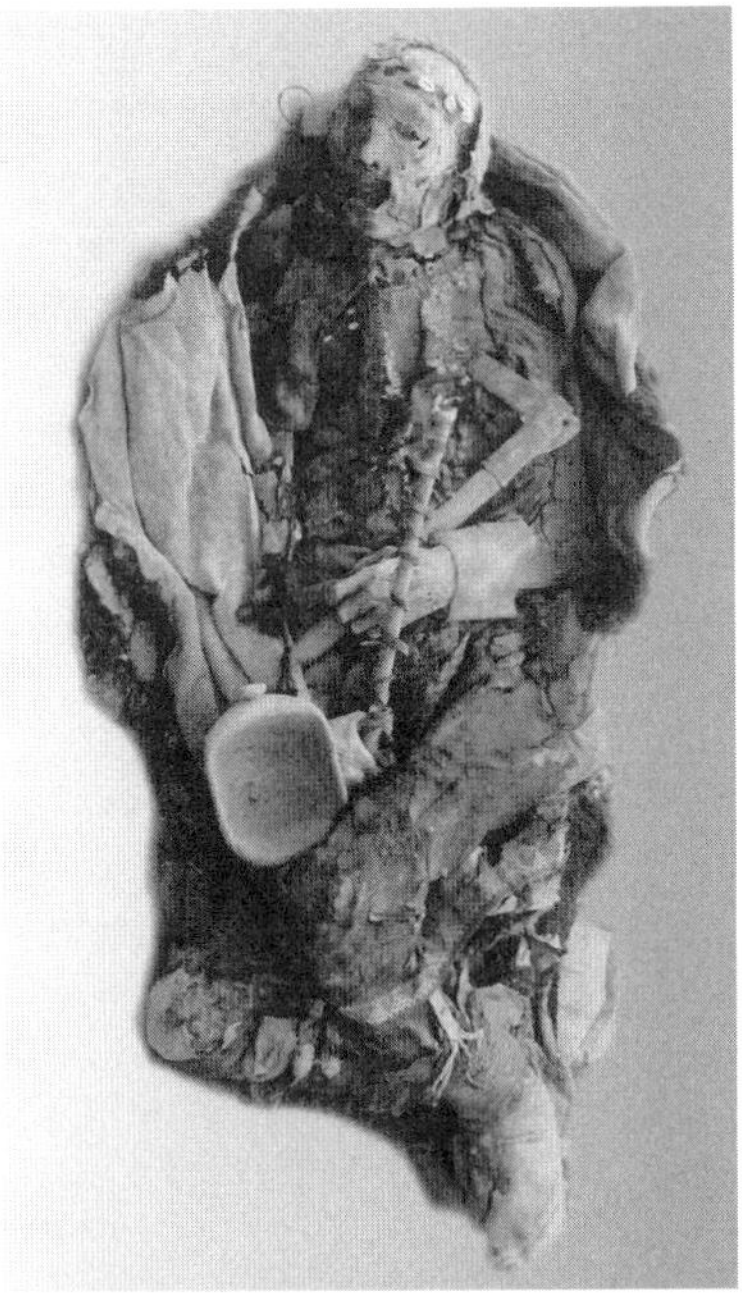

洋海墓地から発掘された男性のミイラ

洋海墓地出土の土人形

棒を接合し、その上に横木棒と枝を敷いて造られていた。周りには草で編んだ畳とクッション、死者が生前に使用していた毛氈《もうせん》および絨緞《じゅうたん》があった。

墓の入り口の上は木の棒で覆《おお》われ、その上に葦《あし》や甘草《カンゾウ》、大麻、また、ラクダイバラ、ゴマ、チガヤなどの草科の植物が植えられていた。人骨の多くは盗掘の被害を免れたのか保存状態がよく、乾いた死体が出土している。

埋葬方式は、体を丸めて横向きにした早期の方式と、体を伸ばした仰向けの様子の晩期方式とに分けられる。ここでは、保存状態のよい男性の死体一躯《く》をあげる。被葬者は羊の皮で作られた帽子《ぼうし》をかぶって、額に色彩豊かなハチマキ、すなわち毛製帯を結んでいた。両耳にはイヤリング、首には緑色の松石製ネックレスを付けていた。また、色彩のあるセーターを着ており、銅管と銅鈴を組み合わせて造った「脛鈴《けいれい》」付きの毛製帯を結んだ皮靴を履いていた。右手に銅を付けた短木棒と、左手に木製の取っ手付きの青銅斧《せいどうふ》が握られ、腕の傍らに木製の鉢が置いてあった。まるでチベットやモンゴルの巫師《ふし》の装飾のようであった。盗掘にあっていないので、墳墓からは多くの出土品が発掘されている。

陶器　―　釜、槽《そう》、コップ、壺、鉢、お盆

木製品　―　桶、矢の収納袋に付ける張り板、棒付きの紡輪《ぼうりん》、曲げ棒、取っ手付きの狩猟道具、竪琴《たてごと》、ステッキ

銅器　―　環首《かんしゅ》小刀、長銎斧《ちょうきょうふ》、直銎斧《ちょくきょうふ》、ダブル穴付きのくつわ、直柄刀《ちょくへいとう》くつわを装飾する銅貝

その他　―　シルク製品、皮製品、綿製品、衣服、石、鉄、骨、角器、貝、草編み物、毛編み物

右のような多種類で豊富な副葬品が出土しているが、それぞれの種類の特色を述べれば次のようになる。

まず陶器は、形と文様が鮮明で、地域や時代をよく表わす彩陶が約五〇〇点出土した。陶器の文様については、最も古い時代と認定される、格子紋、三角紋、のこぎり歯紋、縦縞紋《じゅうこうもん》、渦巻紋、波紋、同心円紋、羽紋などが

見られる。彩陶は、赤い生地に黒色で装飾されたものが多いが、これは洋海墓地周辺の土壌が赤土であることによる。

ここで注目されるのは、取っ手付きの陶器二点である。一つは、取っ手を山羊の頭の塑像《そぞう》にした鉢で、もう一つは、取っ手を羊の頭にした陶豆《とうとう》である。いずれも高い技術でていねいに作られており、まるで今でも使用できるようであった。

木製品には、桶は口の外縁に連続した三角紋が刻まれたものが多く、陶器にしても、木製品にしても、三角紋が多いのが特徴である。

それ以外の文様としては、桶の外壁に山羊、馬、狼、虎、犬、鹿、駱駝《らくだ》、イノシシ、鳥など天山山脈の山中に生息する動物が多い。なお、土製ドライヤーパイプ、土塑人頭像と扁葡萄つるも重要な発見といえる。

洋海墓地出土の容器、動物の文様が
生き生きと彫られている

洋海墓地から発掘されたミイラ

二〇〇三年、洋海墓地が発見される以前は、考古学界はスベイキ（蘇貝希）墓地で出土した鉄器が、銅器より数が多いため、スベイキ文化を早期鉄器時代に属すると比定していた。ところが、今回の私たちの発掘によって、二種類の二段台墓が確認された。その中から時代判定の特徴に役立つ象管銎斧《しょうかんきょうふ》と銙背環首刀《きゅうはいかんしゅとう》と鈴管が出土、さらに前サイケ（塞克）時期の代表物とされる、両端があぶみ型のくつわが発見されている。

新疆のエミンフォジエルテ（額敏霍吉尓特）、ニレケジリンタイ（尼勒克吉林台）、テレシキャオラレティエレケ（特克斯喬拉克鉄熱克）、ヘジンチャウフ（和静察吾呼）等の墓地で、同じ形式の銅製のくつわが出現している。そのことにより、洋海墓地は、それらと同時代、つまり前八～七世紀の墳墓であることが証明されたのである。

なお、竪穴墓から出土した木製品には、動物の姿がたくさん彫られている。一つの円形器の取っ手には、片方に身を丸めた狼の像、もう一方には直立する狼の象が描かれている。さらに木製の湯呑みには、全体に動物像が浮き彫りされているものもある。

その中の一匹の盤羊《バンヨウ》は、珍しく後脚を反転した姿で描かれてり、注目に値する。なぜならば、こうした文様はアエルタイバイゼレイケや中央アジアの七河地域のイエサイケ（耶塞克）、新疆のテレシ（特克斯）から出土したものと類似しているからである。桶《おけ》に彫刻された動物像は、シジィテ（斯基特）の早期の特徴と、サイケ（塞克）の晩期の特徴と類似しており、時代的には、中国の春秋戦国時代に出土した文物と同じ系列であると思われる。

小河《しょうが》墓地の再発見

新疆を東西に流れるタリム河の下流を、孔雀川《くじゃく》というが、その流域、南六〇キロのところに小河墓地がある。ロプノールという湖水の西岸にあるクロライナ、すなわち楼蘭故城の南西からは一七五キロに位置している。近くのオアシスからその位置を見れば、アラカン（阿拉干）鎮の北東三六キロにあたり、ロプ（羅布）砂漠の中にある。

一九三四年、スウェーデンの考古学者ベリイマンは、ウイグル人ガイドのエルデック（奥尓徳克）の案内で、多くの棺を有する小河墓地を発見した。しかしその後、世界大戦などの影響によって、訪れる者もいなくなり、所在もいつしか忘れられてしまった。

小河墓地全景、東西 74m、南北 35m、高さ 7.75m の丘陵にある

二〇〇〇年一二月、新疆文物考古研究所の小規模の考古隊が再びそれを発見した。続いて、二〇〇二年一二月から二〇〇五年三月にかけて、私たちはこの小河墓地で三回にわたって発掘調査を行ない、貴重な遺物と重要な資料を手に入れた。これらの成果は、当時の人類社会の生活実態などを知ることができる大きな手がかりとなった。

小河墓地は、楕円形の砂丘のような台地の上にある。高さは七・七五メートル、敷地は二五〇〇平方メートルであった。墓の周りや上部には、大空に聳えるかのような樹木の柱、すなわち前立木が一四〇本ある。

これらは風向きの関係から砂丘の中部と西端に、南北方向に並んで木柵として使われたことが確認された。墓地を砂嵐から守るための柱である。棺は全部砂丘の下に葬られ、計三〇三基のうち、私たちは一六三基発掘し調査した。何と驚くことに、そのうち一六〇基

小河墓地出土の仮面
顔の長さは約9cm、鼻の高さは3.6cm。

がすでに盗掘されていた。

棺はいずれも底に板がない。主にアーチ形の板二枚と、その両端に挟み込み、固定された短板によって作られている。棺の上には一〇枚以上の短い板が被せられ、新鮮な牛の皮で包まれていた。また、牛の皮が乾燥した後、棺はきつく紐で縛られ、まるで反転した船のように見える。みな一人ずつ埋葬された単身葬である。頭は東向きで、仰向けで体を伸ばしている。

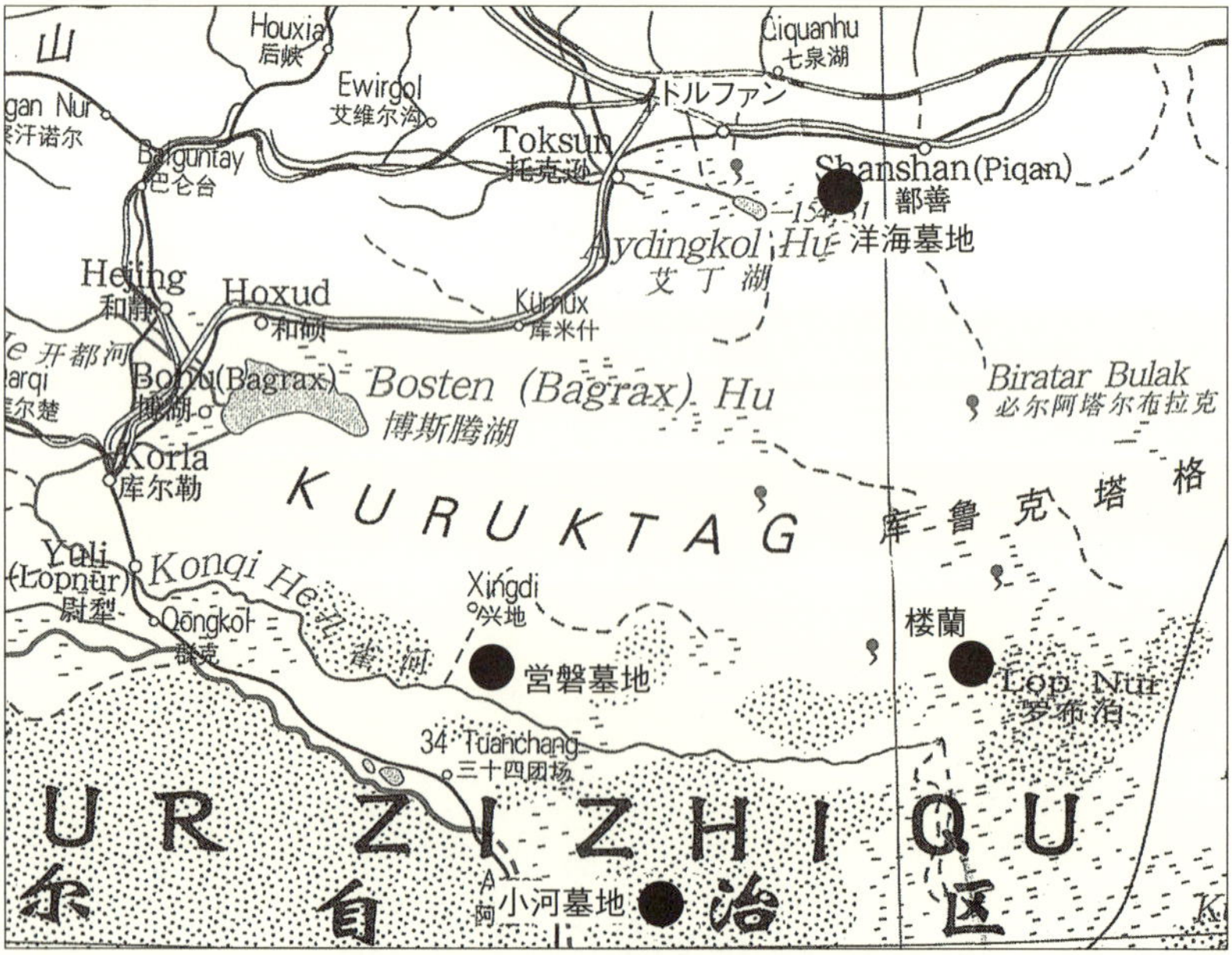

タリム河下流の孔雀川の流域にある小河墓地

中には、木棺の中に木桶が埋葬されているものもある。最も大きい棺は、長さ約二四五センチ、長方形の木棺の上に土蓋《どがい》があり、土体木棺に女性が葬られていた。特別に身分の高い女性のようであった。棺の周りに六～八本の木柱が円状に立てられ、柱の上部は朱色で塗られている。中には、牛頭《ぎゅうとう》が掛かったものもあった。この木柱は、平均して地上から四メートルあり、直径二〇メートルの九角形が多いが、六～二〇角形のものも見られる。

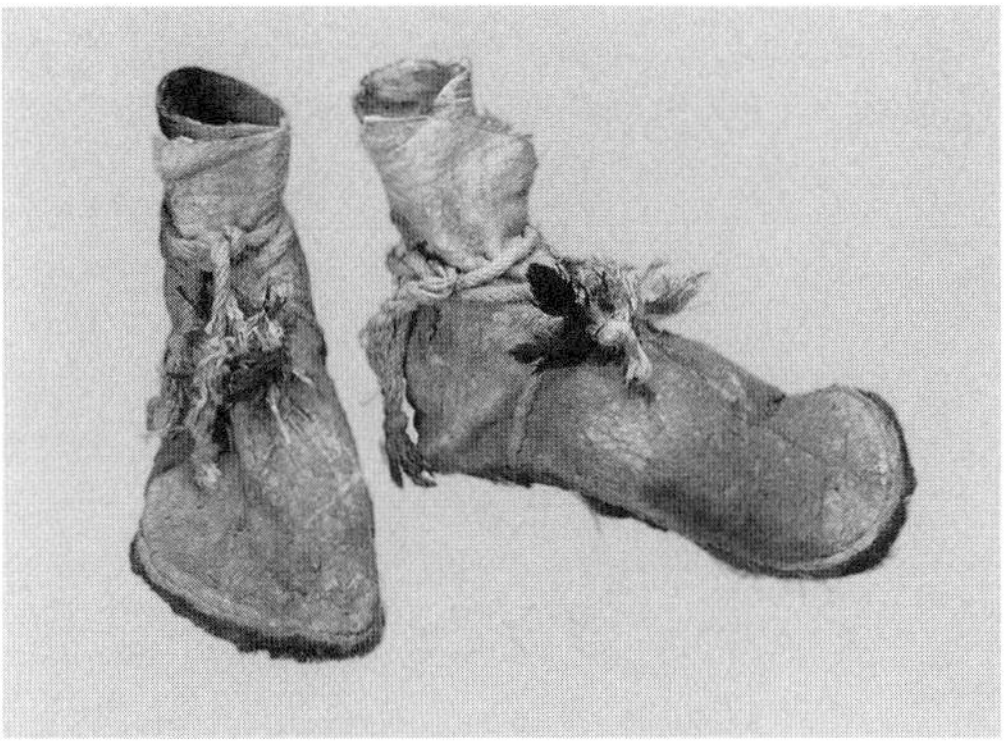
小河墓地から発掘された靴

小河墓地で墓標の調査をしていて、驚くべき事実を発見した。それは、男根を象徴するとがった柱が立つ木棺には、女性のミイラが入っており、女陰を象徴する軍配《ぐんばい》のような柱が立つ木棺には、男性のミイラが入っていることである。これは、何を意味するのか、今もって謎に包まれ解明されておらず、このようなネクロポリスは世界に例がない。

男子墓の前の立木はサイズが不均一で、黒塗りで朱塗りの取っ手が付けられていた。女子墓の方は、前の立木は上が太くて下が細く、高さは一・二～一・五メートルの多角形柱である。柱は先端が朱色で、毛縄《けなわ》が結ばれている。最も太い柱の直径は一八〇センチであった。一方、最も長い柱は、年配の女子墓の前に立てられたもので、地面より一・八メートルの高さで、上部は朱塗り、九角形の中に段がある。副葬品は激しい盗難を受けたために少ない。次に、その出土品を紹介する。

木製品としては、櫛《くし》、木彫り物、人面像、木杖、紅柳枝製弓《こうりゅうしせいきゅう》、木製ク

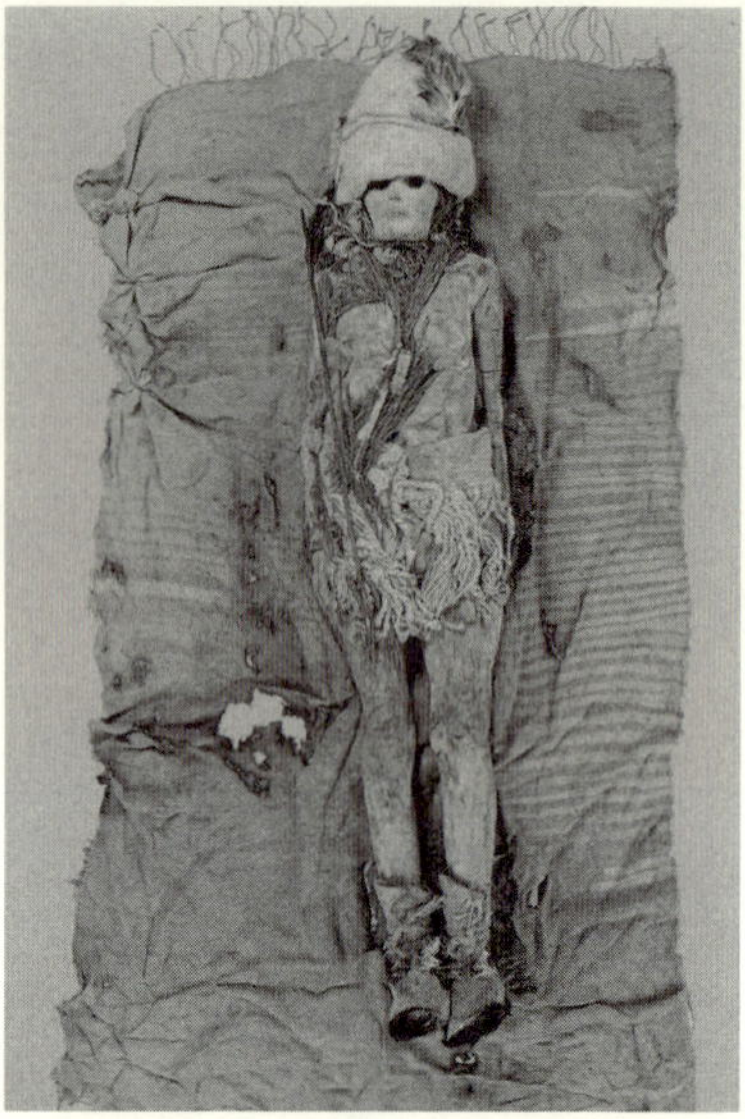

小河墓地から発掘された女性のミイラ
推定年齢 20 歳・身長 160cm 余・白色人種系。

林立する小河墓地の墓標群

リップ、麻黄草枝があった。その他、生前に着用した服、帽子、ネックレス、腕輪、皮靴、草編み籠《かご》（中に小麦と粟と干物が入っていた）、マント、男子上着、ふさ付きベルト、スカート、蛇紋石玉珠《じゃもんせきぎょくしゅ》、粗毛製首輪、赤い糸付きの白い毛氈帽子《もうせんぼうし》（帽子は男性の尖《とが》った形に対して、女性の方は扁丸である）、イタチの皮と毛、牛皮やオオヤマネコの皮の靴などである。

　ところで、林立する木柱の先端には、小さな青銅が飾ってある。小河墓地は、楼蘭地域にある古墓溝墓地と鉄板河墓地とを比較してみると、埋蔵方式や服飾および副葬品が類似している。この二ヵ所の墳墓は三八〇〇年前のものとされている。いま、小河墓地を見ると、第一段、二段で行なった一六個の文物の年代測定の結果から、紀元前一六四五～前一四五〇年の間のものであると推測される。当然、下部の三段目の年代は、もっと古い時代のものである。

小河墓地には、大量の樹木が墓標や棺や杭に使用されている。言うならば、古代人は死者のために樹木を使いすぎているといえる。砂漠地帯では、樹木は環境を守る上からも、また放牧をする上からも大切なものである。その貴重な木材を死者の墓や棺を作るために、そのつど大量に伐採しているが、これでは自然破壊により砂漠化を進行させてしまう。生者やその子孫の未来に思いを馳せることが少なく、死者を尊《とうと》びすぎたことが、その文明を滅亡に追いやった一因となっている。

以上、私たちの総合的な発掘調査によって、小河墓地に関する資料はすべて手に入れることができた。その規模や副葬品、埋葬方式および神秘に満ちた原始的な宗教、信仰が注目されつつある。今後、研究の深まりによって、この墓地の意義と影響は、考古学のみならず人類史の広い分野にまで拡大していくことであろう。

（呂恩国）

第六章　鳩摩羅什《くまらじゅう》の生涯とゆかりの町を巡る

―疏勒《そろく》・尉頭《いとう》・亀茲《きじ》・楼蘭《ろうらん》・敦煌《とんこう》・涼州《りょうしゅう》・長安―

はじめに

シルクロードは悠久の歴史と文化を持つ、夢とロマンを秘めた地域である。そこは限りなく広大であり、多様な文明が興亡した地であった。私は一九七九（昭和五四）年より今日まで、一二ヵ国五三回の旅を重ねたが、まだまだ古代遺跡の十分の一程度を調査したにすぎない。

私のシルクロードの旅の中味は、複雑多岐であった。敦煌学国際学術討論会で研究発表するため、莫高窟《ばっこうくつ》に行ったこともあった。教育委員会の派遣で、二ヵ月以上も大陸を歩いたこともある。また、NHKの関係者と、中央アジアの仏教遺跡を調査したこともあった。

五三回の旅の移動中、生命の危機にさらされたことも数回あったが、なかでも忘れられないのが、カザフスタンで長時間にわたって拉致《らち》され、金品をすべて奪われたことである。機知《きち》をはたらかせ脱出に成功したが、同行の隊員たちに会うと、いまだにその時の恐怖を語り合うのが常である。

その他、新疆のクチャで若者六名の窃盗団に遭遇し、ウイグル人の農家に逃げ込んだこともあった。天災に襲われたことは、数えきれないほどあった。例えば、タクラマカン砂漠の中にある楼蘭王国の手前で突然の砂嵐に出会い、二四時間、一寸先も見えない状態におちいったことがある。また、パミール高原で土石流に遭い、前にも後ろにも進めないで苦悩したこともあった。とにかくシルクロードは、平穏無事であることが稀であり、生死の極限状態を体験したが故に、忘れ得ぬ思い出として今もなお生命に刻まれているのだと思っている。

ところで、私は二〇一一（平成二三）年二月二日、ギルギット写本を約一八〇〇葉も所蔵するインドのデリーにある国立公文書館を表敬訪問した。幸いにもそこで、六世紀頃に書かれたと推察される梵文法華経を見ることができ、ムシルル・ハサン館長の許可のもと、その一部を写真撮影させて頂くことができた。一九三一年六月、北インドのギルギットの北約五キロにあるナウブル村の河畔の仏塔から出土したと言われるこの経典は、樺皮に丁寧に書写され、写経した人の求道の息吹が満ちあふれていて、胸が熱くなった。

ギルギット出土、丸形グプタ文字で書かれた写本
（６世紀頃）一片は横 51.5㎝、上・下は 9.3㎝。
法華経の序品と方便品の一部分。

翌日の二月三日から五日までは、インディラ・ガンジー国立芸術センター主催の「鳩摩羅什—哲人そして預言者」と題する国際セミナーに出席し、研究発表した。

この国際会議には、日本・中国・アメリカ・ドイツ・インド・スイス・イギリス等から、仏教研究者が約一五〇名出席していた。開催に先立って、ロケッシュ・チャンドラ博士から「鳩摩羅什の漢訳によって、日本に真の仏教が確立され、さらにいま全世界へ、平和と生命尊厳の哲学として展開している」との祝辞があった。

インド文化省のサルカール次官の、「わが国の民衆は、鳩摩羅什のことを知らない。インドと中国の思想の懸け橋となった偉大な訳経者のことを、これから教育の力によって広く国民に知らせていきたい」との挨拶が、私の心に強く残っている。

ところで、私は人生は旅であると思っている。その私の旅は、鳩摩羅什（三五〇～四〇九）の故郷クチャ（亀茲国）から始まっている。やがて四〇〇〇メートルに及ぶパミールの山河を、タクラマカンの流沙の道を、そして、天山《てんざん》や崑崙《こんろん》の山麓を、ひたすら歩き続け四五年の歳月が流れた。

いつしか旅の道は広がり、サマルカンドやパルミラ、釈迦の生まれたネパールや、アレクサンドロス大王が誕生したギリシアのマケドニア地方などに及んでいる。これからも生命ある限り、シルクロードの遺跡を踏査《とうさ》したいと願っている。本稿では、私が歩いた羅什ゆかりのオアシスの今と昔を紹介しつつ、編年的に鳩摩羅什の人生を考察する。

鳩摩羅什の父、羅炎《らえん》について

鳩摩羅炎は、天竺《てんじく》の人で代々宰相《さいしょう》の地位を約束された名門貴族（クシャトリヤ）の出身である。いずれの地域か、どこの国かは不明であるが、鳩摩羅という姓は、北インド地方に多く見られる。当時、小乗二十部の一つで、迦多衍尼子《かたえんにし》を派祖とする説一切有部《せついっさいうぶ》は、ガンダーラ地方とその周辺で、全盛期を迎えていた。

羅什の祖父の鳩摩羅達多《くまらだった》が、説一切有部の系統に属する仏法者で、才気抜群その名が国中に広まっていたことから考えると、北インドであることは容易に推察できる。前述のギルギット出土の仏典の中にも、説一切有部教団の資料が含まれていた。

鳩摩羅炎もまた父の達多に劣らず、志操《しそう》が高く聡明にして節度ある人物であった。梁の慧皎《えこう》撰『高僧伝』巻第二によれば、四〇歳前後の時、約束された宰相の地位を捨てて出家し、遥《はる》か漢土への仏教流布《るふ》を目指し旅立った。仏教によって磨かれた慧眼《けいがん》は、羅炎をして物質界の王者から精神界の王者へと転換させたといえる。また、人生の総仕上げの貴重な時間を、俗世《ぞくせ》の栄華を求めるのではなく、仏に供養しようと誓ったのかもしれない。

鳩摩羅炎の故郷・天竺の風情を今に残すインドの村

　まず、北インドを出発し世界の屋根と呼ばれる白雪《はくせつ》輝くヒマラヤの西部と葱嶺《そうれい》（パミール）の相迫るクンジェラブ峠を経て、突厥《とっけつ》語で「石の城」を意味する南新疆《みなみしんきょう》の塔什庫爾干（タシュクルガン）に至った。その後、莎車《さしゃ》国（ヤルカンド）に入り、北西に進んで疏勒《そろく》国（カシュガル）に入国している。しばし、疏勒の国王や民衆に仏法の深遠さを説いたのち、天山南路を東方へと進んだ。当時、疏勒や于闐《うてん》や楼蘭《ろうらん》はインド文化圏に属しており、サンスクリットの文書が多数出土していることからも分かるように、天竺《てんじく》の言語は新疆の南部や西部では十分通用していた。

　鳩摩羅炎が長安に向かうとの情報に接した亀茲国の人々は、喜んで迎え入れようとしていた。国王・白純《はくじゅん》もまた、彼を深く敬慕《けいぼ》し、わざわざ国境の西まで出迎え国師《こくし》への就任を頼んでいる。亀茲国での羅炎は白純王の期待どおり、仏教を基盤にした優れた才覚と、豊かな人間性を兼《か》ね備えており、国師としての役目を十分に果たした。

　国王・白純の妹の耆婆《ぎば》は二〇歳、意志が強く白百合のように美しい女性であった。ところがどうしたことか、羅炎を見るや一目惚れし、積極的に

クチャのキジル千仏洞前庭の羅什像

求愛している。初めは受け付けなかった羅炎も、我が身の高齢を考え、遥か漢土まで旅する自信がなくなったのかも知れない。また、自らがパミールの嶺々を越えた厳しい実体験を思うと、その何倍もの困難を伴う中国への旅路を乗り越えることは不可能と感じたとも考えられる。たとえ、漢土まで辿《たど》り着いたとしても、漢語のできない羅炎は、訳経どころか布教することさえおぼつかず、毎日の生活も不自由することは火を見るより明らかである。それよりも、耆婆と結婚して、生まれてくるであろう我が子に己《おの》が使命を託そうと思い至ったのか、やがて還俗《げんぞく》して結婚した。国師が僧侶をやめて民間人になった事実に接し、亀茲国内では非難や中傷が沸き上がり大きな反響を呼んだことであろう。

西暦三五〇年、男子が誕生、幼い頃から大変に優れ、「童寿《どうじゅ》」「神童《しんどう》」と呼ばれた。名前は父母にあやかり鳩摩耆婆《くまぎば》と名付けられ、後、音写して拘摩羅耆婆《くまらぎば》、鳩摩羅什《くまらじゅう》、究摩羅什《くまらじゅう》、究摩羅耆婆《くまらぎば》、鳩摩羅什婆《くまらじゅうば》とも表記された。

耆婆は夫の愛に包まれ、恵まれた家庭生活を過ごしていたが、ある時、外出し墓所を遊観、人骨がいたるところに飛散しているさまを見て、無常を感じ出家を誓ったと言われている。また、一説によれば、次男が早世《そうせい》し、死体を抱いて墓地へ行ったところ、出家の心が湧《わ》き上がってきたとも言われている。しかし、当然のことながら兄の白純王も夫の羅炎も、耆婆の出家を許さない。耆婆は出家を求めて六日間も断食を実行、もしも認められなかった時は死をも覚悟した。その結果、やっと夫や兄の了解を得ることができ、出家剃髪《ていはつ》したという。

鳩摩羅什、罽賓《けいひん》国へ

鳩摩羅什も七歳にして出家、母に従って当時の仏教の中心地であった罽賓《けいひん》国（カシュミール）への修行の旅に出たのは、西暦三五九年、九歳の時である。当時の仏教の中心地は、ガンダーラ（ペシャワル）から罽賓に移っていた。亀茲から罽賓までの主たる道は三本あったが、母は羅什がまだ九歳であることを思い、比較的安全な疏《そ》勒《ろく》（カシュガル）経由を選んだ。まず、亀茲から姑墨《こぼく》・温宿《おんしゅく》を通り棋蘭（チラン）城を経て、尉頭《いとう》国（トムシュク）のトクズサライ仏教寺院に入ったと思われる。

その後、疏勒に到着してからは東南に方向を変え、阿克陶《アクト》、英吉沙《イエンギサール》を経て莎車《さしゃ》（ヤルカンド）に入り、西南して、国境の町タシュクルガンでひとときの旅装を解いている。そこからさらに西南に進み、パミール高原とカラコルム山脈の中間地点であるクンジェラブ峠を越えて、バス、グルミット、フンザに向かったと思われる。峠からフンザまで一六〇キロ、ギルギットまでは一一〇キロ、さらにインダス川沿いにチラスまで一三〇キロ、タコットまでは二四五キロある。羅什はこのコースを進んで罽賓国に入ったと推断される。

羅什と同時代に生きた法顕《ほっけん》も、同じコースを歩いていた。西暦三九九年、六〇歳を超える高齢でありながら、長安から渭水《いすい》を渡り、咸陽《かんよう》を経て鳳翔《ほうしょう》に入り、その後、平涼《へいりょう》、会寧《かいねい》、靖遠《せいえん》、蘭州に至って、炳霊寺《へいれいじ》を参観している。

法顕は長安にいた時から羅什の名声を知っており、羅什が涼州に滞在していることも当然分かっていたはずである。ところが、どうしたことか蘭州から涼州へかけてのシルクロードの主要ルートを進まず、敢《あ》えて羅什と会うのを避けるかのように、祁連山脈の南麓の厳しい山岳ルートを通って西行している。破戒したという噂のある羅什に接したくない気持ちが働いたのかも知れない。または、彼の威徳に恐れをなし、言いようのない拒絶感が脈動したとも考えられる。

法顕は山あいの町の西寧《せいねい》に行き、養楼山《ようろうざん》を越えて張掖《ちょうえき》（甘州《かんしゅう》）に入っている。次いで、敦煌《とんこう》（沙州）から玉門関《ぎょくもんかん》を出て、ロプ・ノールの北岸から楼蘭（クロライナ）に入り、当時の王城内の様子を旅行記『仏国記』に残している。その後は、孔雀川《くじゃく》をさかのぼり、カラシャフル（焉耆《えんぎ》）に入っている。そこで食糧を調達し、タリム川沿いに西行し、アラルから南下しホータン川に沿ってタクラマカン砂漠に突入、三五日後に砂漠を脱出し于闐国《うてん》（ホータン）に到っている。その後のルートとしては、皮山《ひざん》から子合国《しごうこく》（カルガリク）に入り、葉爾羌《イエルチャン》河をのぼり、タシュクルガンに入っている。羅什が九歳の時に歩いた道と、法顕のコースが合流するのは今日の金湖楊《きんこよう》である。以後、罽賓国までの道のりは、羅什と全く同じである。

玄奘《げんじょう》の天竺までのルートは、時代が二百年以上も後になるので、羅什や法顕と比較できない。併せて、天竺へ出発した年齢も大いに異なり、羅什は九歳、法顕は六〇歳過ぎ、玄奘は二九歳である。羅什はその若さ、また母と一緒の旅ということもあり、安全を重視せざるを得ないので遠回りとなるが、オアシスが点在する安全なコースを進んでいる。

法顕は、自らの高齢を考え、天竺での経典の収集とその後の翻訳作業は、まさに時間との戦いであった。そのため苦しくとも敢えて一番早い道、すなわちタクラマカンを北から南へと横断したのである。

玄奘はまだ二九歳、できるかぎり各国の事情も知りたいと思ったのであろうか、亀茲国から温宿を経ると急に北に向かってキルギスに入り、その後は中央アジアのサマルカンドまで足を延ばしている。現在の国名では、ウズベキスタン、キルギス、カザフスタン、タジキスタン、アフガニスタン、パキスタンを経てインドに入国している。

さて、罽賓国に着いた鳩摩羅什は、国王の従弟の槃頭提多《ばんどうだった》に師事した。槃頭提多は、羅什の神俊《しんしゅん》なることを認め、また罽賓国王も羅什に注目するようになり、ある時、国王は王宮にてバラモンの論師と羅什との法論の場を設定した。バラモンは羅什が年少であるのを見て、軽んじて不遜《ふそん》な態度で接し、『高僧伝』には羅什に論破された様子を、「愧惋《きわん》して言《げん》無し」と記されている。

羅什の時代に創建された疏勒国（カシュガル）のモル仏塔

敦煌郊外にある漢代の関所・玉門関遺跡

羅什が旅の疲れを休めた天山南麓のチラン城の寺院跡

カシュガル（疏勒国）の子どもたち

罽賓国に流布していた仏教を三年余で修得した羅什は、一二歳（三六一年）の時、母とともに亀茲国に帰ることになった。ところが帰途、さらに修行のため一年間、疏勒に滞在することとした。

疏勒は、最果《さいは》てのオアシスで、海抜一二九四メートル、町には葉爾羌河《イエルチャン》など三本の大河が流れ、はやくも漢代から市場が開けていたと『漢書《かんじょ》』は記している。羅什が訪ねた頃の人口は約二万人、王城は、カシュガル郊外にある今日のハノイ故城と推定される。私がその都城を測量したところ、東西三・六キロ、南北一・五キロ、城壁の東側が今もなお約八〇メートル残存、疏勒国の九つの支城を守る中心的な城であった。この城より北へ約六キロ、モル仏塔は、往時《おうじ》の光輝を今に垣間見せてくれている。

羅什にとって疏勒での最大の成果は、須利耶蘇摩《すりやそま》という大乗論師に会い師事《しじ》できたことであろう。羅什の弟子の僧肇《そうじょう》の『法華翻経後記《ほっけほんぎょうのこうき》』によれば、羅什は師より「梵本《ぼんぽん》を付嘱《ふぞく》して言《い》わく、仏日西に入り、遺耀《いよう》まさに東北に及ぶ。この典は東北に於て有縁《うえん》なり。汝《なんじ》慎んで伝弘《でんぐ》せよ」との仏教流布の正流の付嘱を受けている。

尉頭《いとう》国の輝ける遺跡、トクズサライ仏教寺院

尉頭国は、西域三六ヵ国の一つで、クチャとカシュガルの間にあった二本のシルクロードのうちの南側、すなわちタクラマカン砂漠よりの道にある。羅什の生きた時代が最も栄え、朝貢《ちょうこう》諸国の官人のほか、多くのソグ

尉頭国（トムシュク）のトクズサライ仏教寺院跡

トクズサライ寺院の西壁の断崖に刻まれた石仏

ド（粟特）商人が珍貨奇物《ちんかきぶつ》を持って宿泊し賑わいを見せていた。出土する絢麗《けんれい》な花紋《かもん》の絹製品や、彩絵《さいかい》陶器、五銖銭《ごしゅせん》、ガラス玉、亀茲文字、漢文文書、精美な工芸品などの遺品は、尉頭国の高い文化を今に伝えている。

尉頭国には、後漢に造営されたトクズサライ寺院がある。鳩摩羅什が訪れた時期は仏塔が林立し、宿房は参詣《さんけい》する仏教徒であふれ、仏殿からは読経《どきょう》が止《や》むことがなかったであろう。私が寺院の西壁を調査していたところ、高さ約三〇メートルの崖壁の中腹に、等身大の仏・菩薩《ぼさつ》が六体刻まれているのに気付きカメラに収めた。

羅什は西暦三六四年、一四歳の時、母と共に尉頭国を離れ、北東七五キロ、棋蘭（チラン）城に立ち寄り、しばし旅の疲れを休めている。私は日本人として最初にチラン故城を本格的に調査したところ、チラン城は姑墨国《こぼく》の一支城で、東西約一・五キロ、南北約二キロのほぼ長方形をなしていた。北西の望楼《ぼうろう》の高さは、一三メートル、城門は北と東と南にあり、城内は居住区が密集し、南北に大通りがある。王城内の生活用水は、カシュガル川の支流の達条《たつじょう》川から引いて利用していた。しかし今では、河床は岩塩のために白く変色し、水枯れになって年久《としひさ》しくなっていることが分かった。王城の西側には一辺が一二メートル余の正方形の仏教寺院があり、仏龕《ぶつがん》が八つ確認できた。その入り口には、インド風の高さ七メートル余の寺門が残存しているものの崩壊寸前であった。

羅什が訪ねた当時の南新疆は、仏教は民衆の熱い支持を受け、仏教文化の華が咲いており、出家者も小欲知足《しょうよくちそく》で正しく仏道修行していたようである。すなわち、聖職者の腐敗や堕落はまだ見られず、釈迦の教えが正しく伝持《でんじ》されていた時代といえる。

故郷の亀茲国《きじ》での活躍

亀茲国は天山南麓にある人口約一二万の王国であった。史書には「外城は長安城に等しく、室屋《しつおく》は壮麗《そうれい》なり」（梁書《りょうしょ》）・「王宮の壮麗さは、煥《かん》として神居《しんきょ》の若《ごと》し」（晋書《しんじょ》）と記されている。当時、住民はアビダルマ仏教、いわゆる小乗仏教を信奉していたので、罽賓国から帰国した羅什が、大乗仏教を説くのに反発し、怨嫉《おんしつ》する者も相当いたと推察される。しかし、『高僧伝』に「四遠宗迎《そうげい》して之《これ》に能《よ》く抗するもの莫《な》し」と、また「時に会聴《かいちょう》する者、悲感追悼《ついとう》して悟《さとり》の晩《おそ》きを恨まざるは莫《な》し」とあるように、故郷の民衆は羅什の教えを聴聞《ちょうもん》しようと、講説の場はいつも満席であったという。

この時期、羅什の母の耆婆は、いつまでも子供のそばにいては、成長のさまたげとなると思ったのか、また、仏教の中心拠点に行って本格的に修行しようと考えたのか、一人で亀茲を離れ罽賓へと旅立っている。母は今生の別れに際し羅什に、大乗仏教を漢土に流布することをすすめ、その成否は「唯《た》だ爾《なんじ》の力なり」と述べて激励している。それに対し羅什は、「大士《たいし》の道は、彼を利して躯《く》を忘る」と応《こた》えたという。その力強い民衆救済への決意を聞いた母は、心安らかに旅立ち、母と子はその後、生涯会うことはなかった。母のその後の消息は途絶《とだ》え、史書から姿を消している。おそらく耆婆は、罽賓の地でわが子の大成を喜びつつ、その数奇な生涯を終えたと推察される。

一方、父の羅炎は、妻もいなくなり羅什も去ったあとは、すでに還俗《げんぞく》したこともあって再び出家することも許されず、空《むな》しく残年を孤愁《こしゅう》のうちに閉じたと思われる。ただ、長安から来た僧侶や胡商から、我が子が長安の都で訳経僧として大活躍している様子を伝え聞くたび、その胸中は歓喜に包まれ、暖かくも美しい光彩に彩《いろど》られていたことと思われる。

おりしも、罽賓国での修行時代の師匠であった槃頭提多《ばんどうだった》が、亀茲国にやってきた。羅什は師恩《しおん》を報ずるがために、心を込めて大乗を説いた。師は弟子の成長した姿を喜ぶとともに、深くその教説を斟酌《しんしゃく》し、久しからずして羅什の弟子となっている。

鳩摩羅什が亀茲に住んだのは、三六歳までである。ただし『出三蔵《しゅっさんぞう》記集《きしゅう》』では、罽賓国から亀茲国に帰還したのち、再び疏勒に行き、そ

羅什が生まれたと推定される亀茲国のスバシ故城跡

こで仏陀耶舎《ぶつだやしゃ》の教えを受けて大乗仏教へと転じたと記している。それに対して『高僧伝』では、修行を終えて罽賓国から亀茲国に帰る途中、疏勒で一年間滞在した時、須利耶蘇摩に出会って大乗仏教を信ずるようになったという。この二説は全く相容れない記載であるが、疏勒という最果てのオアシスで大乗に改宗したことは共通している。いずれが正しいかの判別は難しいが、編年的に羅什の思想深化を観た時、一度帰国して再び疏勒に行くというのは不自然であり、私は『高僧伝』の記述を支持したい。

西暦三七七年正月、前涼の太史が前秦（三五一〜三九四年）の苻堅《ふけん》（三三八〜三八五年）に奏上《そうじょう》した言葉に、「星あり、外国の分野に見ゆ。当《まさ》に大徳の智人あり、入りて中国を輔《たす》くべし」とある。苻堅はそれに対して「朕《ちん》聞けり、西域に鳩摩羅什の有ることを」（『高僧伝』）と述べ、すぐに、羅什の入朝《にゅうちょう》を請《こ》う使者を、亀茲国に派遣している。しかし白純王は、親族でもあり国家の精神的指導者でもあった羅什を手放さない。

苻堅が、羅什一人を得るために長安から大軍を発したのは、西暦三八二年九月である。出発に際しての詔勅《しょうちょく》に、「賢哲《けんてつ》は国の大宝《たいほう》なり。若《も》し亀茲に克《か》たば即ち駅を馳《は》せて什《じゅう》を送れ」とあり、苻堅がいかに羅什の長安入城を心待ちにしていたかが理解できる。

呂光将軍（三三七〜三九九年）を中心に編成された遠征軍は七万余、途中で車師（トルファン）や楼蘭の軍を先導させて西に向かった。亀茲城外に布陣したのは、翌年三八三年一二月、平沙万里《へいさばんり》を越えること一五ヵ月間の遠路であった。呂光《りょこう》軍は郊外から亀茲王への説得を試み、降伏を忍耐強く七ヵ月間も待った。

羅什は王族の一人として「宜《よろ》しく之《これ》を恭承《きょうしょう》すべし。其の鉾《ほこ》に抗すること勿《なか》れ」と述べ、呂光軍と対決することの愚かさを説いた。しかし、亀茲王白純は疏勒や尉頭など西域諸国が、支援の軍を派遣してくれるであろうことを期待しつつ、かつまた、遠征軍は流沙を渡ってやって来たのだから疲れているだろうと思い、三八四年七月、総攻撃を開始した。その結果、亀茲軍は玉砕《ぎょくさい》、国王の白純は殺され、弟の白震《はくしん》が傀儡《かいらい》の国王として即位することになった。

羅什が歩いた鬼哭啾啾たるタクラマカン砂漠（孔雀川南方）

羅什も見たであろう、楼蘭故城の高さ 12 メートルの仏塔

幻の王国、楼蘭にて

前秦軍の亀茲国駐留は一年余、三八五年八月まで続いた。亀茲の人心や風光や産業に心惹《ひ》かれ、なかなか動こうとしない呂光に対して、羅什は長安への帰還を強く説得した。羅什自身の人生の目標は、母と約束したごとく長安に行って訳経をすることだったので、いつまでも亀茲に駐留されていてはたまらない。その結果、呂光軍はやっと亀茲国を出発、コルラから東南に進み、最短距離であるタリム川の下流の孔雀川に入り、営盤《インパン》墓地の南側を通って楼蘭王国に入った（焉耆《えんぎ》からトルファンに入り、そこから敦煌に入ったとの『晋書』の説もあるが、これでは遠まわりになってしまい、七万もの大軍がゴビを渡るのは、危険すぎると思

楼蘭の地下墓の壁画
日本人として初めて調査。そこには
ソグド商人の酒宴図が描かれていた。

われるので支持しない）。

楼蘭は、西域三六ヵ国の一つで、『漢書《かんじょ》』西域伝によれば、人口は一万四一〇〇人、兵士は二九一二人、「胡商《こしょう》販客は、日々塞下《さいか》にいたる」とあるように、東西の旅人が数多く往来する国際都市であった。大砂漠の中のオアシスであるので、人口の変動はさほどなく、羅什が楼蘭城に入った当時は、約一万七〇〇〇人ほどであった。楼蘭国王は篤《あつ》く仏教を信奉し、王妃はしばしば同じ仏教王国の西域南道の于闐《うてん》国（ホータン）の王女であった。楼蘭からの出土文書の多くは年号が記してあるので、このことによって四世紀初めから中頃にかけて、最も国力が増大したことがわかる。その支配地域は精絶《せいぜつ》国（ニヤ）まで伸び、西域南道の幅三〇〇キロ、長さ九〇〇キロにまで及んでいる。

二〇〇三年三月二日、考古学上の〝世紀の大発見〟と題するニュースが、新華社の報道として世界に発信された。それは楼蘭の墓室から、大量の極彩色に満ちた壁画が発見されたという内容だった。スタインの発見から一〇〇年余、楼蘭からは古文書や文物は数多く出土していたが、壁画は全く発見されていなかった。私はすぐに旅装を整え楼蘭に向かい、楼蘭故城（クロライナ）から北北東に約二五キロ、地下墓の壁画や棺桶を調査した。壁面には、イラン風に髯《ひげ》を生やし、グラスを持ったソグド商人の酒宴図や、楼蘭人の放牧図が描いてあった。ソグド商人の主たる宗教はゾロアスター教であるが、楼蘭に住んでいるうちに仏教徒になったのか、墓室の壁画や柱には、トルファンのヤルホト千仏洞と同じく、仏教で用いる法輪と思われる絵が三〇近く描かれていた。羅什は楼蘭で旅の疲れを癒《いや》しながら美しい幻の湖ロプ・ノールを眺め、まだ見ぬ長安の都に思いを馳《は》せ、心ときめかせたことであろう。

虚空《こくう》に聳《そび》える敦煌の羅什白馬塔

敦煌は前漢の武帝（劉徹《りゅうてつ》）が、前一一一～前一一〇年に敦煌郡を設置したことに始まる。初めは西域開拓のための軍事拠点であった。やがて西域が安定してくるとしだいに文化都市へと変貌、「華戎《かじゅう》の交わる所の一都会」として一七の民族が雑居し、深目鈎鼻《じんもくこうび》、緑眼深髯《りょくがんしんぜん》の胡人が数多く往来するようになった。

敦煌地方には、莫高窟《ばっこうくつ》・西千仏洞・楡林窟《ゆりんくつ》など八ヵ所の仏教石窟があるが、最も規模が大きく造営期間の長いのが、莫高窟千仏洞である。「莫」は「漠」のことで、砂漠の高いところにある洞窟の意である。唐代には「千余窟を計《かぞ》う」と碑文《ひぶん》に刻まれているように、規模も大きくなった。羅什が、創建間もない頃の莫高窟に行ったかどうかは、依《よ》るべき資料がないので不明である。

三八五年、三六歳の時に故郷の亀茲を出発した羅什は、風化土堆群《ふうかどたいぐん》（ヤルダン）を渡って、敦煌へは同年六、七月頃に玉門関から入城したと思われる。おりしも経典を満積《まんせき》し長旅《ながたび》を共にしてきた最愛の白馬が死んでしまったので、その供養のために建立《こんりゅう》した白馬塔が残っている。今のものは清代に修復された塔であるが、代々この伝説は郷土の誇りとして語り伝えられ、今日、白馬塔の前には、流沙を越えて敦煌までやってきた羅什と白馬の姿が大きく看板に描かれていた。

敦煌を出発した呂光軍は、すぐ東の酒泉《しゅせん》で、彼の入城を阻《はば》む五万の涼州《りょうしゅう》軍と激突した。しかし、亀茲《きじ》から凱旋《がいせん》

羅什ゆかりの敦煌白馬塔

した気鋭《きえい》の呂光軍七万人の前に、涼州軍はあっという間に壊滅、そのため河西《かせい》地方の豪族はみな呂光に従うようになった。

三八五年九月、呂光軍は涼州の姑藏城《こぞうじょう》に入り、羅什も一緒に入城している。ところが涼州に入って一ヵ月後、呂光は長安からの使者の報告によって、思いがけず苻堅《ふけん》が淝水《ひすい》の戦いで敗北し、死去したことを知ったのである。帰るべき祖国を失った呂光は、やむを得ずこの地に拠《よ》って自立し、五胡《こ》十六国の一つである後涼国《こうりょう》（三八六〜四〇三年）を建国した。従ってきた七万の兵士たちも、長安の父母や妻子の顔を見ることもできず、異郷での生活を余儀なくされた。羅什は以後、三六歳から五二歳までの一七年の長きにわたって、この辺境の町で生活することになる。せめてもの慰《なぐさ》みは、漢代から続く伝統ある大オアシスであったことである。

涼州城にて一七年間住む

涼州は、「金の張液《ちょうえき》、銀の武威《ぶい》（涼州）」といわれるように、河西回廊《かせいかいろう》の重要な食糧基地になっていた。西域仏教が最初に到達した地でもあり、独自の仏教文化圏を構築していた。北魏《ほくぎ》王朝の仏教の興隆も涼州の影響が大きく、大同の雲崗《うんこう》石窟は涼州様式といわれている。また、この地から漢末期の将軍墓より、高度な出土品が二三〇点余りも見つかった。なかでも伝説上の動物である龍雀《りゅうじゃく》を踏む青銅の奔馬《ほんば》は逸品《いっぴん》である。彫刻技術の高さは、現在の彫塑《ちょうそ》のレベルから見ても遜色《そんしょく》ない。このように涼州は辺境ではあるが、漢王朝四百年の正統的文化が受け継がれ、豊かな文化が根付いていた。

羅什が住んだ期間は、後涼王朝の呂光の在位期間とほぼ重なっている。戦乱の絶えない五胡十六国の世にあって、この祁連北麓《きれんほくろく》に住んでいた一七年間は、比較的平穏《へいおん》な時期であった。そのため羅什は呂光の相談役のような立場で、心おきなく仏典や漢籍の学習、それに漢語の修得に精励することができた。とくに、中国本土から僧肇《そうじょう》をはじめ若き俊英《しゅんえい》が続々と門下に入ってきたことは、漢民族が詩という短詩型を好むことをはじめ、民族性、生活習慣、年中行事などを知ることができ、後の仏典漢訳にあたり大いに役立っている。まさに長い目で見れば、羅什が涼州に長期間住むようになったことは、変毒為薬《へんどくいやく》であった。

羅什も訪れたであろう涼州の大雲寺（弘蔵寺）

涼州には前涼《ぜんりょう》第九代王、張天錫《ちょうてんしゃく》（在位三六三～三七六）が建てた弘蔵寺《こうぞうじ》が今も残っている。則天武后《そくてんぶこう》の時代に大雲寺《たいうんじ》と改められ、その時に設置された高さ二〇メートルの鐘楼《しょうろう》も残存している。

後秦《ごしん》（三八四～四一七年）の姚興《ようこう》は四〇一年五月、羅什を手に入れるため、長安から六万七千の兵を涼州に向けて出発させた。すでに二年前に呂光は六三歳で死んでおり、その後は、国内に反乱が続き、涼州には優れた人材がいなくなっていた。国運はもはや無くなり、王国は崩壊寸前の状態になっていたのである。

後秦軍《ごしん》に敗れた後涼軍は、死者一万、離反者二万五千人を出し、四〇三年九月に呂光の後を受けて即位した国王の呂隆《りょりゅう》は降伏し国は滅亡した。仏教を深く信ずる姚興は、不殺生《ふせっしょう》の考えが強く、呂隆を許し涼州刺史《しし》・建康公に任じている。ただし、人質として、母・弟・子などをはじめ、文武の重臣五〇余家を長安に送るように命じた。もともと、他国への侵略が目的ではなく、羅什一人を手に入れる戦いだったので、寛大《かんだい》な処置をとったのである。

蘭州《らんしゅう》の炳霊寺《へいれいじ》にて

羅什をはじめとした人質一行は、長安を目指し東に進み、まず蘭州に向かった。蘭州は黄河上流に位置する歴史の町で、当時は金城《きんじょう》と呼ばれていた。ここは、西の遊牧地帯と東の農業地帯の交わる接壌《せつじょう》の地であり、チベット高原と西域との分岐点《ぶんきてん》でもある。

黄河上流の積石山《せきせきざん》の峡谷《きょうこく》を切り崩した岩陰に、四世紀末に造営された炳霊寺がある。炳霊とはチベット語で千仏、あるいは万仏の意である。旧称を龍興寺《りゅうこうじ》、別称を霊厳寺《れいげんじ》という。壁画からは、乞伏氏《きっぷくし》が建てた西秦の建弘年間の窟龕《くつがん》も見ることができる。釈迦・多宝の二仏並座像《にぶつびょうざぞう》もあれば、高さ二七メートルの大摩崖仏《だいまがいぶつ》もある。

私は、その大仏の頭上の左に登った。地上からの高さは約三五メートル、その岩肌に、高さ約一メートルの泥塑《でいそ》の釈迦苦行像《くぎょうぞう》があるのを見つけた。断食《だんじき》の行《ぎょう》によって肋骨《ろっこつ》と皮膚だけになっても、「苦《く》もまた楽し」と思わせるような暖かい崇高さを感じさせる作品であった。こうした釈迦苦行像はラホール博物館などガンダーラ地方に多く見られるが、いずれも目を閉じたり眼光鋭かったりして、近寄りがたい雰囲気のものばかりである。しかし、炳霊寺の苦行像は、口元や目にやさしい笑《え》みを見せるなど写実的な表情をしており、私は思わずシャッターを

炳霊寺にある法華経で説かれている
釈迦・多宝二仏並座像

柔らかいほほえみを刻んだ
炳霊寺の釈迦苦行像

切った。同じ場所の第一六七窟の壁面に法顕の直筆の墨書《ぼくしょ》が残されているが、羅什も法顕と同じく、この炳霊寺石窟を参観し、釈迦苦行像など、多くの石仏を見たかもしれない。

長安にて訳経へ

羅什が後秦の姚興より国師の礼を以って迎えられ、長安に入ったのは、『高僧伝』によれば、西暦四〇一年一二月二〇日、五二歳の冬である。この時期、姚興は二九歳、賢人《けんじん》を多く登用し、遠く甘粛省《かんしゅくしょう》の敦煌にまで影響を及ぼしている。そうした国家の興隆期に、国師として迎えられたことは、訳経《やっきょう》という多額の資金を必要とする事業にとってはきわめて幸いしたといえる。羅什は、後秦《こうしん》の姚興《ようこう》の保護の下、逍遥園で五年余りにわたって、サンクスリットの経典を漢語に翻訳した。

羅什の翻訳のすばらしさの要因は、二つ考えられる。一つは父の羅炎が天竺の人であったので、幼少の頃から梵語《ぼんご》を学び、自らも北インドに留学していたこと。今一つは、翻訳の時に使用するサンスクリットのテキスト（原本）が、亀茲国の王宮に保管されていた、精度の高い貴重な貝葉《ばいよう》や樺皮に書写された経典であったことである。

鳩摩羅什の翻訳の姿勢について、弟子の僧叡《そうえい》は「大品経序《だいぼんきょうじょ》」で「手に胡本《こほん》を執《と》り、口に秦言《しんげん》を宣《の》べ、異音《いおん》を両訳して、文旨を交弁《こうべん》せり」と記しているように、音律と格調にも意を注《そそ》いで翻訳している。また、『高僧伝』には、「言葉がそのまま文章となり、削ったり改めたりすることもない。表現比喩《ひゆ》は美しく簡約《かんやく》にして、玄妙深遠《げんみょうしんえん》である」と書かれている。そのため僧叡は、「今や羅什の新訳を得て、晴れ渡った崑崙《こんろん》山上から下界《げかい》を俯瞰《ふかん》し得たようだ」（「法華経序」）と伝えている。このように、羅什訳は、格調高く簡潔流麗《かんけつりゅうれい》、詩を重んずる漢土の人々の渇仰《かつごう》に十分応《こた》え得るものだった。とくに法華経訳は素晴らしく、唐の玄奘《げんじょう》も法華経は漢訳していない。

ところで、必ずしも漢土の僧たちすべてが、羅什を尊崇《そんすう》していたわけではない。一時は門下に入ったものの、のち師弟の誓いを破って反逆し、南方に走って建康《けんこう》の道場寺の慧観《えかん》のもとに集まり、反目する勢力の一員となった者もいた。智猛《ちもう》・曇纂《どんさん》らのように、徒党《ととう》を組んで羅什一門を軽視し、悪口《あっこう》する輩《やから》も出ている。そうした中、道生《どうしょう》は讒言《ざんげん》によって国家権力により蘇山《そざん》に流されても、一歩も退くことなく信仰を貫き、最後は勝利を収めている。また、僧叡《そうえい》は師匠の偉大さを証明するため、漢土各地で布教の戦いを力強く展開し、その生涯を終えている。道融《どうゆう》も彭城《ほうじょう》に移って弟子七千余人を指導し、七四歳で死去するまで、羅什を深く敬慕し、師弟不二《していふに》の純粋

羅什の舌が祀られている涼州の羅什塔

長安の草堂寺の鳩摩羅什舎利塔

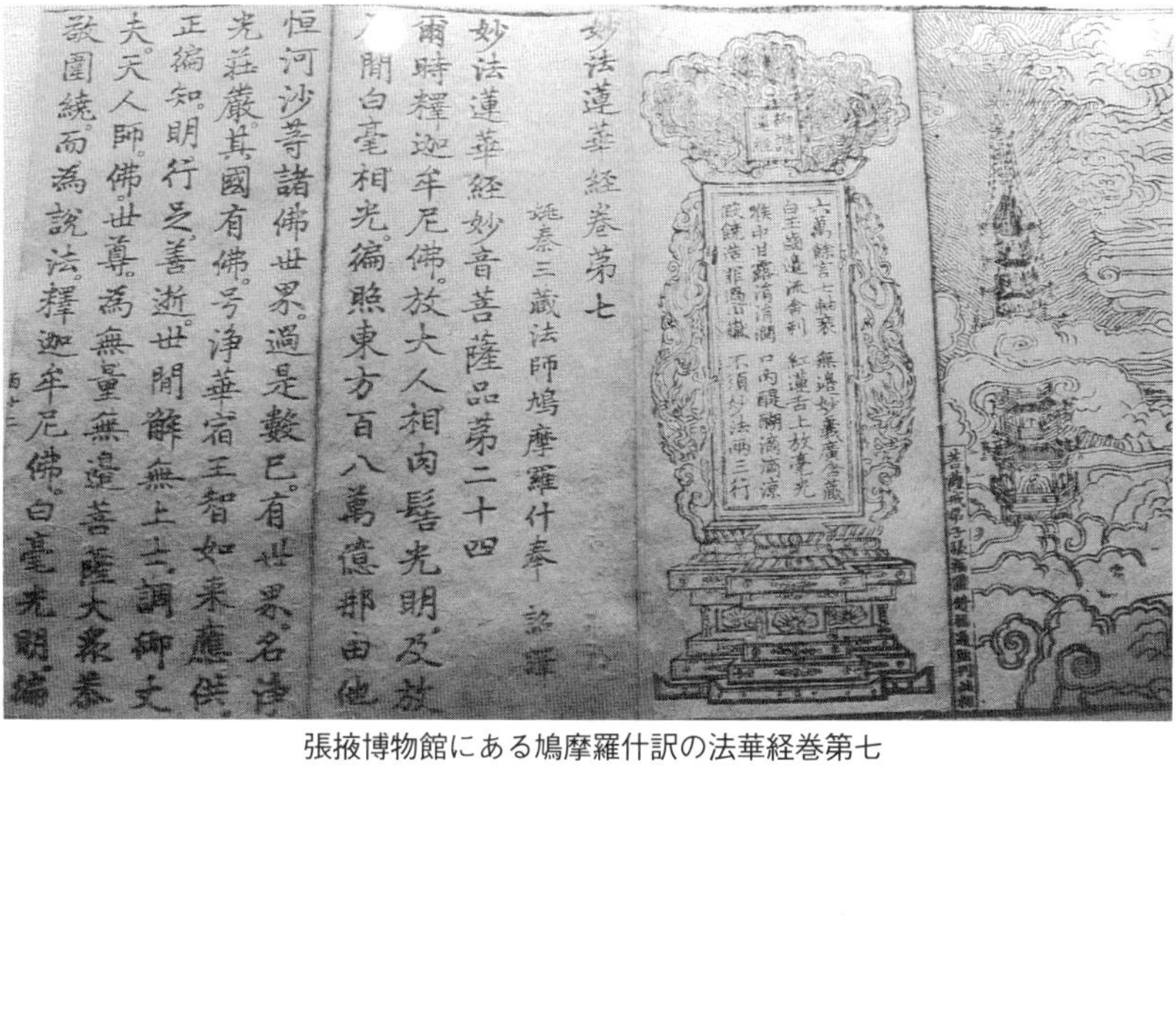
妙法蓮華経巻第七
姚秦三蔵法師鳩摩羅什奉 詔譯
妙法蓮華経妙音菩薩品第二十四
爾時釋迦牟尼佛。放大人相肉髻光明。及放
間白毫相光。徧照東方百八萬億那由他
恒河沙等諸佛世界。過是數已。有世界名淨
光莊嚴。其國有佛。号淨華宿王智如來應供。
正徧知。明行足。善逝。世間解。無上士。調御丈
夫。天人師。佛。世尊。為無量無邊菩薩大衆恭
敬圍繞。而為説法。釋迦牟尼佛。白毫光明徧

張掖博物館にある鳩摩羅什訳の法華経巻第七

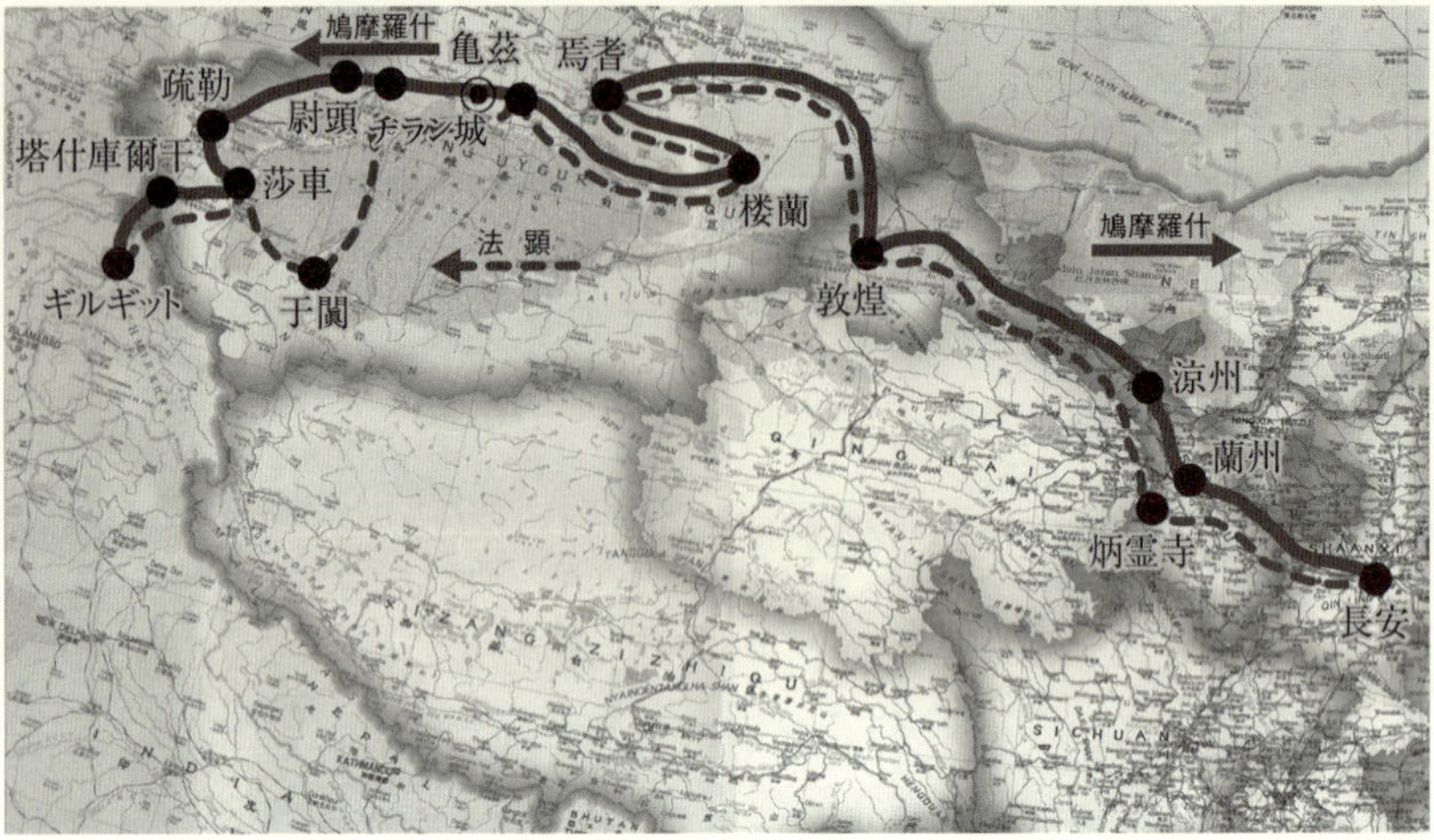

鳩摩羅什と法顕が歩いたコース

な信仰を貫いている。

後秦の弘始《こうし》一一年（四〇九）八月二〇日、羅什は長安大寺にて死亡、享年六〇歳、正確な訳経という使命を果たした偉大な生涯であった。なお、死亡年については、『広弘明集』二三の僧肇撰『鳩摩羅什法師誄《くまらじゅうほっしるい》』によれば、癸丑《みずのとうし》の年（四一三）四月三〇日、七〇歳の時に長安の大寺で薨《こう》じたとある。この卒年によって出生年を算出すると、西暦三四四年となり、唐の智《ち》昇《しょう》『開元釈教録《かいげんしゃくきょうろく》』も同じ説を採用している。しかし『高僧伝』は、三五〇年に出生し、四〇九年に死亡したとの説をとっており、総合的に考察するに私は、この説を支持したい。『高僧伝』には、「薪《たきぎ》が燃えつくし身体は焼けてしまったが、ただ舌だけは焼けても灰になっていなかった」とある。涼州にはその偉業をたたえ、羅什の舌を祀った八角一二層、高さ三二メートルの鳩摩羅什塔が建立されている。

なお、羅什の仏典翻訳の数量については、種々の説がある。①『菩薩波羅提木叉記《ぼさつはらだいもくしゃき》』五〇余部、②『出三蔵記集《しゅつさんぞうきしゅう》』三五部二九七巻、③『僧祐録《そうゆうろく》』三二部三〇〇余巻、④『高僧伝』三〇〇余巻、⑤『開元釈教録』七四部三八四巻である。

釈迦の教えがシルクロードを経て、中国や日本に伝わることを仏教東漸《とうぜん》という。それに対して、仏教西還《せいかん》という言葉があるが、新疆ウイグル自治区のトルファン（高昌国《こうしょうこく》）のベゼクリク千仏洞に、ある日、大雨が降り洞の中まで浸水した時、洞内の土が流され窟室の地中に埋められていた陶瓶《びん》が発見、中に奉納《ほうのう》されていたのが高昌国建昌五年八月一五日、義導書写の法華経観世音菩薩普門品《ふもんぼん》第二五である。羅什訳の完成後、わずか一五三年後（五五九年）に書写《しょしゃ》された経典だけあって、極めて貴重であり、中国の一級文物となっている。

その中の万（萬）、无《む》（無）、尓《じ》（爾）、号（號）等は、当時の流行した俗字の書写体であり、このことは幅広くトルファンの住民に法華経が流布していたことを証明している。品末の偈頌《げしょう》の部分がないことも、法華経成立の初期の特徴を良く表している。さらに于闐《うてん》国出土、旅順博物館所蔵梵文《ぼんぶん》『法華経』のB写本と、この漢文写本の内容とが符号しているのも注目される。この事実は長安で翻訳された『法華経』が、はやくも六世紀にはトルファンへ西還《せいかん》していたことを物語っている。

鳩摩羅什の仏典の漢訳によって、中国仏教は飛躍的に発展し、羅什訳の経典は、韓（朝鮮）半島や日本などアジアの各地へと伝えられた。羅什訳の経典（聖語蔵）は、正倉院にも五五部二二九巻収蔵されている。羅什の死後一六〇〇年を経た二一世紀の現代も、羅什訳の法華経は、日本語版、英語版、中国語（繁字体）版、イタリア語版、ギリシア語版、ドイツ語版、タイ語版、ラオス語版、フランス語版、韓国語版の一〇言語に翻訳され出版されている。

この事実に思いを馳せる時、鳩摩羅什訳の経典は、今後さらに、民族や国境や言語を超えて信奉され、多くの人々に勇気や希望を与え、精神的支柱となっていくことが想定される。

（山田勝久）

第七章

唐王朝と日本の文化交流
―遣唐使《けんとうし》たちは何を求め、何を得たか―

はじめに

唐朝と日本における文化交流を考える際、両国の「文化の橋」ともたとえられる遣唐使が果たした役割はかなり大きい。留学生、学問僧らは唐の都長安だけでなく中国各地の町に入り、大量の書籍、文物、典章制度を遣唐使船で日本に持ち帰った。

遣唐使の派遣は、主に外交、貿易、文物、制度の摂取を目的としていたが、特に唐の先進文化、新知識、新技術の導入に重点が置かれていた。九世紀末に成立した藤原佐世《ふじわらのすけよ》撰の『日本国見在書《げんざいしょ》目録』（日本にあった漢籍を分類した図書目録）を見ても分かるように、遣唐使の時代の漢籍輸入の状況では、経部《けいぶ》（特に小学）と子部《しぶ》（特に天文、暦数、五行、医学）の比率が高い。また、典章制度のほか、宗教、教育制度、漢方医学、漢文学、建築、美術、音楽、舞踊、衣食風俗などと幅広い範囲に及んだ。遣唐使はまさに日本の

唐の玄宗と楊貴妃ゆかりの華清池

文化使節としての派遣だった。

当時、唐と頻繁《ひんぱん》に交渉をもつ国は数十ヵ国あったにもかかわらず、なぜ日本の遣唐使は文化交流に力をそそぎ、歴史にのこる大きな役割を果たし得たのか。この点を中心に考察を加えてみたい。

遣唐使による人間往来

文化人類学の観点から定義すれば、「文化」とは、人間が後天的に獲得する知識、行動様式の総合である。そういう意味では、いわゆる「文化交流」というのは、異文化の間に生じる知的な交流というよりも、むしろ人間往来による物質的な交換のほうがより重要であろう。

たとえば、中国の紙作り技術がヨーロッパ側に伝わったのは、唐の時代である。それは、大食《たいしょく》（アラビア人）との戦争（タラス河畔の戦い。七五一年七月～八月の間に、中央アジアのキルギスのタラス地方で、唐とイスラムのアッバース朝との間で行われた戦闘。イブヌン・アシールの『年代記』によると、アッバース朝軍は、唐軍五万人を殺し、二万人を捕らえたという）で、捕虜になった唐の兵士のなかに、紙作りの職人がいたからである。このことをきっかけに、紙作りの技術は、イスラム世界からアラビア半島を経由して、ヨーロッパ

タラスの会戦　751 年
唐とアッバース朝との激戦の場所

大陸に広まっていった。

ところが、中国の紙作り技術は、唐よりはるかに前の後漢の時代に発明されていた。『旧唐書《くとうじょ》』払菻《ふつりん》伝によると、大秦《たいしん》（東ローマ帝国）は、かつて六四三年と七一九年の二回にわたり使者を唐に遣わしたというが、双方の人間往来は大食に遮断《しゃだん》されていた。

また、日本の儒教の受容においても、遣唐使よりずっと前の応神天皇の時代に『論語』は日本に伝来し、多くの日本人に読まれていた。にもかかわらず、儒教の本格的な導入は、遣唐使の派遣を待たねばならなかった。天平勝宝年間（七四九〜七五六）遣唐使の一員として入唐した 膳 大丘《かしわでのおおおか》が帰国後、天皇に上書して、唐朝の儒教を崇拝する風を守り、孔子を文宣王とあらためることを求め、天皇の勅許《ちょっきょ》を得たことによって、ようやく日本に広まったのである。

道教的知識そのものは様々な学芸、信仰、そして書籍の形で日本に導入されたが、中国の道士《どうし》を日本に招致しなかった。なぜ、日本には道教が入ってこなかったかについて、いろいろな解釈があるが、森公章の『遣唐使と古代日本の対外政策』によると、日本は、親百済《くだら》政策を採っていたことによるという。『周書』百済伝に「僧尼や寺院、塔などは甚だ多いが、しかし道士はいない」とあり、日本が先進文物導入のルートとした百済において、道教が受容されなかったという点が挙げられる。つまり、道教の日本への進出が少なかったのは、百済の影響があったといえる。

儒教や道教の伝来は、応神天皇から遣唐使の派遣まで、長い年月の間に、朝鮮半島を経由するという特徴を常に帯びており、中国人を通して日本への直接的な輸入はほとんどなかった。

先進文化、知識、技術の吸収は、単に書籍に頼るだけでは十分ではなく、現場にいて実見することも極めて重

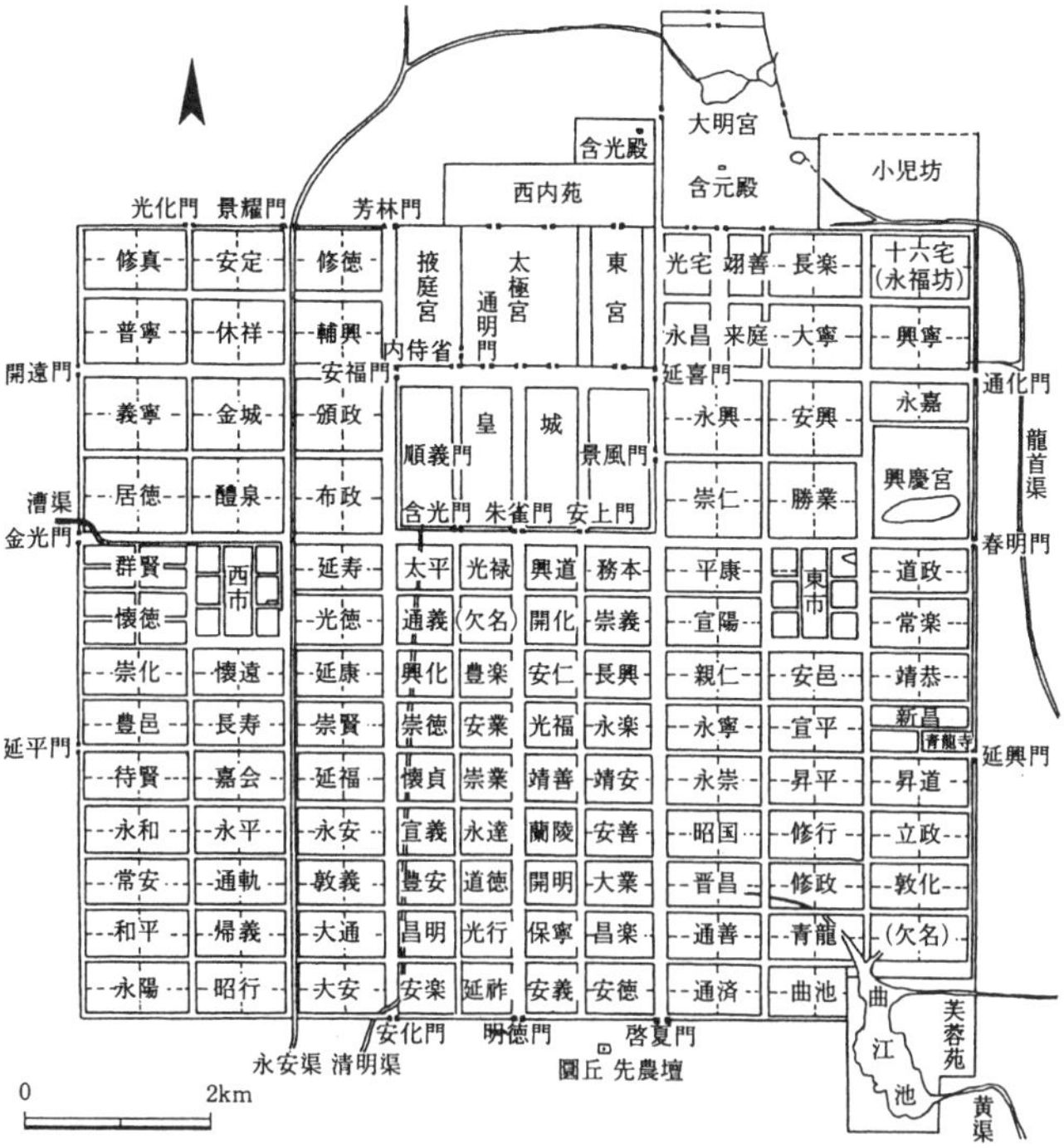

唐・長安城（『古代の日本』9、中央公論社より一部改変）

要である。たとえば、遣唐使は長安城を実際に見聞し、帰国後、平城京（奈良）造営に着手した。道路の幅や並び方、町の名前（朱雀《すざく》、東市《とうし》、西市《せいし》）、煉瓦《れんが》の図案など、細かいところまで長安の町を手本とした。これは、彼らが現地で長安の城を見たことによって模倣《もほう》できたのである。

また、高向玄理《たかむこのくろまろ》、南淵請安《みなぶちのしょうあん》、僧旻《そうみん》などの遣隋《けんずい》留学生は、南北朝の分裂時代を終えて律令体制が急速に整備されていく中国の状況を目にして刺激を受けた。日本に帰国した彼らが、大化改新（六四五年）に大きな影響を与えたことは、実見の重要性の証明ともいえる。このように、先進文化、知識、技術の吸収にあたって、現地派遣による直接伝授や人脈形成が重要な役割を果たしている。

そもそも、文化交流とは、対象国の文

復元された遣唐使船

遙かなる大唐の都、長安城を彷彿とさせる城郭

化の良さをよく理解し、お互いに取り入れることである。ところが、唐代と日本における文化交流に限っていえば、必ずしもそうではない。言い換えると、交流といっても、必ずしも双方的、対等的に行われるわけではない。遣唐使が行う文化交流は、中国側が日本文化を知ることではなく、日本側が一方的に唐の文化を取り入れる結果となった。遣唐使は一回だけで数百人もいたのに対し、中国から派遣した使者はわずかにすぎなかった。

六〇七年に小野妹子《おののいもこ》を正使とする遣隋使の帰国に伴って来日した裴世清《はいせいせい》や、六三一年唐から派遣された使節の高表仁《こうひょうじん》などが数えられるだけである。それは、当時の中日間の人間往来の偏《かたよ》りを物語っている。

王金林の『奈良文化と唐文化』によると、遣唐使節団の人数は、初期には毎回二四〇～二五〇人で、中期には五〇〇人くらい、末期には六〇〇人くらいであった。約半数を占める水手を差し引けば、遣唐使節団中、身に技芸をもった随員は、初期は毎回約一〇〇余人、中期は二〇〇余人、末期は約三〇〇余人に上った。

ゆえに、一五回もの遣唐使から計算すると、少なくとも二〇〇〇余名の専門知識を身に付けた人がいたことになる。このなかには、学問生、学問僧は含まれていない。王金林は「唐文化の奈良文化に対する影響が広くまた深い根源はおそらくここにあったのであろう」と述べているが、私も同感である。

先進文化に対する諸国家の認識

文化交流の成立について、人間往来の重要性は言うまでもないが、それだけで文化交流が成立するというわけではない。唐と頻繁に人間往来をした民族、国家はたくさんある。しかし、唐の先進文化を積極的に取り入れたのは、日本や新羅《しらぎ》、南詔《なんしょう》などのごくわずかな国である。

中国の歴代国家は、いわゆる中華思想を持っており、これに基づき、他の国との関係は常に、最高たる中国皇帝に向かって周辺の諸民族国家が朝貢《ちょうこう》してくる、という考えをもっていた。そのため、中国側の史料では、遣唐使のことをいずれも「朝貢使」と記している。日本のほかに、唐の周辺諸民族、国家も同じように使節を長安に送っている。

当時、吐蕃《とばん》（チベット）、突厥《とっけつ》、奚《けい》、吐谷渾《とよくこん》、契丹《きったん》、廻紇《ういぐる》なども唐に使節を派遣したが、彼らが果たした役割は、いずれも政治、外交、貿易に限られ、文化交流とはいえない。使節派遣の目的は、常に唐の「和蕃公主《わばんこうしゅ》」をもらい、唐との通婚を通して、多くの財宝を得ることであった。

たとえば、『旧唐書《くとうじょ》』吐蕃伝には、ソンツエンガンポ王（在位六二七〜六四九年）が「突厥及び吐谷渾がみな公主を娶《めと》るということを聞いて、使者を派遣し、たくさんの金玉をもたらし、婚を求めた」と書かれている。堀敏一の『中国と古代東アジア世界』では「北方の遊牧国家が中国と交渉をもったのは、隣接する中国の豊かな物資

シルクロードに生きる西域の家族

獲得が第一の目的であった」と指摘しているがこの考えは正しい。

歴史上、唐の文化を吐蕃に伝えたのは、吐蕃が唐に派遣した使節ではなく、むしろ「和蕃公主」のほうであろう。六四〇年もしくは六四一年にソンツエンガンポ王に嫁《か》した文成公主《ぶんせいこうしゅ》の勧めでソンツエンガンポ王が仏教に帰依《きえ》し、吐蕃の首都ラサにトゥルナン寺（ジョカン、大昭寺）が建立されたこともその一例である。すなわち政治、軍事、外交などの面からみれば、当時の吐蕃は、唐との間にかなり緊密的関係をもっている。にもかかわらず、吐蕃の使節は唐の文化を積極的に取り入れなかった。

それはなぜか、当時、吐蕃は本当に唐文化の先進性と、自分自身の後進性を自ら認めたのかというのも疑問に思う。

遊牧的な吐蕃の社会構造は、農耕社会の唐とは全く異質的な構造をしていたという点が挙げられる。それゆえ、吐蕃は律令制度を中核とした唐の文化に対して、拒否の態度を取ったのも当然である。唐に負けないほど強い軍事力を持つ吐蕃側は、唐の中華思想を素直に認めるわけにはいかない。『旧唐書』吐蕃伝によると、吐蕃は、唐帝国の最も強盛の時代にも、「敵国の礼」すなわち対等の扱いを玄宗皇帝に要求した。当時、吐蕃と唐の間には常に同盟があった。同盟は同等者間の会合で盟約が結ばれるのであり、全く対等的な関係である。

『旧唐書』吐蕃伝には、七八三年の建中会盟の前に、吐蕃は唐の勅書に書いてある「（吐蕃が）貢献してきたものはみな受けとった」に対して、「我が大蕃と唐とは舅甥《しゅうとおい》の国であるだけだ。何で臣の礼をもって扱われることができよう」と抗議して、「貢献する」を「進む」に改めさせたと記載している。

これに対して、日本の社会構造は、唐と同じ農耕社会であり、漢字文化圏に属している。日本は漢字を使っているので、唐との文化交流は非漢字文化圏の国よりも支障は少ない。たとえば、『旧唐書《くとうじょ》』東夷伝《とういでん》では、大宝押使粟田真人《あわたのまひと》に対して、「経史《けいし》を好んで読み、文章の書き方もよく分かる」と評価された。

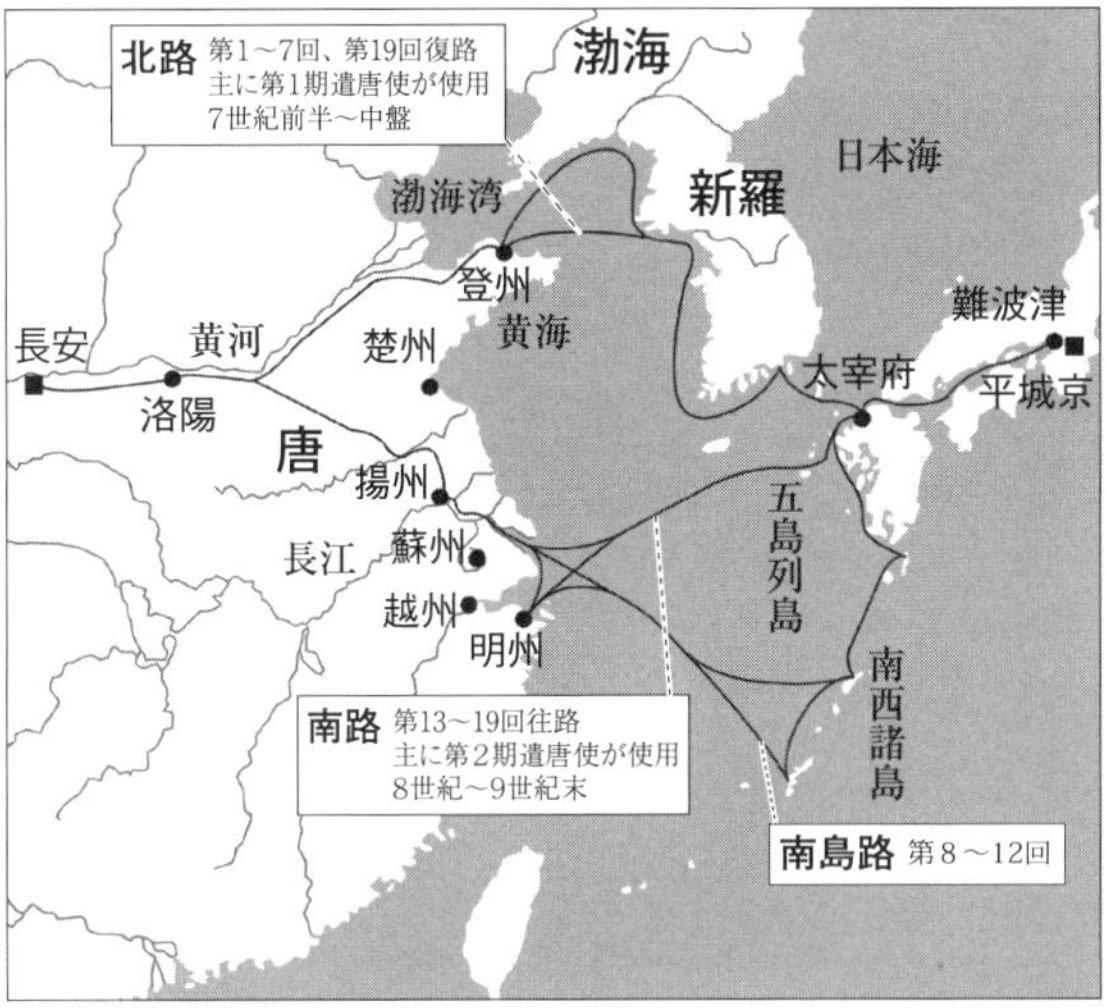

遣唐使船の主な航路

『続日本紀《しょくにほんぎ》』斉明五年（六六〇）の条に「朝貢に来た各国使節のうち、最もすぐれたのは日本の遣唐使である」と自慢したことも、恐らく日本人の漢字文化への理解力を指すものであろう。また、日本人は則天武后《そくてんぶこう》の文字（「圀《くに》」など）をも使っている。これは、吐蕃では考えられないことである。唐との文化交流が盛んな要因は、やはり日本人が中国文化に憧れたからであろう。

当時の日本にとって、唐帝国は律令国家のモデルとも言うべき存在であった。唐に習って新しい国家を作るには、唐の文化の先進性を認め、それを積極的に取り入れるのは当然なことである。ゆえに、遣唐使はそのような意味での文化的な使命を帯びた使節だったのである。

『日本書紀』巻二二によると、推古三一年（六二三）に帰国した遣隋留学使者らは、「大唐国は法式備わり、定まれる珍の国なり。常に達《なら》うべし」と建言した。舒明《じょめい》天皇はこれを聞き入れて、六三〇年に一回目の遣唐使を送り出し、唐の制度の導入を進めた。それより数十年、日本は内政外交の改革を通して、律令国家への道を急ぎ、新生面を開いた。

日本はかつて中国と対等の関係を求めていた。聖徳太子《しょうとくたいし》が隋の皇帝煬帝《ようだい》に出した国書に「日出づる処の天子、書を日没する処の天子に致す。恙《つつが》なきや……」とあるのも、対朝鮮半島の勢力圏維持や、日本の存在のアピールといった政治的な目的を主眼としていたことが背景にあった。しかし、白村江《はくそんこう》の戦い（六六三年）で唐の力を見せ付けられてしまい、この後はどうやら対等外交を放棄したように思われる。六六九年に派遣された遣唐使は、翌年唐の高宗《こうそう》（在位六四九〜六八三年）に謁見《えっけん》して「高麗を平《たひら》ぐるを賀《が》した」とされている。

遣唐使も見た長安の小雁塔

天竺からの仏典も収蔵されている
長安の大雁塔

実際、日本の遣唐使は、少なくとも、外交文書では唐の中華思想を認めたと考えられる。たとえば、空海の『性霊集《しょうりょうしゅう》』に『為大使與福州観察使書』という文章がある。そのなかに「我が国主は（中略）唐の皇帝の徳化を感じており（中略）藤原朝臣《ふじわらのあそん》、賀能《がのう》等を使節として派遣し、国書や朝貢品などを献上する」とあるように、自ら「朝貢」の使節と称している。

八三二年の遣唐使に随行した僧円仁《えんにん》は『入唐求法巡礼行記《にっとうぐほうじゅんれいこうき》』のなかで、なんども、遣唐使のことを「日本国朝貢使」、その船を「朝貢使船」と記し、自ら書いた唐の役所に差し出した公文書のなかでも、「右の円仁らは、去る開成三年に朝貢使に随いて来り、仏教を尋ね訪えり」と述べている。このことは、まさに、堀敏一が述べるように、「日本側も朝貢国であることを自認して、使節が朝貢使であることをよく理解した上、遣唐使を送り出したと考えられる」とあるが、私もこの意見に賛同したい。

遣唐使節の才能

異文化に対して尊敬する態度は、文化交流にとって欠かせないことであるが、先進文化への憧《あこが》れだけでは「文化交流」が成立するわけではない。その使者の学、素養、人品などの素質をも要求されている。とくに日本の遣唐使の場合、一時的な滞在という限られた期間で新知識、新技術を身に付けねばならないからなおさらである。

日本がかつて派遣した遣唐使は、各種の人材を集め、彼らの大多数は経史、文芸に長じるものであった。彼らが随行した目的は、彼ら自身が掌握または従事している学問、技法について、さらに新しい探求を行い、あるいは唐の学者との接触を通じて、いろいろな難しい問題を解決することであった。一定の学問と技芸の基礎を持った数百人のメンバーが、自己の知慧を十分に運用して、先進的な唐の文化をできるだけ多く自分の脳裡《のうり》に納めたのであった。

遣唐使のメンバーは、各自の特技を持っており、短い期間内に目標を達成し、唐代の文化と制度を重点的に学習し掌握することが可能であった。たとえば、大和長岡《やまとのながおか》は「刑名の学」が得意であり、春苑玉成《はるそののたまなり》は「陰陽《おんみょう》学」に優れ、刀岐雄貞《ときのあたいかつさだ》は「暦法《れきほう》」が専門で、菅原梶成《すがわらのかじなり》は医学者である。

『旧唐書』日本伝に、

　開元の初めの頃、また使節を派遣して来朝した。儒学の先生について教典の勉強をすることを希望した。朝廷はこの要請に応えて、四門助教《しもんじょきょう》の趙玄黙《ちょうげんもく》を招き、鴻臚寺《こうろじ》で講座を開き、彼らの指導に当たらせた。使節らは寛幅《ひろはば》の布を謝礼として玄黙《げんもく》に贈った。

とある。

四門助教は、四門学の教官である。唐の最高の教育機関は国子監《こくしかん》と呼ばれ、国子学・太学・四門学・律学・書学・算学という六つのカレッジがこれに属している。

謝礼として贈った布に「白亀元年調布」と書いてあり、「使節」は、多治比県守《たじひのあがたもり》大使のことであることが分かる。彼は長安滞在中、「儒学経典《けいてん》の勉強」を玄宗皇帝に要求し、趙玄黙の専門講義を受けた。彼は唐朝からもらった賞物を市場で売却し、その金で書物を買って帰国した。また、伊吉博徳《いきのはかとこ》はかつて遣唐使の随員として、二年間滞在し、大宝律令制定の過程において主要な役割を演じた。遣唐使の判官をしていた菅原清公《すがわらのきよきみ》は、唐から帰国して文章院を設立し、全国の男女礼服を唐制にならうように奏請《そうせい》した。

遣唐使節団のなかには、少ないが、医術、音楽、陰陽、絵画、碁芸に優れた人物がいた。例えば、良岑長松《よしみねちょうまつ》は琴に優れ、藤原貞敏《ふじわらのさだとし》は琵琶をよくした。藤原貞敏は長安に行った後、砂金二百両を学費にして、唐の琵琶の名手劉《りゅう》二郎《じろう》に師事した。一、三ヵ月で多くの琵琶の名曲を学んだ。彼はまじめによく勉強し、その聡明な才能は師匠から賞賛を得、数十巻の曲譜を贈られたばかりでなく、師匠の娘を嫁にもらうことができた。

帰国後、藤原貞敏は雅楽助《うたのすけ》に任じられ、日本の音楽事業を推進した。宮内庁書陵部『琵琶譜』奥書によると、藤原貞敏に琵琶を指導し曲譜を贈ったのは劉二郎ではなく、琵琶博士の廉承武《れんしょうぶ》であるという。いずれにしても、藤原貞敏が揚州で琵琶の伝習を受けたことは事実のようである。

薬師恵日《くすしえにち》と医学請益生《しょうやくしょう》菅原梶成《すがわらのかじなり》は、ともに漢方医術の日本伝来に積極的役割を果たした。宝亀年間（七七〇～七八〇年）に入唐した録事羽栗翼《はぐりのつばさ》は、帰国後難波で朴硝《ぼくしょう》を精錬した。上述の如き類似した事例は枚挙に遑《いとま》がない。

西安・興慶宮公園に立つ
仲麻呂を詠んだ李白詩の碑文

文化や知識、技術などの深い理解、または完全な吸収までには時間がかかる。この問題を解決するには、滞在時間を延ばさなければならない。そのため、日本政府は遣唐使の派遣とともに、留学生、学問僧も同行させるようになったが、彼らが文化交流において果たした役割は大きい。たとえば、阿倍仲麻呂や吉備真備《きびのまきび》などはともに漢詩文に優れ、李白、王維らとの交流もあった。

これについて、太宰春台の『独語』には、「『古今集』の歌は、正しく盛唐の詩あり」と記し、阿倍仲麻呂、吉備真備らが盛唐の詩をうまく真似て、日本の和歌にも李白の影響が及んだという。それは、長い時間をかけた唐の一流詩人との交流があったからであろう。
王維の「秘書晁監の日本に還《かえ》るを送る」のほかに、仲麻呂のために詠んだ李白の「晁卿衡《ちょうけいこう》を哭《こく》す」という詩がある。

日本の晁衡《ちょうこう》　帝都を辞《じ》し
征帆《せいはん》一片　蓬壺《ほうこ》を遶《めぐ》る
明月《めいげつ》帰らず碧海に沈み
白雲愁色　蒼梧《そうご》に満つ

李白は、「仲麻呂は長安を離れ、もう帰ってこない。蒼梧（中国東南）の空を覆《おお》っている白い雲は悲しみの色に染まっている」と惜別の詩を詠んだ。仲麻呂は、李白に明月にたとえられるほどに優《すぐ》れた人物だったのである。
西安の興慶宮《こうけいきゅう》公園（唐代の宮殿跡）に立つ詩碑《しひ》には、李白の詩の他に、阿倍仲麻呂の歌も漢詩に改められ、五言絶句として刻まれている。

首《こうべ》を翹《あ》げて東天《とうてん》を望めば
神《こころ》は馳《は》す奈良の辺
三笠　山頂の上
想うはまた　皎月《こうげつ》の円《まどか》なるを

これは、多くの人がよく知っている歌である。『古今和歌集』に収められているもので、

天の原　ふりさけ見れば　春日なる
三笠の山に　出でし月かも

の漢訳である。

阿倍仲麻呂は、養老元年（七一七）の第九次遣唐船で、吉備真備、玄昉《げんぼう》らとともに唐に渡った。一九歳の時である。

この歌は、天平勝宝五年（七五三）に帰国が決まった時に、送別の宴で詠んだものであるが、仲麻呂が乗った船は難破し、帰国はかなわず、宝亀元年（七七〇）、七二歳で長安で没している。ちなみに、七五三年の帰国の船には鑑真《がんじん》らが乗っていた。

さて、阿倍仲麻呂といえば、遣唐使の歴史の中で帰郷を果たせなかった悲運の人というイメージが強いが、果たして長安において、どんな境遇のもとで、生涯を送ったのであろうか。

仲麻呂は、難関の「科挙《かきょ》」に合格し、「晁衡《ちょうこう》」という中国名を名乗り、その学才を玄宗皇帝（在位七一二～七五六年）に愛された。秘書監（国立図書館長）や安南節度使《あんなんせつどし》（ベトナム最高司令官）などの重要な職につき、日本人としては唐で異例の出世を遂げた人物である。

仲麻呂は、唐の女性との間に二人の娘を授かり、華やかで幸福な生活を送ったという。

南宋時代に製作された「瑠璃堂《るりどう》人物図」という絵画があるが、そこに、唐の時代の詩人たちがサロンに集い歓談し詩作にふける姿がみられる。仲麻呂も李白や王維らの詩人たちと、このように風雅な交わりを結んだことが想像できよう。

留学生、学問僧の留学期間は比較的長く、唐に二〇年、三〇年も滞在した人は非常に多い。大多数は唐文化を摂取する堅い決意と積極性を有していた。また、留学生は八世紀においては、基本的に次の遣唐使が来るまで二〇～三〇年間在唐して、学問や宗教だけでなく、唐の文化全般や寺院の在り方などを広く修得することを目的としていたという。

井真成の墓誌の発見と彼の努力

文化交流の成立には、先進文化の吸収に対する積極性と努力が欠かせず、留学生、学問僧は留学期間中はよく努力していた。たとえば、吉備真備が習った知識は、五経、三史、法律、天文、暦法、軍事、音楽、書法などを含んだ幅広いものである。伊予部家守《いよべのやかもり》は、規定の課程を習い終えたほかにも、切韻《せついん》、説文《せつもん》字体の方面でも学習した。阿倍仲麻呂の学問の広さも王維に賞賛された。王維の『送《おくる》秘書《ひしょ》晁監《ちょうかん》還《かん》日本国《にほんこく》並序《ならびにじょ》』には、「老子の教えを聞き、子夏《しか》の詩学を学ぶ」という。つまり、阿倍仲麻呂は、自分の専門のほかに、道家の経典、または詩経についても興味を持った。

墓誌の発見者・賈麦明氏（西北大学歴史博物館副館長）

二〇〇四年に西安で発見された唯一の遣唐使の墓誌――「井真成《せいしんせい》の墓誌」には、七一七年の第九次遣唐使の随員として、阿倍仲麻呂や玄昉らとともに入唐した井真成（六九九～七三四年）のことを「学を強めて倦《う》まず、道を問うこと未だ終わらざるに」と書いてある。三六歳で亡くなった井真成は才能があったうえに、生涯よく勉強していたのである。

長い間、遣唐使の研究に利用できる資料は、書物に限られていた。

実物で証明できるものは、ほとんどなかったが、二〇〇四年一〇月に西北大学は「井真成の墓誌」の発見を公表した。「井真成の墓誌」は、西北大学の歴史博物館副館長の賈麦明《かばくめい》氏が、二〇〇四年三月に西安市の八仙庵の骨董品市場で偶然に購入したのである。

この「井真成の墓誌《ぼし》」は漢白玉で作られたもので、青石の蓋と白石の底もある。周長三九・五センチ、辺長三七センチ、高さ七センチ、文字数は全部で一一七字あり、蓋に「贈尚衣奉御井府君墓誌之銘《おくるしょういほうぎょせいふくんぼしのめい》」（尚衣奉御を贈られし井府君の墓誌の銘）と三行十二字の篆書《てんしょ》で書いてある。

贈尚衣奉御井府君墓誌の銘　西安郊外の骨董品市場で購入

井真成は、養老元年（七一七）、一九歳で第九次遣唐留学生として長安に向った。天平五年（七三三）の第一〇次遣唐使船で帰朝する予定だった。一七年の修行のすえ、帰国直前に没するとは、さぞ無念であっただろう。

墓誌の銘文を紹介しよう。

贈尚衣奉御井公《しょういほうぎょせいこう》の墓誌の文　序并《あわ》せたり。

公は姓は井《せい》、字《あざな》は真成《しんせい》。国は日本と号し、才は天の縦《ゆる》せるに称《かな》う。故に能《よ》く命《めい》を遠邦に銜《ふく》み、上国に馳せ聘《むか》えり。礼楽を蹈《ふ》みて衣冠《いかん》を襲う。束帯《そくたい》して朝《ちょう》に□ば、与《とも》に儔《たぐ》うこと難し。豈図《あにはか》らんや、学に強《つと》めて倦《う》まず、道を問うこと未だ終らざるに、□移舟に遇い、隙《げき》、奔駟《ほんし》に逢わんとは。開元二十二年正月□日、乃ち官弟《かんだい》（第）に終わる。春秋三十六。皇上、□傷みて、追崇するに典あり、詔して尚衣奉御を贈り、葬は官を令《し》て□せしむ。即ち其の年二月四日を以て、万年県の滻水《さんすい》の東の原に窆《ほうむ》る。礼なり。嗚呼《ああ》、素車《そしゃ》、暁に引き、丹旐《たんちょう》、哀を行う。遠□を嗟《なげ》きて暮日《ぼじつ》に頽《たお》れ、窮郊《きゅうこう》に指《おもむ》きて夜台に悲しむ。其の辞に曰《い》わく、寂《こえな》きは乃ち天常《てんじょう》、哀《かな》しきは茲《こ》れ遠方なること。形は既に異土に埋もれ、魂は故郷に帰らんことを庶《こいねが》う（『遺唐使』東野浩之著・岩波書店参照）。

銘文の中の「哀しきは茲《こ》れ遠方なること。形は既に異土に埋もれ、魂は故郷に帰らんことを庶う」の下《くだ》りには、帰郷直前に客死《かくし》した井真成の慟哭《どうこく》が伝わってくるようである。

いま、「井真成の墓誌」は中日文化交流史の研究においての貴重な実物の証拠であり、「一級の歴史資料」とされている。

墓誌で「学に強《つと》めて倦《う》まず、道を問う」と評価された井真成は、はたして阿倍仲麻呂と同じような太学生なのか。浙江工商大学の日本文化研究所の王勇《おうゆう》の推論では、『唐六典《とうりくてん》』の規定では、国子学と太学に入れる学生の父は三品《さんぴん》、五品以上の高級官僚でなければならない。井真成の父親は朝廷の高官ではないので、恐らく太学に入る可能性はないであろうという。

また、復旦《ふくたん》大学の韓昇《かんしょう》は二〇〇九年末に発表した「井真成墓誌の再検討」の論文で、井真成は留学生ではないという見解を示した。韓昇によると、唐の制度では、官立学校の在学期間は最長九年までで、それ以上は滞在もできなかったと指摘し、「十数年にわたり留学したとの見解は成立しがたい」という。

これに対して、日本では奈良時代に遣唐使に選ばれた留学生という解釈が一般的である。日本の遣唐使は二〇年に一回程度で、帰国の迎えとなる次の遣唐使までは残留が認められたはずだ、と日本の学者が主張している。私もこの意見に賛同したい。というのも、唐政府の遣唐使に対する親善政策を背景にして考えれば、井真成の留学期間の延長は必ずしも出来ないことではない。

井真成は七一七年の遣唐使船で派遣された留学生と見ることができれば、彼が一七年間も勉学に取り組んだということは間違いない。彼の努力ぶりは、死んだあとに、唐の朝廷から「尚衣奉御《しょういほうぎょ》」という官職を追贈《ついぞう》されたことから分かる。この「尚衣奉御」は、皇帝の衣服を管理する役目であり、従五品の階級で「六尚《りくしょう》」の一つでもある。歴史上、かつて「六尚」の職を授《さず》かったのは、皇帝の親類や最も信頼できる臣下、功績のある大臣の子孫、専門知識や技能を有する人であった。

後者のなかには、設計師の閻立徳《えんりつとく》や儒学者の白志善《はくしぜん》などが挙げられる。井真成がこの官職を追贈されたのは、やはり専門知識や技能を有する人であったからであろう。

つまり墓誌で「才は天の縦《ゆる》せるに称《かな》う」と賞されたように、かなりの専門知識を身に付けたのがその理由になる。もし井真成が一七年間にわたって勉強しても、優れた専門家にならなかったら、玄宗皇帝が彼の死を惜しみ、「尚衣奉御」の官職を追贈するとは考えられないからである。

また、「尚衣奉御」という官職は、井真成の専攻にも関連している。日本の遣唐使の派遣は、唐の律令制度を取り入れることが一つの目的で

唐８代皇帝・玄宗と楊貴妃の餐宴の図

玄宗は仲麻呂を重用し、井真成に宮位を追贈した。

あった。唐の律令制度は、「輿服《よふく》」、つまり天子の乗用車や服装などのさまざまな礼儀が、主な内容となっている。井真成の専攻は、日本の律令国家の建設に当たって、輿服制度の整備や調整、あるいはこれに関する律令の改訂などを中心としたものである。

日本の天皇が中国の皇帝のような「冕服《めんふく》」を着たのは、天平四年（七三二）の元日であった。この中国皇帝の冕服制度を導入するにあたっては、井真成が入唐して一七年間の長い年月を費やして研究し、それを帰国した遣唐使が祖国に伝えたからかもしれない。

遣唐使に対する唐王朝の親善政策

文化交流において、唐の政府が日本の遣唐使、あるいは留学生、学問僧をどのように扱ったかも重要な要素である。『性霊集』に、唐王朝は日本の遣唐使に対して、「待以上客」（上客のように扱う）、「佳問栄寵、已過望外」（心遣いや優遇措置は、思うほどよりはるかに超える）、「州県諸司、慰労甚慇懃」（各地方の官僚や役人などは、大変親切に世話してくれた）と記しているように、唐の中央政府、地方の官僚は、遣唐使の到着から帰国まで、いろいろなことを配慮し、周到の措置を取っていた。

『冊府元亀《さっぷげんき》』巻一七〇「帝王部来遠《ていおうぶらいえん》」と、巻九七一「外臣部朝貢《がいじんぶちょうこう》」に「八月、日本国朝貢使の真人広成《まひとひろなり》の一行、計五百九十人が乗っている船は、風に吹かれ、蘇州に漂着した。刺使の銭唯正《ぜんいせい》はその報告を聞き、通事舎人《つうじしゃじん》の韋《い》景失《けいしつ》を蘇州《そしゅう》に行かせ、真人広成らを慰労した」とある。一度帰国の途についた遣唐使が漂着したため、到着地に通事舎人を派遣して慰労するという措置が取られていた。

また、『続日本紀』宝亀十年（七七九）四月辛卯《かのとう》の条によると、遣唐使が長安に入るには、迎馬が用意されている。五品舎人《ごひんしゃじん》や内使が派遣され、長楽駅において「労問」（見舞い）や「持酒脯宣慰《じしゅほせんい》」（酒や干し肉などをもって慰労する）と表現される迎意が示されていた。

さらに、『入唐求法巡礼行記』によると、承和度《しょうわど》の遣唐使は礼賓院に安置され、「専門の管理役を設け、いろいろ案内をし、たびたび優遇され、使用人も常に用意した」と記されているように、唐の中央政府は、専門の管理者を任命し、遣唐使の接待あるいは世話をしていた。

『続日本紀』には、遣唐使が長安に入った後、唐の皇帝は、

　あなたたちは遠くから朝貢に来てくれて、ありがとう。進呈したお土産も素晴らしい、私は大変気に入った。天気は寒いので、お体に気を付けてください。

と述べ、遣唐使の望んだことは皆満足させたほか、宮殿で宴会を開き、官職によって賞与を与えている。

『旧唐書』巻一九九上「東夷倭国《とういわこく》」の条に「貞観五年（六三一）、日本は使節を派遣し土産を献じた。太宗は彼らの遠い旅の苦しみに深く同情を示し、関連部門の官僚に、「日本の歳貢を収めなくてもよいと命令した」とある。『冊府元亀』巻九七四には「仮に遣唐使が市場で禁物を買って帰国しても許す」とあるように、遣唐使の禁物の購入も許可されたらしい。また、遣唐使が日本に帰る際にも旅費を支給していた。

唐は留学生、学問僧に対しても優遇の政策をとった。たとえば、留学生の教育について、『唐語林《とうごりん》』巻五には「太学の定員は三千人である。新羅、日本などの諸国の留学生は、みな入唐させ、太学で授業を受けさせた」と記している。つまり、日本の留学生も太学、すなわち唐代最高の教育機関である国子監に入学できたという。天平勝宝年間（七四九～七五六）に入唐した膳大丘も、この太学で学んだ日本人の一人である。また、王維の『送秘書晁監還日本国』（秘書晁監の日本国に還るを送る）には、阿倍仲麻呂のことを「名成太学、官至客卿」（太学で

遣唐使が長安で活躍していたころの
中国の代表詩人、杜甫

は優れた成績をあげ、官職は客卿にまでに昇った）と書いてある。

晁衡《ちょうこう》、すなわち阿倍仲麻呂も太学生であったことが、この「名成太学」の記述で証明できる。国子監に入る日本の学生は、衣食、食糧が供給される。これは外国留学生に対する唐の政府の一貫した対応でもあった。

唐は外国の留学生の行動に対してはあまり制限していなかった。留学生の在学期間、中国の学生と広範に往来することができ、また、唐の女子と結婚することもできた。日本の留学生が唐の女子と結婚した例も少なくなかった。

たとえば、高内弓《こうないきゅう》は、在唐中、唐の女子高氏と結婚し、二男を設けた。また、阿倍仲麻呂の従者として入唐した羽栗吉麻呂《はぐりのよしまろ》は、翼《つばさ》、翔《かける》の二子を設け、この二人は共に成長してから日本に渡り、遣唐使として活躍している。また、藤原清河《ふじわらのきよかわ》の娘の喜娘《きじょう》も、七七七年派遣の遣唐使船で帰国している。大春日浄足《おおかすがのきよたり》は、唐の女性李自然《りしぜん》と結婚し、ともに日本に帰国した。

普通、唐の法律では、外国人と結婚した唐の女性は、夫と一緒に外国に行くことが禁止されている。たとえば『唐律』には「各国の使節やその従者をも含め、唐の女と結婚しても、妻を連れて帰ることは禁止である」という定めがあるにもかかわらず、日本の留学生が唐人の妻や子どもを連れて帰国することは許可される。これは、やはり唐の政府の特別な配慮としか考えられない。

太学を卒業した優秀な留学生は、官僚採用の試験に合格すれば、官職に就くこともできる。阿倍仲麻呂はこのルートを通じて秘書監に就いたのである。秘書監は唐の従三品の官職で、外国人学生の阿倍仲麻呂が、この高い地位に就いたということは、唐の留学生に対する親善的な政策によるもので、日本の留学生たちは、大変感動した。

遣唐使のメンバーは、唐からもらった賞物で「皆文物を買い、船に乗り海を渡って帰国した」とある。つまり、多治県守は唐からもらった賞物をそのまま持ち帰るのではなく、それをもって書物と交換したのである。使節団が帰国する時は、朝廷監使が詔勅《しょうちょく》を宣布し、答礼品を贈与した。答礼品の価値は日本の贈り物をすべて超えていた。大使は皇帝の質問にうまく答えたら、贈り物の数量を倍にすることも出来る。『日本書紀』白雉《はくち》五年（六五五）七月の条によると、孝徳朝が派遣した吉士長丹《きっしながに》大使などは、「唐の天子の質問にうまく答え、多くの文書や財宝を得る」よう努めたとある。

日本の朝廷は、多くの書籍を持ち帰った遣唐使に対して、奨励の政策を取った。吉士長丹は帰国後、天皇の褒《ほう》賞《しょう》を受けて、「一級進級し、封戸二〇〇戸を賜わり、しかも呉氏の姓を賜わった」という。遣唐使が書物を熱心に求めた原因の一つは、このことにも関連している。

遣唐使は、手にいれた書物を船で運ばねばならない。そのため、購入する際、精密な選択が要請される。選択には、やはり、一番流行している最新思想が基準となっていた。たとえば、当時かなり流行《はや》った礼儀作法の書籍の内、『大唐吉凶書儀《だいとうきっきょうしょぎ》』が選ばれた。また、唐の官僚と応酬《おうしゅう》する場合、欠かせない心得ともいえる『百司挙要《ひゃくしきょよう》』もその一つである。さらに、道教、医学に関する書籍、たとえば『服内気訣《ふくないきけつ》』や『梅略方《ばいりゃくほう》』『養生方《ようせいほう》』『按摩法《あんまほう》』などは、いずれも日本人にとって実用性の高いものであった。

最新技術を希求した遣唐使たち

以上、関連の史料と先行研究をふまえて、中日文化交流における遣唐使の役割を述べた。それを要約すると、各国の朝貢使に比べ、日本の遣唐使の派遣人数は多かっただけでなく、彼らは自国の国造りのために、唐の文化の先進性をはっきり認識していたことである。さらに彼らは各分野における唐の学問、技芸の吸収に相応《ふさわ》しい才能をも備えていたのである。

これは中国と交流のあった他の国家にはあり得ないことである。遣唐使たちの唐文化を積極的に摂取する堅い決心と個人の努力は、他国ではあまり見られないことであり、彼らは、文化輸出国の唐にかなり手厚く扱われた。最後に、遣唐使が貿易を含む、あらゆる手段を通じて、多くの実用的、最新知識を重点とした書物を日本にもたらしたことである。このことも他国ではあまり見られないことである。

八〇四年入唐した菅原清公《すがわらのきよきみ》は、帰国する前に作った詩に「私は東から来た外国人で、唐の恩恵を受けて入唐した。帰る前に感謝の気持ちが一杯で、別れ涙を流し衣装が濡《ぬ》れる」とあるように、唐の恩に対する感謝の気持が溢れている。

学問僧の在唐期間の費用も、唐の政府が提供した。淡海三船《おうみのみふね》の『唐大和上東征伝《とうだいわじょうとうせいでん》』に「僧侶の栄睿《ようえい》等は、外国人として我が国に来て学問を求めた。毎年、絹二五匹の費用が提供されると同時に、四季の服装も発給された」と記されている。

ところで興福寺の僧・栄睿と大安寺の僧・普照《ふしょう》が、勅を奉じて入唐したのは天平五年（七三三）のことで、二人は、戒律の師を招聘《しょうへい》するという重大な任務を負っていた。

二人は、唐の国をめぐり伝戒の師を求め続け、揚州で中国仏教界の戒律の第一人者である鑑真《がんじん》に出会う。その時の様子は、作家・井上靖の小説『天平の甍《いらか》』に、名シーンとして綴《つづ》られているが、鑑真は「仏教のためなら命は惜しくない。誰も行かないなら私が行こう」という。

五回失敗し、六回目の渡航で、仏教に理解のあった遣唐使の副使・大伴古麻呂《こまろ》の船に乗って、天平勝宝五年（七五三）に日本の土を踏むが、その時は失明していた。

法進《ほっしん》や義静《ぎしょう》らの唐僧を伴い、普照に案内されて天平勝宝六年、平城京に入った鑑真一行は、朝野の歓迎を受ける。聖武太上天皇は、勅を宣し吉備真備を勅使として遣わした。

唐招提寺・金堂の諸仏

唐招提寺・鑑真和上像

聖武太上天皇は、

朕《ちん》は此れ、東大寺造りて十余年経る。戒壇《かいだん》を立て戒律を伝授せむと欲す。此れ心ありてより日夜忘れず、今諸《もろもろ》の大徳、遠くより来って戒を伝ふること、寔《まこと》に朕が心に契《かな》へり、今より以後、授戒伝律《じゅかいでんりつ》のこと、一《ひと》へに和上に任す。

と、授戒伝律のいっさいを鑑真に託す。

さっそく、東大寺大仏殿前に戒壇が築かれ、聖武太上天皇、光明皇太后、孝謙天皇に菩薩戒《ぼさつかい》が、続いて四三〇人に戒が授けられた。鑑真が日本に戒律の精神と儀礼を伝えたことは、奈良時代の中日両国の交流の状況をよく示している出来事である。

さて、円仁の『入唐求法巡礼行記』によると、学問僧の円載《えんさい》が揚州から天台山に行って仏法を修めるのに、唐の政府は五年間も食糧を提供したという。

学問僧が唐の各地を巡回、仏法を修めるに当たり、政府機関は事前に身分証明書を持たせた。これを各州、県の地方長官に見せれば、寺院での宿泊や食糧なども提供される。学問僧の滞在期間がもし九年を超えたら、僧侶の籍に編入し、唐の僧侶と同じように扱われる。学問僧の玄昉は、入唐してから法相宗をよく勉強したことで、玄宗皇帝は紫衣を彼に賜った。

空海は真言密宗の学習に努力したことで、唐の順宗（在位八〇五年）は菩提念珠を彼に賜った。また、円載は皇宮に招かれ、優れた仏法への理解力があるがゆえに、唐の宣宗（在位八四六～八五九年）が彼に紫衣を賜った。学問僧が帰国する時には、唐の政府は、大量の仏教典籍、書籍を贈っている。たとえば、則天武后は自ら『経律論《きょうりつろん》』などの仏教経典を、日本の学問僧に贈った。

貿易による文化交流とその受容

各国が自国の特産物を唐の皇帝に進呈した時、唐の政府は常に数倍、数十倍の特産物を見返りに贈っている。宮崎市定の『隋唐文化の本質』には、「隋唐文化は、一口にいえば、貴族文化である」「貴族文化は一面において工匠、職人の文化である」と述べている。

音楽に限って言っても、吉備真備は唐代流行の楽舞を日本に伝えた時に、『楽書要録』一〇巻、『写律管声《しゃりつかんせい》十二条』などの音楽に関する書籍だけではなく、楽器や調律管、方響（燕楽《えんがく》の楽器の一つ）等を持ち帰ったのである。

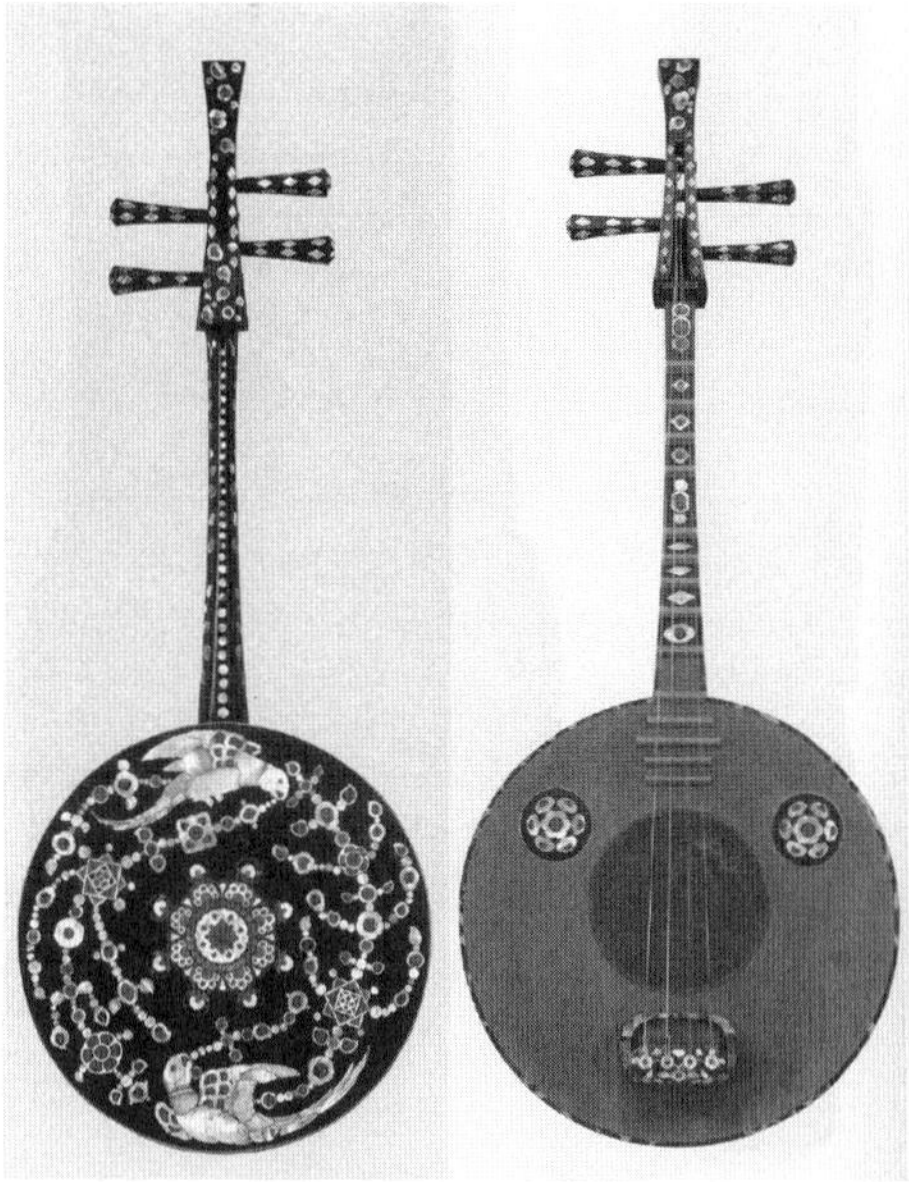

螺鈿紫檀阮咸（正倉院宝物）

正倉院に保存されている中国から伝来した楽器、五弦琵琶、阮咸《げんかん》、箜篌《くご》、尺八、横笛、笙《しょう》、竽《う》、簫《しょう》、方響板《ほうきょうばん》、鉦《しょう》、鼓《こ》など、種類は二三種、数は百点をはるかにこえる。。これらの実物は、唐の音楽文化、つまり楽器の工匠、職人の文化が確実に日本に伝来したことの証明である。

遣唐使は同時に貿易使も兼ねており、帰路の遣唐使は大量の文物を日本にもたらしたが、この中には唐の書物が数多く含まれている。唐でも日本人が書籍を好むことを知っていたらしい。出来るだけ多くの書物を日本に持ち帰ることは、遣唐使の最大の使

唐・長安城をモデルにした平城京・大極殿
（2010年の平城遷都1300年記念式典）

命でもあった。

遣唐使が将来した漢籍は、『日本国見在書目録』に記されているように、『易』、『詩』、『楽』、『孝経』、『異説』、『尚書《しょうしょ》』、『礼』、『春秋』、『論語』をはじめ、小学、正史、雑史、起居註、職官、刑法、土地、簿録、道、名、縦衡、農、兵、暦数、医方、別集、古史、覇史、旧事、儀註、雑伝、譜系、儒、法、墨、雑、小説、天文、五行、楚辞《そじ》、総集などの四〇家、合計一五七九部一六七九〇巻である。

当時、唐には仏教の経典は全部で五〇四八巻あったが、第八次遣唐使とともに入唐した学問僧が持ち帰ったのは、約五〇〇〇巻もあった。また、円載は八七七年に数千巻にのぼる典籍を携えて、船に乗って帰国しようとしたが、途中、大暴風雨に遭い、経巻もろとも海の藻クズとなってしまった。唐に一七年も滞在してきた吉備真備は、帰国の時に、一七〇〇部あまりの漢籍をもたらした。

では、遣唐使はこれほど多くの書物を一体どのように手に入れたのだろうか。まず、唐の政府や民間人から貰えるという方式が挙げられる。則天武后はかつて多くの書籍を遣唐使に贈った。

遣唐使成員の、上は大使から下は水手に至るまで、みな一定の数量の荷物を携えた。使節団が出発する直前、日本の朝廷はメンバーに規定どおりの物品を与えたのである。これらの物品は使節団が唐に着いてからの旅費として与えられたものであった。

しかし使節団が唐に着いてからのあらゆる費用は、唐朝がすべて提供したので、日本朝廷の発給した旅費は、唐の市場で物品と交易するのに使われたのであった。また、遣唐使成員が日本から持ってきた品物（絁《あしぎぬ》、綿、布、金銀など）は、唐においてもすこぶる歓迎されたのである。ゆえに、使節団員は限りある旅費で、数倍の価値のある唐物を交換することが出来た。『入唐求法巡礼行記』によると、遣唐使のメンバーは、多くの品を出国の町である揚州で購入したという。

さらに、遣唐使はこれらの書物をすべて買うより、抄写《しょうしゃ》の方式がより経済的だと考え、彼らは自分が本を借りて書き写すだけではなく、他人を雇って抄写したのであった。

このように、留学生たちが唐の書物の輸入にかけたエネルギーは、すさまじいものがあった。写本しか手に入らず、商品として本が流通していないころ、留学生が本にこだわったのは当然であり、航海の途中で海に沈んだ写本に思いを致せば、日本に伝えられた書物は、執念の賜物といってもいいだろう。

遣唐使時代に摂取された唐文化は極めて体系的で、日本は唐文化を自らのフィルターで濾過《ろか》し、文化摩擦をおこすことなく取り入れ、日本文化の形成に役立てている。

それにしても、新来の文化を受け入れるのに要した時間が、わずか五〇年足らずで、高度な唐風化が日本に達成された事実に驚かざるを得ない。それは、唐文化を摂取した時期が、日本の国家や文化の形成時期に合致していた点にあることも見逃してはならない。

いま、私たちは、唐天竺《からてんじく》・唐人・唐国・唐船・唐様などの言葉を使い、「唐」を中国の代名詞のようなイメージとしてとらえている。

唐に渡った留学生たちは、有用な典籍を日本に持ち帰ることで、唐の先進文化を伝えたいと必死になった。それこそが、留学生が学問したことへの証明であり、彼らは、帰国して唐で得た学問を披露することで名声を博したのである（『遣唐使』東野治之著・岩波書店参照）。

当時、唐との頻繁な交流を持つ隣国は、五〇余国あったにもかかわらず、日本の遣唐使が文化交流において、独り歴史に残る大きな役割を果たし得た理由は、恐らくここにあったと考える。

「参考文献」

『奈良文化と唐文化』「東アジアの中の日本歴史」王金林・六興出版・一九八八年

『遣唐使と古代日本の対外政策』森公章・吉川弘文館・二〇〇八年

『中国と東アジア世界──中華的世界と諸民族』堀敏一・岩波書店・一九九三年

『冊府元亀』周勛初主編・鳳凰出版社・二〇〇七年

『三教指帰・性霊集』空海・岩波書店・一九六五年

『入唐求法巡礼行記』一、二、足立喜六訳註、塩入良道補註、円仁・平凡社・一九八五年

『唐大和上東征伝』蔵中進註、淡海三船・和泉書院影印叢刊（第一期）一二、和泉書院一九九五年

『日本国見在書目録─宮内庁書陵部室生寺本』名著刊行会・一九九六年

『宮崎市定全集』一七第一九回配本、宮崎市定・岩波書店二〇〇〇年

『遣唐使』東野治之・岩波書店・二〇〇七年

（祁暁明）

第八章
シルクロードの響き―ペルシアから正倉院へ―

シルクロードの音楽とはなにか

「シルクロードの音楽」とか「シルクロード音楽の旅」などと銘《めい》うったCDアルバムが、巷《ちまた》にはいくつも出まわっている。また、この名を冠したイベントも頻繁《ひんぱん》に行われるので、「シルクロード音楽」なるものが存在すると錯覚する人もいるかも知れない。手もとにある二、三のCDの内容を見てみよう。

輸入盤の「シルクロード――音楽のキャラバン *The Silk Road—A Musical Caravan*」と題されたスミソニアン・フォークウェイズのCDには、イラン、アゼルバイジャン、トルクメニスタン、ウズベキスタン、タジキスタン、キルギス、カザフスタン、ウイグル、アフガニスタン、中国の伝統音楽に加えて、なんと日本の五木の子守唄が入っている。

日本盤CD「シルクロード音楽の旅」（キング・レコード）を見てみると、中国の漢族・朝鮮族・チベット族・ウイグル族、モンゴル、ウズベキスタン、タジキスタン、キルギス、アゼルバイジャン、イラン、トルコ、ルーマニア、ネパール、パキスタン、インドの音楽に加えて、エジプトの音楽が入っている。

これらの音楽を注意深く聴いてみると、これらの地域で今日まで伝承されてきた音楽、洋楽の語法や洋楽器を加えて編曲したもの、新しい創作など、雑多《ざった》な要素が入りまじったアジアの音楽が、ひとくくりに「シルクロードの音楽」と呼ばれているのである。

「シルクロードの音楽」などという音楽ジャンルは存在しない。だが、あえてこの名でくくるとすれば、西アジア（アラブ諸国、トルコ、イラン、アフガニスタンなど）の音楽、中央アジア（コーカサスを含む旧ソ連の中央アジア共和国、モンゴル、シベリアなど）の音楽、南アジア（インド、パキスタン、ネパール、バングラデシュ、スリランカなど）の音楽、そして五五の少数民族を含む中国の伝統音楽がここに数えられる。

いっぽうで、かつて漢民族が「西域楽《せいいきがく》」と呼んでいた外来音楽を、「シルクロードの音楽」と理解している人たちも少なくない。この場合、西域の古代音楽に限定されるが、実は「西域」の概念も漠然《ばくぜん》としていて、西は亀茲《きじ》・于闐《うてん》・ガンダーラからギリシアやローマの音楽を含み、東は高句麗《こうくり》・百済《くだら》・新羅《しらぎ》の朝鮮半島の音楽（高句麗の音楽は伝統的に「高麗楽《こまがく》」と呼ばれてきた）、南は天竺《てんじく》（インドやスリランカ）の音楽、そして林邑《りんゆう》（ベトナム）・度羅《とら》（東南アジア）の音楽といった具合に東西に拡大される。

最近、中国の新疆《しんきょう》ウイグル自治区ウルムチで開催された「時空を超えた絲綢之路《シルクロード》」と題した音楽会（二〇一〇年九月八日新疆人民会堂）では、「唐曲五首」と題して『敦煌曲譜』から解読された唐代の音楽を復元したもの、「ウッシャーク・ムカーム」「ナワー・ムカーム」など新疆ウイグルの伝統音楽を四曲、新疆タジクの民謡、周《ジョウ》吉《ジー》（一九四三―二〇〇八・新疆ウイグル自治区ウルムチ在住の著名なムカーム研究者で作曲家）の作品「亀茲古韻《きじこいん》組曲」が演奏された。つまり、元来の西域楽には限定されず、その流れを引く現代の作品も含まれる。

このように「シルクロードの音楽」なるものは、きわめて漠然《ばくぜん》としていて明確に定義しがたいが、ここでは二千年前以上前に拓《ひら》けた交易路――中国の特産物「絹」を西方世界に運んだ隊商路――を通じてさかんに行われた東西の音楽文化の出会いにはじまり、その交流の結果生まれたアジアの歌舞音曲（楽器を含む）のダイナミックな諸相を、こう呼んでいると理解するほかない。

「新シルクロード」の音楽

シルクロードに少しでも関心のある人なら、このタイトルからすぐさまヨーヨー・マとシルクロード・アンサンブルが奏でた、NHKテレビ番組『新シルクロード』のテーマ音楽を思い浮かべるにちがいない。二〇〇五年にNHKが放送八〇周年を記念して、日本と中国が共同制作した特別番組である。

タイトル画面の冒頭に、アゼルバイジャンの名歌手アリム・カスィモフが短いダルアーマド（序唱）をいきなり高らかに歌う。はじめて聞く人はいささか意表をつかれるかも知れないが、これはアゼルバイジャンのムガーム・シューシュタル（シューシュタル旋法《せんぽう》）の調べである。次いで、グリア・マシュロヴァが静かにハープで短三和音《たんさんわおん》を爪弾《つまび》きはじめ、それに誘われるようにヨーヨー・マがチェロで「モヒーニー（魅惑）」のテーマを弾きだす。さらに二挺《ちょう》のヴァイオリンと中国琵琶《びわ》が参加して響きに厚みを加える間に、インドの歌姫ニランジャナがヴォカリーズ（母音唱法）で主旋律を引きつぐ。実は、この旋律はインドのタブラ奏者サンディープ・ダスがヒンドゥーの女神モヒーニー像から霊感を得て、インドラジット・デイと共に作った曲で、ラーガ・バイラヴィにもとづいているという。

これは今日のアゼルバイジャン、イラン、インド、中国の第一級の演奏家の協力を得てヨーヨー・マが作りだした現代音楽（世界音楽）で、すぐれて現代のシルクロードの音楽を反映したものである。

では、古代のシルクロードでは人々は、どのような響きを聞いていたのであろうか。

古代シルクロードの音楽

もう四半世紀以上前（一九八四年七月〜九月）に「シルクロードと正倉院文化」というタイトルの特別展が、岡山市立オリエント美術館で開催された。この特別展の図録をめくって見ると、正倉院宝物の楽器（なんと二三種類百余点の楽器がある）の中の、とりわけ琵琶と箜篌《くご》がペルシア系であると強調されている。これを読んで、切子瑠璃碗《きりこるりわん》や八曲長杯《はっきょくちょうはい》とともに、古代ペルシアの音楽がはるばる日本まで渡来したと短絡してしまう人も少なくない。

古代ペルシアの音楽が実際に日本に渡来したかどうかは知るよしもない。楽器はモノであり手にとって眺めることができる。だが、その楽器で奏でられた音楽が必ずしも楽器に付随《ふずい》して運ばれるとはかぎらない。楽器だけが単独に運ばれることもある。異国から流れ

螺鈿紫檀五絃琵琶
ラクダに乗ったペルシア人が描かれている（正倉院宝物）

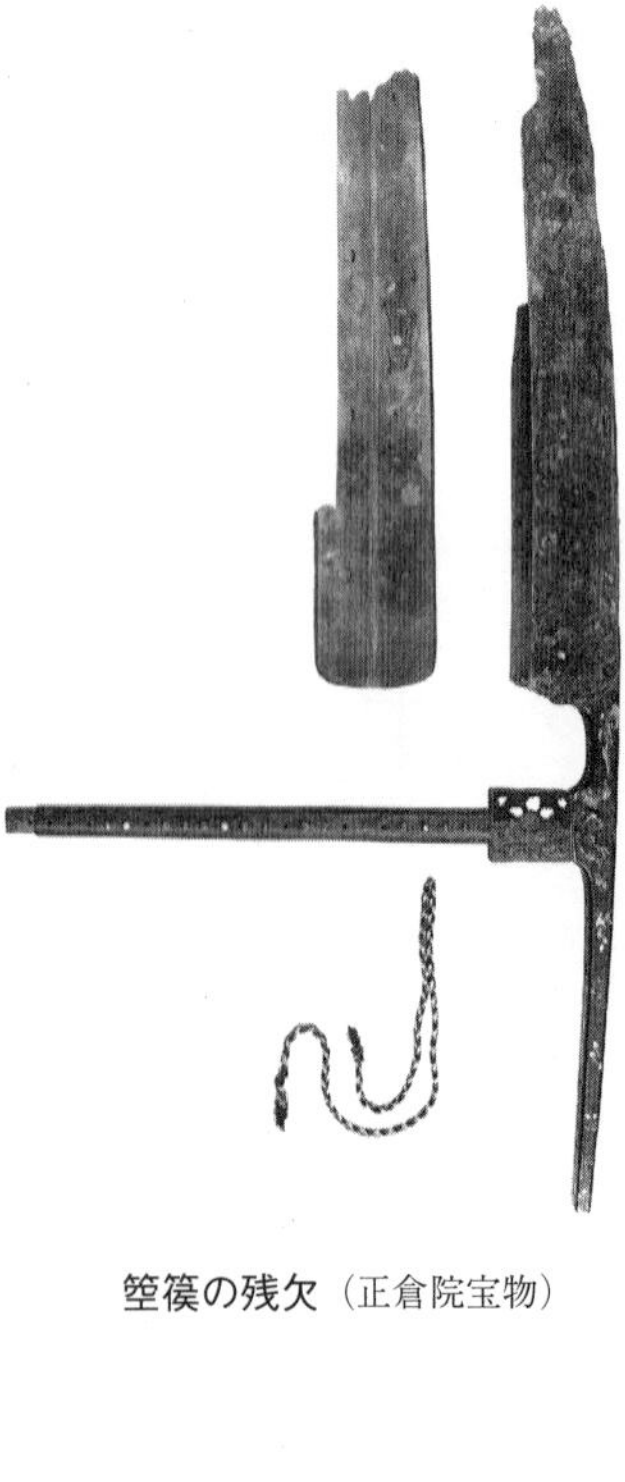

箜篌の残欠（正倉院宝物）

着いた新しい楽器で、別の音楽が奏でられるという事態はしばしば起こるのである。

たしかに日本の琵琶と箜篌の楽器史的な系譜はペルシアにさかのぼり得る。こうした見解は岸邊成雄著『古代シルクロードの音楽』（講談社、一九八二）に記されている。主として漢籍および中国の古代遺跡に残る図像資料によって、奏楽や楽器に関する記述をかさね合せて、西域から音楽文化がどのような経路で東漸したかを想定することは可能である。西域楽器の渡来を歴史的に跡づけた研究としては、ほかに林謙三著『東アジア楽器考』（カワイ楽器、一九七三）という名著も忘れることはできない。

漢籍に依存する情報、つまり東アジアから見た西域音楽の渡来の詳細に関しては、これら先学の研究からある程度まで知ることができる。だが、漢字文化圏の外の情報となると、確かな情報を得るのは、なかなか困難である。古代シルクロードで用いられていた諸言語の文献、とりわけ音楽に関する資料は残っていないからである。われわれが利用できるのは、せいぜいササン朝時代（二二六～六五一年）の資料、それも中世ペルシア語ではなく、近世ペルシア語で書かれた文献を通じた情報なのである。

白瑠璃碗
ササン朝ペルシアの地で造られたといわれる（正倉院宝物）

本章では主としてペルシア語資料およびイランの遺跡および出土品に見られる音楽図像資料を、西アジアおよび中央アジアの音楽文化のコンテクストの中で考察し解釈してみたい。とりわけ、ササン朝ペルシアの楽器の形状と名称とを現時点で分かるかぎりにおいて、具体的に明らかにしておきたいと思う。なお、ペルシア語の片カナ表記に関して付言しておく。音楽用語や楽器の名称、楽師や詩人の名は、古代のそれではなく現代ペルシア語の発音を、一定の原則にもとづいてカナに写した。

ササン朝ペルシアの音楽

ほぼ半世紀も前のこと（一九六三～六六年）になるが、私はイラン政府交換留学生の一人として、テヘラン大学に留学した。未知のシルクロードの音楽に憧れて、西アジアの音楽を実地に学んで見ようと思い立ったからである。テヘラン大学で私のアドヴァイザーであったメヘディー・バルケシュリー教授は、ほとんど口癖《くちぐせ》のように「アラブ音楽の源はササン朝ペルシア音楽である」と力説された。

事実、バルケシュリー教授は「ササン朝の芸術――アラブ音楽の基礎」と題された論文（Barkechli 1947）を出版していて、それが彼の持論であった。しかし、これはけっして愛国的なイラン人の、アラブ人やトルコ人に対抗する民族主義的な優越感ないし偏見ではない。では、西アジアがイスラーム世界になる以前に栄えたササン朝ペルシアの音楽とは、一体どのような音楽だったのであろうか。

古代の音楽を厳密な意味で再現するすべはない。録音技術がまだ存在しなかった時代の音楽の響きは想像するほかないのである。空気の振動である音は鳴り響いた瞬時に消え去ってしまう。音楽は人間の記憶の中にしか残らない。したがって、生身の人間がこれを伝習して次の世代に伝えない限り、過去の音楽は保存再現され得ない。

楽譜に書いてあれば音楽は伝達されるだろうと安易に考える人もいるが、楽譜も実は口頭伝承《こうとうでんしょう》なしには無力である。古代の楽譜（もっとも広義の）が発掘され、それを誰かが解読したとしても、生きた伝承が残っていないかぎり、厳密な意味での音楽の復元は不可能なのだ。人類の無形文化遺産の保存がしきりに叫ばれるゆえんである。

ただし、楽器そのものが完全な形で土中から発掘されれば、そして、その奏法が図像資料などから判明すれば、それらしい響きを再現して、古の音楽のある側面を類推することはできる。しかし、それとて当時鳴り響いたであろう音楽の可能性（それは無限にある）の一つにすぎない。かくして、古代メソポタミアの音楽の復元や、古代エジプトあるいは古代ギリシアの音楽の復元の試みも、古代人が実際に聞いた楽の音はこれだという確たる保証はない。

ペルシア帝国時代の遺跡（現在のイラン）

アケメネス朝（紀元前五五〇～前三三〇年）のペルシア音楽に関しては、ヘロドトスやクセノフォンやアテナイオスらが書きしるした断片的な情報を除けば、直接的な資料や情報はきわめて限られる。しかし、ササン朝のペルシア音楽は後のイスラーム時代にも継承され、そのしくみや楽器はやがてアラブ音楽やトルコ音楽にも受け継がれた。ササン朝の音楽づくりや楽器を描いた図像資料は少なからず残されており、イスラーム時代になっても、叙事詩や抒情詩の中にササン朝の具体的な楽器や旋法や楽曲の名前が言及されている。

こうした叙事詩は韻律《いんりつ》に則《のっと》って詠《よ》まれ、古来、朗誦《ろうしょう》されてきた。詩人は同時に歌い手でもあった。楽師には詩人としての資質と教養が要求された。このような伝統の中に往年のペルシアの奏楽の実践が、多少なりとも今日まで受け継がれてきた

アルダシール１世 (在位 226 ～ 241 年)	パルティア王のアルタバヌス５世に勝利し、ササン朝をひらく。古都ペルセポリス付近でおこる。
シャープール１世 (在位 241 ～ 272 年)	「イラン人および非イラン人の諸王の王」という称号を用いる。 ローマ軍を破って、２人の皇帝を敗死させる。 シリアに遠征しローマ軍を破り、皇帝ヴァレリアヌスを捕虜にする。 クシャーナ朝を滅ぼし、インダス川まで領土をひろげ、中央集権的な支配体制をつくる。 ナグシェ・ロスタムとビシャプールの岩肌にローマ戦勝利の浮き彫りが残されている。
５世紀	シャープール１世の後継者の治世になると、内乱がおき帝国は弱体化する。 中央アジアからの遊牧民エフタルの侵入を受ける。
ホスロー１世 (在位 531 ～ 579 年)	突厥と結んでエフタルを滅ぼす。税制改革を行い、「正しき者」という称号が授けられる。 ビザンツ帝国を破り、ビザンティウムから紅海を通り、インドにつながる海上ルートを支配する。
ホスロー２世 (在位 591 ～ 628 年)	シリア・パレスチナ・エジプトを征服。 末期に、預言者ムハンマドが提唱する宗教が中近東にひろまる。
ヤズデギルド３世 (在位 632 ～ 651 年)	カーディシーヤ（637）とニハーワンド（642）の戦いに敗れる。人々は国教であるゾロアスター教を捨て、新たな信仰を取り入れる。 イスラム勢力の進軍を受け、ササン朝最後の王となる。

ササン朝ペルシア（226 ～ 651 年・32 代）の歴史略年表

ペルセポリスの近くにあるアナーヒーター女神にささげられた聖所で、ササンという名の祭司が「聖なる火の番人」として奉仕したことからササン朝と呼ぶ。

と思われる。

アケメネス朝のアルタクセルクセス三世の血をひくアルダシール一世は、二二六年にパルティアを滅ぼしてササン朝ペルシアを建てた。この王朝はゾロアスター教を国教として採用した。ゾロアスター教の祭司は支配階級の中でもっとも高い地位が与えられた。さらに、楽師や曲芸師にも廷臣の位を授けられ重んじられたと言われる。

ササン朝第一五代の王バハラーム五世（在位四二一～三九年）にまつわる伝説はいくつかあるが、とりわけ、楽師を廷臣の中でも最高の地位に引き上げたということ、また、インドから一万余人の歌舞音曲の巧みな祝言人《ほがいびと》を招いてイランに住まわせたことが有名である。これはフェルドウスィーの叙事詩『シャーナーメ』の中に詠われている。これらの祝言人はイランのロル族の祖先とされているが、また、彼らこそロマ

（いわゆるジプシー）の先祖だという説もひろく通行している。

同じ『シャーナーメ』の中（「ホスロー・パルヴィーズとシーリーン」）には、「楽師バールバドの物語」が挿入《そうにゅう》されている。ここにはバールバドがその稀有《けう》な才能をホスロー二世（パルヴィーズ、在位五九一～六二八年）に認められ、宮廷で高い地位を占めるようになった経緯が叙事詩として語られている。その物語のあらすじをここに要約してみよう。

ホスロー王の宮廷では、サルカシュが宮廷楽師の中の第一人者として君臨していた。しかし、ホスロー王の治世も二八年が過ぎた頃、ある地方の新進気鋭の楽師バールバドは、なんとか宮廷楽師に取り立てられたいと願っていた。まわりの人々はさかんに、バールバドにその優れた技量を王に直接聞いてもらうように勧めた。

そこでバールバドは都に出て宮廷楽師サルカシュにその芸を披露すると、この老大家は内心この若者の才能は自分の地位を危うくするのではないかと怖れた。そして謁見《えっけん》担当の侍従《じじゅう》を買収して、新進の楽師が王に謁見できないよう策を巡らした。バールバドは自身のバルバト（琵琶）を抱えて何度も王宮の門を叩くが、その度ごとに守衛に追い払われた。

絶望しかけたバールバドに、王宮の庭師マルドヴィーが耳よりな情報を提供する。王はノウルーズ（新年）になると二週間御苑《ぎょえん》で祝宴を催《もよお》すのを常としている。そこでバールバドは御苑に忍びこみ、一本の高く聳え立つサルヴの樹に登り、青々と茂った枝の陰に身を隠して、バルバトの腕前を王に聞かせるという奇策を案じた。

バールバドの企みは見事に成功し、めでたく宮廷楽師の長に取り立てられた。この時、バールバドが作曲し奏でた『ダードアーファリード（創造主）』、『ペイカーレ・ゴルド（勇者の戦い）』、『サブズ・ダル・サブズ（緑の中の緑）』などの曲は後世に長く伝えられた。

バールバドを典型とするササン朝のラーメシュガル（詩人＝楽師）の伝統は、その後イランがイスラーム時代になっても受け継がれた。この伝統の担い手として直ちに思い起こされるのは、中央アジアのイラン系王朝・サーマーン朝（八七五〜九九九年）の宮廷詩人ルーダキーである。彼は九世紀から一〇世紀前半に活躍したチャング（箜篌《くご》）の名人であったが、生来の目の不自由な楽師であった。

ターゲ・ボスターンに描かれたササン朝ペルシアの楽器

ホスロー二世（五九一〜六二八年）の治世は、ササン朝を通じて音楽文化がもっとも栄えた時代であった。このことはイラン西北部ケルマンシャー市の郊外に現存するササン朝末期の遺跡、ターゲ・ボスターン（タク・イ・ブスタンとも表記されるが、これは国際的に通用しない）の摩崖《まがい》浮き彫りから想像することができる。ここには大小二つの洞室があり壁面に彫刻が施されているが、とりわけ、大きい洞室の左壁面に彫られた精巧な浮き彫り「帝王猪狩図《ていおういのししがりず》」、および右壁面に彫られた「帝王鹿狩図《ていおうしかがりず》」には、随行《ずいこう》した大勢の楽人が楽器とともに描かれていて、当時の音楽の華やかさを彷彿《ほうふつ》とさせる。

私はイラン留学中にこの遺跡をつぶさに見学する機会に恵まれた。一九六五年六月から七月にかけて東京大学イラク・イラン遺跡調査団がこの遺跡の学術調査を行っていたが、その調査現場に赴《おもむ》く機会があったのである。たまたまヨーロッパ旅行の途中でテヘランに立ち寄られた東京大学の故岸邊成雄《きしべしげお》教授から、この調査現場までの同行を請われ、私は教授の通訳兼カメラマンとして、ケルマンシャーまでお伴したのである。ターゲ・ボスターンでは調査団がスチール・パイプの足場を設営していて、その上に登って浮き彫りを間近に見ることができた。そして写真撮影が許されたのは、誠に幸運なことであった。

「帝王猪狩図」

ターゲ・ボスターン遺跡には、大小二つのアーチ形の洞室が穿《うが》たれているが、左側の大洞《だいどう》にくだんの浮き彫りがある。大洞の左壁の「帝王猪狩図」の浮き彫りには、中央にひときわ高く屹立《きつりつ》し弓を引く帝王が乗った大きな船と、それに付き添うように比較的小さな船が描かれ、そこにハープを奏でる五人の女性が乗っている。その右に円形頭光《えんけいずこう》をつけた王侯風の人物を乗せた船が描かれ、その後にもハープを奏でる五人の女性を乗せた小さな船が付きそっている。

ターゲ・ボスターン全景（東京大学総合研究博物館）

最上段にもう一艘《そう》の従者を乗せた小さな船が描かれている。船首と船尾にいる船頭のほかに、乗っている五人の従者はすべて男性である。彼らは船上で立っており、両手を肩の高さまで上げた不思議な手振りをしている。左手は手の甲を上にして軽く握っているように見えるが、右手はすべて損傷《そんしょう》していてどんな形をしているか定かではない。しばしば手拍子を打つ楽人と説明されるが、このしぐさは後述の「帝王鹿狩図」中の手拍子を打つ七人の女性とは明らかに異なる。

さて、この浮き彫りで女性が奏でているハープは、ペルシア語

ターゲ・ボスターン「帝王猪狩図」（東京大学総合研究博物館）

でチャング（*chang*・獣の鉤爪《かぎつめ》を意味する。両手の爪を立てて奏でるからか）と呼ばれる。これこそ奈良の正倉院に残欠《ざんけつ》が二張《は》り現存する箜篌《くご》の祖先である。

箜篌は構造的に西洋のハープとは異なり、垂直に立つ共鳴胴（槽《そう》）の下端に、腕木《うでぎ》（棹《さお》）が水平に差し込まれている。したがって、共鳴胴と腕木とが直角を形成する、いわゆる「角型《かくがた》ハープ」である。

ところが、中央に立つ帝王を乗せた大きな船、および右端の頭光《ずこう》をつけた王侯風人物を乗せた船には、ハープを前にした楽人が一人だけ乗っている。しかも、この楽人は男性である。彼が奏でる楽器も角型ハープであるが、これはチャングではない。槽は下に横臥《おうが》している。そして槽の一端に腕木が垂直に立っている。あたかも箜篌の槽を九〇度横転させて水平に置いた形を呈している。これはヴァン *van*（あるいはヴィーン *vīn*）と呼ばれる別種のハープである。これは古代メソポタミアで用いられていたもっと古いタイプのハープである。ここに描かれているヴァンには、一〇弦が張られている。

注目すべきことは、ササン朝ペルシアにはヴァンとチャングの二種類のハープが併用されていたという事実である。ここで混乱を避けるために、ハープを分類する際の用語を説明しておこう。そもそも、ハープは日本語で「竪琴《たてごと》」と呼びならわされているが、この竪琴はハープを意味したり、構造的に異なるリラを指したりして紛らわしい。本稿では、竪琴の語を用いないことにする。

楽器学ではハープを構造的に三大別する。第一は「弓型ハープ arched harp」で、文字通り狩猟具や武具としての弓から発達したものである。弓そのものが棹となり、その一端が連続的に共鳴胴となり、複数の弓弦が弦となる。いわゆる「ビルマの竪琴」はこの種類である。

第二は「角型《かくがた》ハープ angular harp」であるが、槽《そう》とこれに直角に差し込まれたまっすぐな腕木とから成り、両

「帝王猪狩図」のチャング
（柘植元一 1965）

者の間に弦を張ったハープである。これを「竪形ハープ」と訳す人もいるが、これは誤訳であり混乱をまねく。「アンギュラー・ハープ」とは槽と腕木とが「直角」をなす構造を意味する。この語はかつて「規矩《かねさし》形ハープ」などとも訳されたが、今や規矩《かねさし》そのものを知る人が少ない。本稿では「竪形ハープ」や「規矩形ハープ」の用語を廃して、「角型ハープ」を採用する。

さて、この角型ハープには二つのタイプがある。チャングや箜篌のように槽が上に垂直に立つもの **vertical angular harp**（垂直式角型ハープ）と、ヴァンのように槽が下に水平に横臥するもの **horizontal angular harp**（水平式角型ハープ）である。

第三は「枠型《わくがた》ハープ **frame harp**」で、西洋のクラシック・ハープやアイリッシュ・ハープのように、三角形の枠の中に弦《げん》を張ったハープである。シルクロードにはこの枠型ハープはなぜか発達しなかった。

クルト・ザックスはその著書『楽器の歴史』の中で、角型ハープの淵源《えんげん》はイランにあり、そこから近東（メソポタミアやエジプト）に伝播《でんぱ》したと唱え、ターゲ・ボスターンの浮き彫りには、三つのタイプの角型ハープが描かれていると書いている（Sachs 1940 : 259）。

その三つのタイプとは、①水平式の角型ハープ（ヴァン）。②垂直式の角型ハープであるが、アッシリアや古代エジプトの角型ハープのように、槽が上に行くにつれて太くなり、その先端が平らに切り取られたずんぐりした形状のもの。③同じく垂直式の角型ハープであるが、槽は上に行くにつれて細くなり先端は鉤《かぎ》ないし渦巻きになっている（この下端は腕木よりもさらに下に延びて脚柱《きゃくちゅう》をなしている）。これこそ典型的なチャングである。ペルシアの細密画《さいみつが》に描かれている華奢《きゃしゃ》な形のハープがこれであり、また正倉院の箜篌もこのタイプである。

しかし、ターゲ・ボスターンの浮き彫りには、アッシリアや古代エジプト風のずんぐりした垂直式角型ハープは描かれていない（ビーシャープール出土のモザイクに描かれた角型ハープは、いわゆるチャングではなく、アッシリアやエジプトの角型ハープであると思われる）。ここに見えるのは、ヴァンとチャングの二つのタイプのみである。したがって、ザックスの記述は「二つのタイプ」と訂正されなければならない。

「帝王鹿狩図」

興味深いのは、チャングは五人の女性の奏者によってグループで奏でられるが、ヴァンは男性によって単独で奏でられているということである。こうした楽器のタイプの違いと奏者（の性別）および演奏慣習（独奏・合奏、ないし音頭・一同の関係）を一層はっきりと見せてくれる図像が、同じ大洞の右壁の浮き彫り、つまり、「帝王鹿狩図」に見られる。

「帝王猪狩図」のヴァン
（柘植元一 1965）

「帝王鹿狩図」の左上の一角に、高い櫓《やぐら》の上に乗った一七人の楽人の一団が描かれているが、この上の段の右半分を見ると、一人のヴァン奏者を先頭に、五人のチャング奏者が後に連なっている。ヴァン奏者は男性

「帝王鹿狩図」櫓上の楽人達（東京大学総合研究博物館）

で、チャング奏者は女性である。つまり、ヴァン奏者は竪琴のグループの音頭つまり首席奏者ではないかと思われる。また、下の段に坐って手拍子（またはシンバル）を打っている七人は、すべて女性である。

この一団のオーケストラには、弦鳴楽器のほかに何種類かの気鳴《きめい》楽器《がっき》（管楽器）も見える。上段の左半分に起立した四人の楽人がいるが、ヴァン奏者と向き合って、一見、両手で捧《ささ》げもった皮袋から葡萄酒を飲んでいるように見える二人は、ムシュタク奏者である。

ムシュタクとは笙《しょう》の笛を指す。つまり、長短の葦管《あしかん》（根元に自由簧をもつ）を挿《さ》しこんだ匏《ひさご》（気嚢《きのう》）に細長い吹管《すいかん》をつけて、そこから息を吹いたり吸ったりして鳴らす楽器、日本の雅楽で用いられる笙にほかならない。

これは元来、中国起源の楽器であり、ササン朝ペルシアでも「中国のムシュタク」と呼ばれていた（Farmer 1939 : 9-10 : 77）。これは中国楽器の西漸《せいぜん》の証《あか》しであり、シルクロードによる東西楽器の交流の例としてきわめて興味深い。この楽器の細部は、後述するササン朝の銀器に明確に描かれている。

その後方（左）に立っている楽人も、形は長方形でいささか異なるものの、同じタイプの気鳴楽器を吹いている。さらに後方の三人目（左から二人目）の楽人は長方形の板の上端を口に当てているように見える。これを、ファーマーは長方形の枠太鼓とみなした（Farmer 1939 : 77）。しかし、この楽器の形状と構え方から判断すれば当然、ムースィーカールと呼ばれるパンパイプスであろうと推測される。これは漢語で簫《しょう》と呼ばれる。複数の竪笛を束ねた楽器である。

四人目（左端）の人物は単独の竪笛を吹いているが、これはナーイ（葦管）であろう。ただし、「ナーイ」は簧《こう》（リード）の有無を問わず、葦管で作った笛の総称であった。この浮き彫りからは、これが無簧のネイ（洞簫《どうしょう》）であるか複簧のミズマール（胡笳《こか》、または篳篥《ひちりき》）であるか、特定することはできない。

さて、この「帝王鹿狩図」の右上の隅に狩場に出御《しゅつぎょ》する騎乗《きじょう》の帝王が描かれているが、その背後に鼓笛隊とおぼしき楽人の一団が描かれている。ここには合計九人の人物が見えるが、浮き彫りは未完成で、細部は詳細には描かれていない。したがって、想像をたくましくして判断するほかない。上段の三人は明らかに楽人で、左の人物は大きな器太鼓《うつわだいこ》（金属製の鉢または釜のような容器の開口部に皮膜を張った片面太鼓）を膝に乗せて坐っている。これはクースと呼ばれる軍鼓で、西洋のティンパニの祖先に当たる。

中央の人物は胡坐《あぐら》をかいて、顔をいささか横向きに長い笛を吹いている。ファーマーはこれを「ルーイーン・ナーイ」と呼ばれるトランペットの一種ではないかと示唆していたが（Farmer 1939 : 77）、後にこれをスルナーイと修正した（Farmer 1966 : 14）。スルナーイは西洋のオーボエの祖先に当たり、トルコのズルナやインドのシャハナーイ、そしてわが日本のチャルメラと

「帝王鹿狩図」の鼓笛隊
（東京大学総合研究博物館）

「帝王猪狩図」象に乗る勢子達と法螺
（東京大学総合研究博物館）

同類の楽器である。

右端の人物は床に置かれた比較的小さな太鼓（おそらく二つの）を両手で叩いているように見える。ファーマーはこれをターサと呼ばれる器太鼓であるとみなした（Farmer 1939：78）。これは西アジアや中央アジアでナッカーラと呼ばれる器太鼓《うつわだいこ》である。

中段に、起立して両手をこまねいた三人の人物が描かれている。彼らの役割は不明であるが、ファーマーはザムザマゴヤーンではないかと憶測している（Farmer 1966：14）。これは「低い声でつぶやくように祈祷を唱える人」を指す。ゾロアスター教徒に課せられた義務の一つが、宗教儀式の前のみならず、食事・就寝・沐浴《もくよく》など日常の営みの前にも、聖典『アヴェスタ』の祈祷をつぶやき唱えることであった（ボイス　二〇一〇、二六三頁）。

最下段の左端と中央の人物は、それぞれトランペットを右手で支えているように見受けられる。これは一対で吹かれるルーイーン・ナーイ（あるいはナーイェ・ロウイーン）である。そして、右端の人物は腰の前に太鼓を水平につるしている。太鼓の胴の中央部がいささか細くなった両面太鼓であるが、これはタビーラ（またはタビール）、つまり漢民族が「細腰鼓《さいようこ》」と呼んだ、胡楽《こがく》に用いられる固有の膜鳴楽器《まくめいがっき》にほかならない。

この摩崖《まがい》浮き彫りに描かれている楽器（音具）で、忘れることのできないのは法螺《ほら》である。法螺とは巨大な巻き貝で作ったリップリードの気鳴楽器（つまり、角笛やラッパの類）である。殻頂部《かくちょうぶ》に孔を開けて歌口とし、そこから息を吹き込んで鳴らす。法螺は日本では修験道《しゅげんどう》の山伏が吹いたり、合戦で陣貝《じんがい》として用いられたが、ここではインド象を使う勢子《せこ》が吹いている。

象は「帝王猪狩図」の左右の縁および下に合計一五頭、また「帝王鹿狩図」の右縁に合計一〇頭（未完成の部分も含む）が描かれているが、法螺は前者の左縁の第一列目の二番目の象に乗っている勢子が手にしている。さらに眼を凝らして見ると、第二列の先頭の象に乗った勢子も、第四列の二番目の象の首根っこに乗った勢子も、そして、第五列の二番目の象に跨《また》がった勢子も法螺を、吹いていることが分かる。

ペルシア語ではハルモホレ（字義的には「巨大な法螺」）と呼ばれる（セピードモホレという呼び名もある）。特異な音を発する法螺は、人々の注意をひく音具として広く用いられた。戦陣や競技、王宮の諸儀式、さらに集会の合図、ハンマーム（共同浴場）の開場の合図として、かつてこれが吹き鳴らされたのである（Mallaḥ 1976 : 25-31）。

ササン朝銀器に描かれた楽器

ターゲ・ボスターンとほぼ同時代（あるいはその前後）に製作されたササン朝の銀器にも、同様の楽器が少なからず描かれている。これらの図像資料を比較参照することによって、古代ペルシアの楽器を確認することができるのである。

この種の図像資料として筆頭にあげられるのが、テヘランのイラン考古学博物館所蔵の「楽人文様銀鉢《がくにんもんようぎんばち》」である。銀鉢の外側に四人の楽人が浮き彫りで描かれているが、それぞれの楽器はバルバト（琵琶）、スルナーイ（嗩吶《さない》）、ムシュタク（笙）、チャガーナ（柄《え》付きフィンガーシンバル）である。銀器に描かれた楽器は、岩面の浮き彫りよりもはるかに丁寧に描写してあるので、その細部はよく分かる。

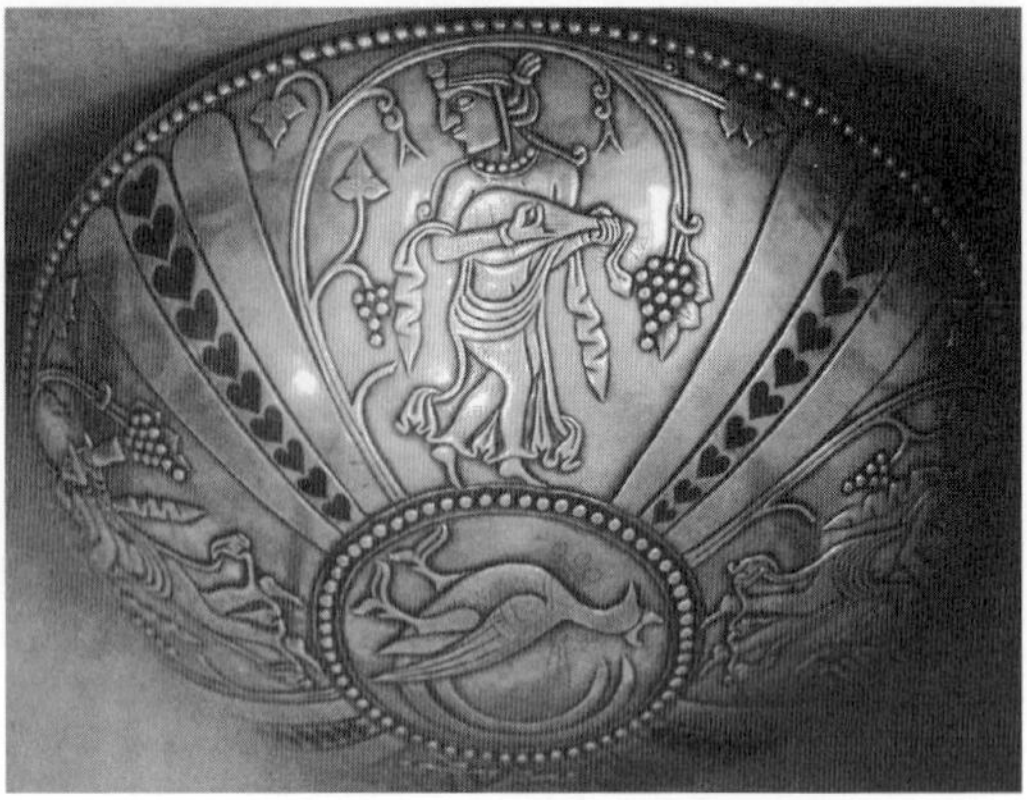

カラールダシュト出土の楽人文様銀鉢に
描かれたバルバト（イラン・バースタン博物館）

これは一対《つい》の小型シンバルを、ばね式のはさみ道具に取り付けたもので、これを一つずつ左右の手にもって打ち鳴らす体鳴楽器《たいめいがっき》である。女性の踊り手がこれを鳴らしながら踊ったらしい。はさみの間に人差し指を入れている細部まで描写されている。

「女神図水注瓶《めがみずすいちゅうへい》」と名づけられたササン朝の銀器（四〜五世紀）が、東京三鷹の中近東文化センターに所蔵されている（『オリエントの美術』図録番号一三八）。この側面にもチャガーナを両手にもって踊る裸体の女性が描かれている。同じ水瓶《すいびょう》にサンジュ（シンバル）を両手にもって踊っている裸体の女性も描かれている。これは打ち合わせて鳴らす体鳴楽器で、青銅製であった。同じく、中近東文化センター所蔵の「人物葡萄唐草八曲長杯《じんぶつぶどうからくさはっきょくちょうはい》」（『オリエントの美術』図録番号一四一。五〜七世紀）の底（外側）にも、チャガーナがスルナーイやムシュタクやバルバトとともに描かれている。

バルバトはイラン考古学博物館の「楽人文様銀鉢」に見えるとおり、唐の曲頸《きょくけい》四弦琵琶・日本の楽琵琶《がくびわ》そのものの形をしている。棹の頭部が後方にほとんど直角に折れ曲がっている（曲頸）のが特徴である。バルバトはチャングと共に、ササン朝ペルシアの代表的な弦楽器であった。バルバトはイスラーム時代になってからも、詩や細密画に頻繁に現れる。バルバトがシルクロードによって東に運ばれて、中国に到達し「琵琶」と呼ばれたことは、ほとんど疑う余地がない。また、この楽器はアラブの手により西方にも伝えられた。アラブ世界のウード、

「楽人文様銀鉢」に描かれた
ムシュタク
（イラン考古学博物館）

「楽人文様銀鉢」に描かれた
スルナーイ
（イラン考古学博物館）

「女神図水注瓶」に描かれた
サンジュ
（中近東文化センター）

「女神図水注瓶」に描かれた
チャガーナ
（中近東文化センター）

タバリスターン出土の銀皿
7～8世紀に描かれたバルバト
（大英博物館）

「人物文鳥口水注」に描かれたダフ
（中近東文化センター）

そしてヨーロッパのリュートの原型になったのである。

スルナーイは葦の複簧《ふくこう》（ダブルリード）と円錐形の管をもつ竪笛である。銀鉢の図像からはリードが単簧か複簧かは判定できない。いずれの可能性もあるが、後世の楽器の分布状況から憶測すれば、複簧の葦笛（オーボエの祖先）であったと考える方が自然である。奏者は細い管の先端を口にくわえて、両手で管の側面に穿《うが》たれた指孔を両手で操作している。スルナーイの図像は、前述の中近東文化センター所蔵の「人物葡萄唐草八曲長杯」にも見える。

ムシュタクは中近東文化センター蔵の「人物葡萄唐草八曲長杯」にも、イラン考古学博物館所蔵の「楽人文様銀鉢」にも比較的明瞭に描かれている。前者には七管のムシュタクが描かれ、後者には五管のものが描かれている。向こう側にも管がもう一列あると推定すれば、前者は一四管のムシュタク、後者は一〇管のムシュタクとなる。吹き口は日本の笙とは違って細長くのびている。ただし、正倉院に残されている竽《う》（低音の笙）のそれのようには湾曲することなく、ほとんど真っ直ぐである。

中近東文化センター蔵の「人物文鳥口水注《じんぶつもんとりくちすいちゅう》」（『オリエントの美術』図録番号一三六。五～七世紀）には、二種類の太鼓が描かれている。一つは一対の器太鼓ターサであり、もう一つは丸い枠太鼓で、楽師はこれを胸の前に構えている。この太鼓は今日ダフ（またはダーイェレ）の名で知られるが、浅い胴（枠）に皮膜を一枚張った片面太《かためん》鼓である。

しばしば枠の内側に小さな金属の輪っか（あるいは細い鎖）が沢山つり下げられて、太鼓を打ったり振ったりすると、この輪っかが共振して神秘的な響きを発する。基本的に同じ構造だが、やや小さく西洋のタンブリンのように枠の側面に小さなシンバルがついたアラブやトルコのダッフ（ドゥッフとかレックとも呼ばれる）とはいささか異なる太鼓と認識されている。

ササン朝ペルシアの楽器の東漸《とうぜん》

ササン朝ペルシア帝国の領土は広大で、東はアム・ダリア（オクサス川）から西はアナトリア半島に及んだ。つまり、東西を結ぶ交易路の大半を支配したのであり、この時期に東西文化の融合が促進されたのである。音楽も例外ではない。ササン朝ペルシアの楽器は東西に伝播《でんぱ》した。このことを示す資料の一つが東トルキスタンの舎利容器《しゃりようき》である。

それは、中国新疆ウイグル自治区庫車《クチャ》の近郊にあるスバシ故城から出土した舎利容器で、六～七世紀初期の

中国・クチャのスバシ故城

スバシ故城出土の舎利容器
（東京国立博物館所蔵　Image：TNM Image Archives）

ものとされている。これは大谷探検隊の将来品《しょうらいひん》で、現在、東京国立博物館にあるが、亀茲楽《きじがく》の図像資料としてまたとない貴重なものである。円錐《えんすい》状の蓋《ふた》の表面には四つの連珠文《れんじゅもん》が配され、それぞれに異なる楽器を奏でる裸の童子（有翼天使）が描かれている。

それらの楽器は、竪笛《たてぶえ》、（時計まわり順に）四弦曲頸琵琶《きょくけいびわ》、箜篌《くご》、五弦直頸《ちょくけい》琵琶である。竪笛は細長い円筒形の管で、上端の歌口を天使はくわえているように見えるので、有簧の葦笛（ミズマール）であろう。そして箜篌は無論ペルシアのチャングである。四弦の曲頸琵琶はまぎれもなくササン朝ペルシアのバルバトである。

そして舎利容器の身の周囲には一面にさまざまな採物《とりもの》を舞人、動物の仮面をつけた舞人、そして箜篌・大太鼓・長大なラッパ（大銅角《だいどうかく》）を奏でる楽人たちのパレードが描かれている。この大銅角はササン朝ペルシアのルーイーン・ナーイの同類である。

注目すべきことは、五弦の直頸琵琶と四弦の曲頸琵琶がいっしょに描かれていることである。つまり、二つ

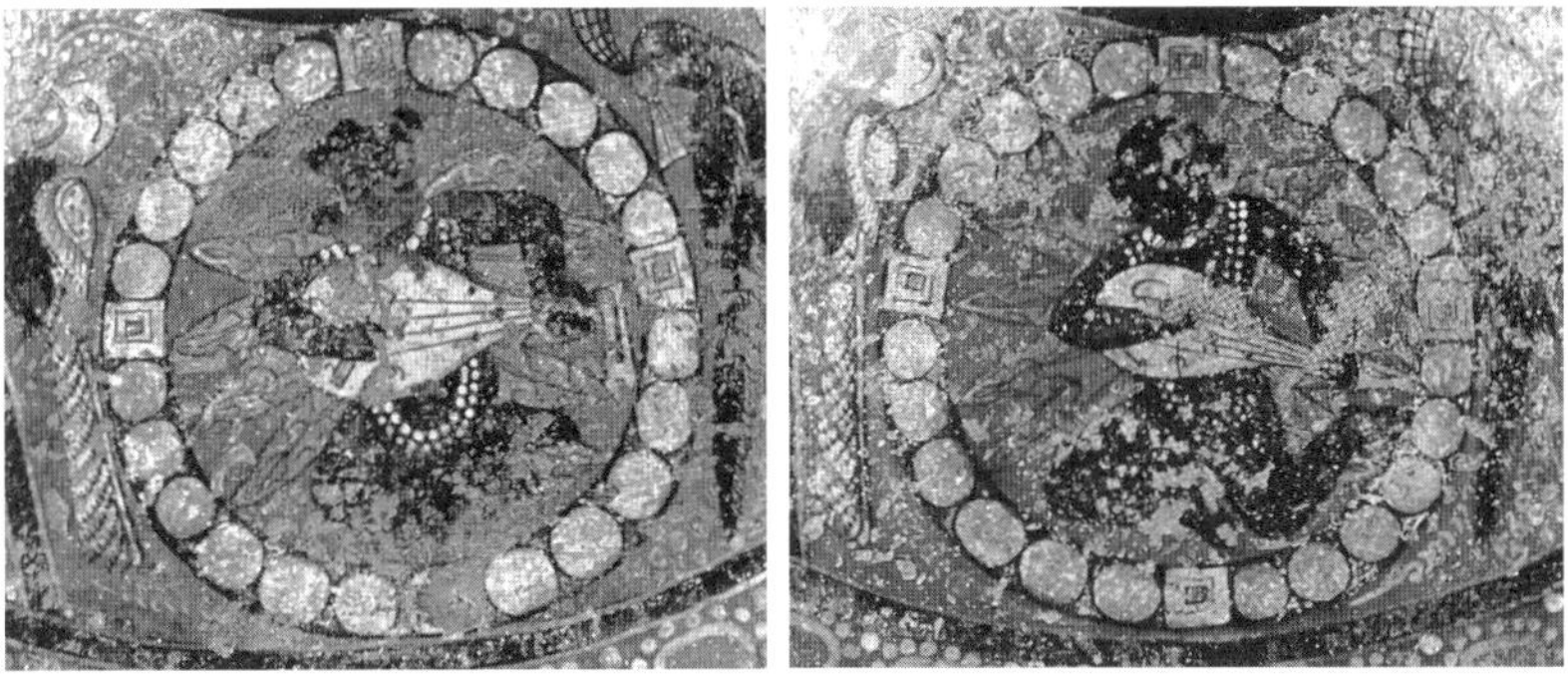

直頸五弦琵琶・曲頸四弦琵琶（東京国立博物館所蔵　Image：TNM Image Archives）

中国・トルファンのベゼクリク千仏洞

ベゼクリク千仏洞第二〇窟壁画「衆人奏楽図」（東京国立博物館所蔵　Image：TNM Image Archives）

の異なるタイプのリュートが棹の形、弦の数、撥《ばち》の有無にいたるまで正確に描き分けられていることである。ただし、五弦琵琶も四弦琵琶も肌の黒い童子《どうじ》が奏でている。竪笛と箜篌を奏でる肌の白い童子と対照的である。五弦の直頸琵琶はササン朝ペルシアには見られない。これはすぐれてインド的な琵琶である。この地ではペルシア起源の楽器とインド起源の楽器がともども仏教音楽を奏でていたのである。

時代は下るが、同じく大谷探検隊の将来品の一つ、トルファンのベゼクリク千仏洞第二〇窟から採取された壁画「仏伝《ぶつでん》涅槃《ねはん》図《ず》断片《だんぺん》」（「衆人《しゅうじん》奏楽図《そうがくず》」の名で知られる九世紀の壁画の断片。東京国立博物館蔵）にも西アジア起源の楽器がいくつか見える。

竪笛（篳篥の祖先と思われる）、横笛、長棹《ちょうとう》リュート（曲弾《きょくび》きをしている）、シンバル、太鼓などを奏でる胡人が生き生きと描写されている。これは、唐代の西域における奏楽の実態をうかがい知るのに、またとない貴重な図像資料である。ここに見える楽器のうち、少なくとも竪笛（ここでも歌口を口中に入れて吹いているので、有簧の笛である）やシンバルはペルシア起源の楽器と考えられる。横笛や桴で打つ太鼓や曲弾きのリュートは、インド系と推察される。

このようなササン朝ペルシアの楽器のいくつかが東漸し、唐を経由してはるばる日本にまで到達した。その代表的なものの一つがチャングで、これは漢語で豎箜篌《しゅくご》、日本では百済琴《くだらごと》の名で知られるようになった。もう一つはバルバトで、これは漢語で琵琶と呼ばれた。わが国の琵琶の祖先である。

「絹弦《きぬげん》の路」としてのシルクロード――絹弦と桑材《くわざい》

シルクロードの音楽文化について語るとき、忘れることのできない重要な側面は、楽器製作に用いられる素材である。とりわけ、蚕種西漸《さんしゅせいぜん》の結果、養蚕《ようさん》の技術が西域に広まり、弦鳴楽器の弦の素材として絹が用いられるようになった。絹弦の分布に関してこの地域は、「シルクロード」の語がまさにぴったりなのだ。なぜなら、チャング（箜篌）にもウード（琵琶）にもドタール（二弦の長棹リュート）にも、元来、絹弦が張られていたからである。

周知のとおり、中国では古来、楽器には絹の弦を張った。琴《きん》や瑟《しつ》や箏《そう》には絹弦が用いられたが、中国固有の楽器のみならず、西域から伝来した楽器にも絹弦が張られた。絹は強力であるのみならず、美しく透徹した響きを発する。その結果、「絲」の語（つまり、絹糸）は弦楽器の代名詞となり、ひいては音楽の象徴として用いられた。ついでに補足すれば、「竹」は管楽器の代名詞であり、「絲竹《しちく》の遊び」とか「絲竹の道」と言えば、「音楽の楽しみ」とか「楽道」という意味になった。

ここで、留意すべきことは、絹弦の背景にはかならず桑の木が存在したことである。生糸を吐きだす蚕の餌として桑の葉は不可欠であった。蚕と桑とは常に一体である。シルクロードの沿線一帯に桑の木が植えられ、養蚕が行われ、また桑の実が食されるのはそのためである。だが、もっと重要なことは、その桑材を用いて楽器が作り出されたことだ。

一六世紀後半にボハラで活躍したハープ奏者で、音楽理論家であったダルヴィシュ・アリーは、その音楽論の中で弦鳴楽器の素材と弦との相性について、次のように述べている（Darwish ʻAlī, *Resāle mūsīqī*, f.19a）。

楽器と（その素材としての）木材および弦における効用は、このようなものだと知るがよい。たいていの楽器は桑材でこしらえ、弦として絹糸を張ることで成就する。なぜならば、桑の木と絹の間には筆舌《ひつぜつ》につくせぬ親和力がある。それゆえに、その楽器が発する楽音は（聞く人の）生気をみなぎらせ随喜《ずいき》せしめる。というのは、天空を駆ける楽音の影響は、別離の庵《いおり》におけるかこち言《ごと》や灼熱の沙漠における渇きの呻吟《しんぎん》にも勝《まさ》って大きいからである。

シルクロードでは、弦楽器の響きがこのように受け止められていたのである。つまり、桑の葉を食べて育った蚕が紡ぎ出した絹弦の響きを、桑材の共鳴胴が拡大し、それは聞く人を歓喜させる。ここで絹は弦楽器の代名詞であった。シルクロードはすぐれて「絹弦《きぬげん》の道」だったのである。

引用参考文献

Barkechli, Mehdi. *L'Art sassanide: Base de la musique arabe,* Tehran 1947

Farmer, Henry George. "An Outline History of Music and Musical Theory" in Arthur Uham Pope, ed. *A Survey of Persian Art,* vol. III, London: Oxford University Press, 1939. pp.2783-2804

Farmer, Henry George. "The Instruments of Music on the Ṭāq-i Bustān Bas-Reliefs," *Studies in Oriental Musical Instruments.* Second Series. Glasgow: The Civic Press, 1939. pp.69-85

Farmer, Henry George. *Islam.* Leipzig: VEB Deutscher Verlag für Musik, 1966（邦訳『人間と音楽の歴史・イスラム』音楽之友社・一九八六年）

岸邊成雄『古代シルクロードの音楽―正倉院・敦煌・高麗をたどって』講談社・一九八二年

Sachs, Curt. *The History of Musical Instruments.* New York: W. W. Norton, 1940

中近東文化センター『オリエントの美術』東京：中近東文化センター・一九七九年

林　謙三『東アジア楽器考』カワイ楽器・一九七三年

ボイス、メアリー（山本由美子訳）『ゾロアスター教』講談社学術文庫・二〇一〇年

『シルクロード――音楽のキャラバン *The Silk Road—A Musical Caravan*』、スミソニアン・フォークウェイズ、SFW CD 40438・二〇〇二年

『シルクロード音楽の旅』キング・レコード、KICC 5007・一九九七年

Yo-Yo Ma & The Silk Road Ensemble *Enchantment,* SICC 217 2004

（柘植元一）

第九章
エフェソス・ヘレニズム都市として繁栄した西アナトリア文明の地

古代エフェソス・栄枯盛衰の歴史

古代のエフェソスは、異教徒にとっても、キリスト教徒にとっても名をとどめる地である。私は、二〇〇九年の夏、トルコのイスタンブールから車とフェリーを乗りつぎ、ダーダネルス海峡を越えて、トロイ戦争（前一二〇〇年ごろ）の地、トロイ遺跡を見学し、ペルガモン遺跡に到着した。

アナトリア（小アジア）の西部に位置するベルガマ市には、かつて、ヘレニズム都市として栄えたペルガモン王国（前二六三～前一三三年）の首都ペルガモンがあった。

この地は、「第二のアテネ」と呼ばれ、壮麗なアクロポリスがあり、もう一つの丘に「アスクレピオン」がつくられていた。

アスクレピオンとは、ギリシアのペロポネソス半島にあったエピタウロスの地で、医術の神・アスクレピオンを崇拝したことに始まるが、現代風に言えば総合医療センターにあたるもので、神殿を中心に怪我や病気を治療する病院のようなものが存在した。

王国の全盛期には、膨大な蔵書を持つ図書館があったり、アクロポリスの祭壇を飾る彫刻群などがあり、文化、

ペルガモン遺跡（トルコ）

ペルガモン遺跡の医療センター（トルコ）

芸術の面で華やかさをほこったというが、今は遺跡を見て想像するしかない。

特に祭壇の彫刻群は、ヘレニズム期（前四～前一世紀）の傑作と讃えられている。

私は、歴史のドラマとロマンに彩られたトロイ遺跡とペルガモン遺跡の壮大さに魅了された後、エフェソスに向かった。

エフェソスは、歴史ある町セルチュクの隣にあり、イスタンブールから六八〇キロ、ヒエラポリスから一七五キロの位置にある。

千年以上にわたって栄えたヘレニズムの大都市が、何時、どのような経緯で発展していったのかは、今も謎につつまれている。

流暢《りゅうちょう》な日本語を話すトルコ人ガイド・ニハットさんの話では、前一三～一二世紀ごろに、イオニア人がポリスを形成したという。

いっぽう、ヒッタイト帝国（前一六五〇～前一二〇〇年）の文献にエフェソスと思われる名前が登場する。

前一五〇〇年以前に、小アジアやイランに居住していた牧畜民たちは、黒海沿岸や中央アジアにいたインド・ヨーロッパ諸族の民族大移動に伴って移動をはじめる。この中にヒッタイト人がおり、彼らは馬にひかせた戦車などを使って先住民を征服していった。

トルコ共和国の首都は、アナトリア高原の西寄りにあるアンカラで、人口三二〇万人を数える。ここにあるアナトリア文明博物館に、世界で初めて鉄器を使用したヒッタイト人の遺跡から出土した文物が展示されている。

エジプト・カルナック神殿

ヒッタイト帝国の都は、アンカラから車で三時間のところにあるハットゥシャシュで、前一八世紀ごろ、彼らはこの地にやってきた。彼らは、都市を防衛するため城壁を築き、その中に神殿と住居をつくった。現在、ライオン門やスフィンクス門、石組みの城門などが残るのみであるが、アンカラの博物館に、「門の前に立つ戦士像」が展示されており、この王国が戦闘集団だったことをうかがわせる。

ヒッタイト人は、前一五〇〇年ごろに帝国を建設するが、ヒッタイトの圧倒的な強さは馬と戦車、鉄製の武器にあり、アナトリアの先住民から鉄製技術を受け継いだようだ。彼らは鉄製武器を使ってバビロンの第一王朝を滅ぼし、シリアに進出していった。

この時代のオリエントは、エジプトを中心にした国際交流によってバランスが保たれていたが、ヒッタイトは南に進出しミタンニ王国（メソポタミアに形成された王国で前一五世紀ごろ繁栄）を破ってエジプ

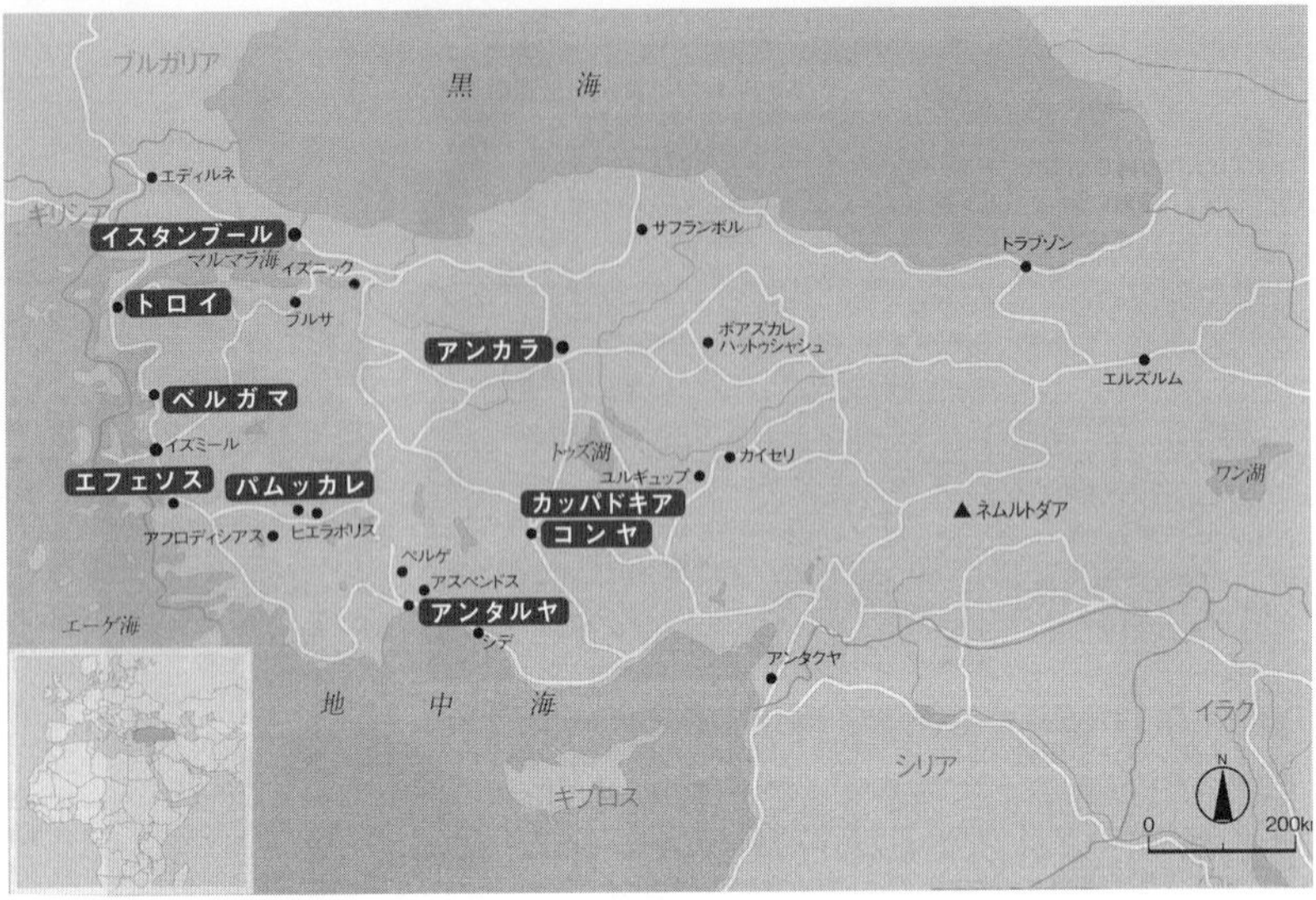

トルコ周辺の遺跡

トと対決する。

前一二七〇年ごろにおきた、ヒッタイトとエジプトとの戦い「カデシュの戦い」は有名である。

ヒッタイト王ムワタリとエジプト王ラムセス二世（在位前一二七九～前一二一三年）は、レバノンのオロンテス河畔のカデシュで衝突するが引き分けに終わり和平条約を結ぶ。世界史における最初の講和条約といわれている。

この戦闘の様子は、エジプトのルクソールにあるカルナック神殿やアブ・シンベル神殿など数ヶ所の神殿の壁に書き付けられており、細かい戦術などがわかる世界最古の軍事記録となっている。ラムセス二世は、このあとヒッタイトの王女を妻として迎えた。

ヒッタイト帝国の文献にエフェソスの名前が出ていることを考えれば、前一六世紀ごろにはエフェソスに都市が成立していたとみることができよう。

ヒッタイト帝国は、前一二〇〇年ごろ「海の民」と呼ばれる異民族の侵入によって、ギリシアのミケーネとともに滅んだといわれるが、具体的な経緯は不明である。

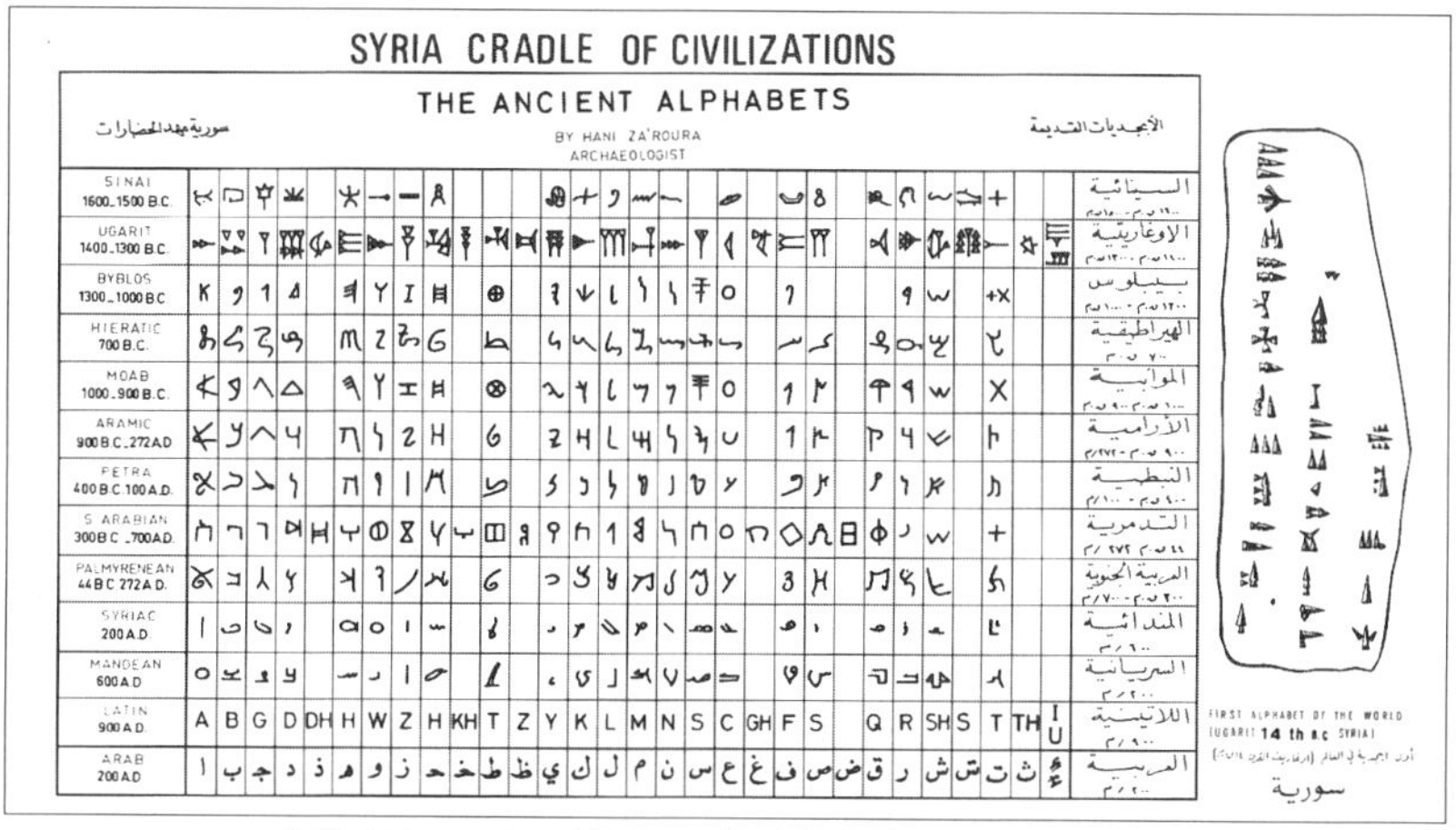

古代オリエントに普及した楔形文字（世界最古の文字）

近年、トルコの中央アナトリアにあるビュクリュカレ遺跡から、前一四世紀ごろの帝国時代の粘土板がみつかったという。

この遺跡は、三重の城壁に囲まれた城塞《じょうさい》都市で、楔形《くさびがた》文字が刻まれた粘土板には、他国の使者を抑留しているとして、使者を返すよう求めている内容が記されている。

ローマ時代の歴史家で地理学者であるストラボン（前六四～後二一年）は、ローマやエジプトに長く住んだギリシア人であるが、彼の著『地理学』にはエフェソスについて、

　レレゲス人、カリア人が前一三世紀ごろ大地母神キュレベを祀る神殿の周辺に住みついた。

と記している。キュレベは、アルテミス女神の前身ともいわれている。

ストラボンは、ミケーネ人の存在にもふれている。ミケーネ文明は、前二〇世紀ごろからギリシアに侵入した人々が、ミノア文明の影響を受けて成立したものである。

ミケーネ文明は、前一五～前一三世紀ごろにギリシアのペロポネソス半島のミケーネで栄えたもので、巨石を使って城塞を建設した。ミケーネといえば、トロイ戦争のギリシア側の総大将は、

ミケーネ遺跡・城壁の正面にある「ライオン門」（ギリシア）

神託が行われたデルフィのアポロン神殿（ギリシア）

ミケーネ王・アガメムノンで、その他に無敵の勇者アキレウス、イタケの王オデュッセウスらギリシア全土から屈強の兵士が集ったという。

　エフェソスは、前一一世紀ごろ、イオニア人によって征服される。ギリシアの対岸に位置するトルコのエーゲ海南部イオニア地方にギリシア人が入植しはじめたころ、イオニアの海岸線に沿って一二のポリスが存在していたという。

　イオニアは、トルコのアナトリア西岸に位置し、北方からドーリア人がギリシア本土に進出してくると、ギリシアの東部アッティカ地方の人々が移り住み、ミレトスなどの都市を建設していった。

　古代オリエントとの交流が深く、イオニアでは早くから文化がおこり、ミレトスなどの都市では、イオニア自然哲学の道を切り開いたタレス（前六二四〜前五四六年ごろ）らの学者を輩出している。

　イオニア人は、アッティカから移住したので、アテネ人と同種の人々と信じられ、遠隔地交易によって経済的には豊かであった。

前一一世紀ごろイオニア人の支配下に入ったエフェソスは、その後、アテネのカドロスの長男にあたるアンドロクロスが統治するが、植民市が狭くなったため、どうすればいいか、ギリシア本土のデルフィに出向き神託を受けた。

デルフィは、予言の神であるアポロンを祀るアポロン神殿のあるところで、結婚や病気など個人的な悩みを持つ市民をはじめ、戦争や政治など国家の一大事を抱えた都市からの使者が訪れ神託を受ける、ギリシアで最も繁栄した巡礼地であった。

ヘレニズムの影響を受けた石造建築が目立つ（エフェソス遺跡）

アンドロクロスは、未来を予見するデルフィの神託に従って植民市を新しい拠点にうつし、時代の流れとともに他の街を統合し、巨大都市に変貌させていった。

現在のエフェソス遺跡を見ると、海岸線は六キロほど内陸にあり、古代においては港湾都市であったことをうかがわせる。

エーゲ海をはじめ地中海など小アジアへの交易ルートとしての立地を生かして、貿易で利益を得るエフェソスは、農業に適している周辺の環境を活用して富を蓄積して商業、文化の中心地として栄えていく。

アンドロクロスが統治していたころ、エフェソスはリュディア王国と良好の関係を保っていた。ところが、前七世紀ごろ、東から勢力を拡大してきたリュディア王国は、イオニア地方を攻め、つぎつぎと都市を支配していき、エフェソスもリュディア王コレソスの支配を受けることになる。

リュディア王国の最後にして最盛期の王であった第五代クロイソス（在位前五六〇〜前五四六年）は、ギリシア世界に対して好意的であり、ギリシアの知識人と交流したりデルフィに奉納品を贈るなどしている。そして、クロイソスは、エフェソスに巨大なアルテミス神殿を造営する。

古代ギリシア世界で最大といわれたアルテミス神殿の神域は、列柱廊で囲まれ、高さ一八メートルのイオニア式の円柱が一二七本、森のように並びながら聳《そび》え立っていたという。

現在は、大理石の石柱が一本復元されているだけで、世界七不思議のひとつに数えられていた往時を偲ぶことは出来ないが、神殿は侵《おか》されざる聖域であったため、迫害された人たちが逃げ込んだといわれている。

エフェソス遺跡

アルテミス神殿にまつわる面白い話が伝えられている。神殿は二〇年の歳月をかけて完成するが、ヘロストラトスという男が、自分の名を後世に残したいという欲望にかられ神殿に火をつけた。前三五六年のことである。アルテミス神は、豊穣《ほうじょう》多産の神であったため、焼失後、すぐに復興がはかられた。アレクサンドロス大王が資金援助を申し出たり、信仰心の厚い人々の努力によって、前四世紀の終わりごろにギリシア最大級の神殿が再建された。

だが、この神殿は、その後も何度か受難にあう。神殿の中に納められている財宝に目をつけたゴート族が侵入したり、キリスト教の流布によって教会に転用されたりして、やがて、歴史の中から姿を消していった。

アケメネス朝ペルシアとエフェソス

さて、この時代のオリエント世界を概観しておこう。前六一二年、首都ニネヴェが陥落してアッシリア帝国が滅亡し、その後に、メディア・新バビロニア・リュディア・エジプトの四つの王国が誕生する。

リュディア王国（前六一二～前五四六年）は、小アジア西部におこり、サルディスを首都にして海陸の貿易で富を得た王国である。

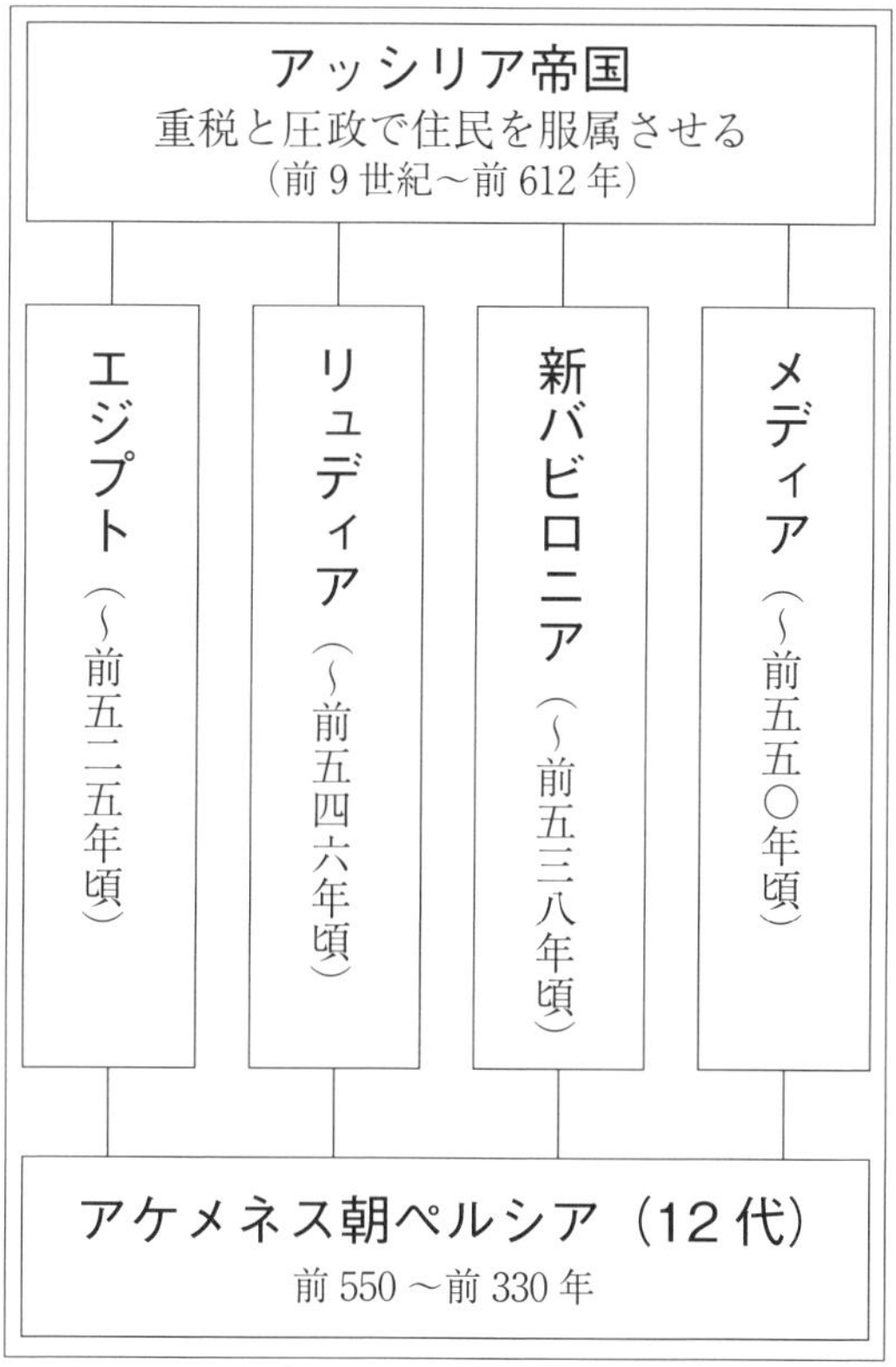

アッシリア帝国からアケメネス朝ペルシアへ

アッシリア帝国の滅亡後、四つの王国に分かれたオリエント世界を塗り替えたのが、インド・ヨーロッパ語族のイラン系の民族が興したアケメネス朝ペルシア（前五五〇～前三三〇年）である。

イラン高原に定着しメディア王国に支配されていた遊牧民のペルシア人（イラン）は、アケメネス家のキュロス大王（在位前五五九～前五二九年）がメディアを滅ぼし、第二代のカンビュセス二世（在位前五二九～前五二二年）がエジプトを征服し、オリエントを統一した。

第三代のダレイオス大王（在位前五二一～前四八六年）は、東西はインダス川から地中海、ギリシア北部、南北は黒海、カスピ海までの大帝国を築き、ペルセポリスを首都とした。

前五四六年、キュロス大王によってリュディア王国が滅亡に追い込まれると、イオニア地方のギリシア人たちは、ペルシア帝国と対決するか、移住するかという二者択一の選択がせまられる。

ただ、ペルシア帝国の支配は、比較的ゆるやかであったというが、植民市のギリシア人全体に反ペルシア意識が強かったゆえか、ミレトスの僭主《せんしゅ》代行アリスタゴラスによるナクソス遠征の失敗がもとで、前四九九年ペルシアに対して反旗を翻《ひるがえ》し暴動をおこす。

この暴動は、ギリシア本土からの協力もあって成功し、ペルシアが支配しているサトラップ管区のサルディスを攻略するものの、サルディス焼打ち部隊はエフェソスで捕捉《ほそく》され鎮圧される。

ダレイオス大王は、報復のためミレトスのアポロン神殿を焼きはらうとともに、イオニア地方のギリシア都市を破壊していく中で、唯一難をのがれたのがエフェソスであった。

しかし、このペルシアへの叛乱がダレイオス大王の西方遠征への契機となり、ペルシア帝国とアテネを中心とするギリシア連合軍とのペルシア戦争が始まる。

前四九〇年と前四八〇年の二回のペルシア戦争は、ギリシア側の勝利に終わるが、エフェソスはペルシアとギリシアとの争いに関与せず、巧妙に立ちまわった。

この戦争の後、エフェソスには平和がおとずれ、アテネの行政形態にならって民主制がとられ、はじめはアテネ、その後はスパルタの支配下に入る。

アレクサンドロス大王の東方遠征後のエフェソス

ペルシア戦争に勝利したギリシア世界は、その後、長期にわたってペロポネソス戦争（前四四三～前四〇三年）が続き、スパルタやアテネなどの都市が衰退し、ギリシアの北方マケドニアからフィリッポス二世（在位前三五九～前三三六年）が台頭してくる。

伝説の地・トロイ遺跡に再現された木馬

二〇歳で父の後を継いだアレクサンドロス大王は、前三三四年から東方遠征に乗り出し、この年の春ヘレスポントス（現在のダーダネルス海峡）を渡りアジアに足をふみ入れた。

アジアに入った大王がめざしたのはトロイであった。トロイは、ホメロスの『イリアス』に出てくるトロイ戦争（前一二〇〇年ごろ）の地である。

大王は、船の舳先《へさき》から槍を投げて大地につき立て、先頭に立って船から飛びおり、アジアを「槍で勝ち取った領土」として神から受けとったと、高らかに歌い上げた。

私は、二〇〇九年八月二八日、ダーダネルス海峡に面したチャナッカレから南に三〇キロの、静かな田園地帯にあるトロイ遺跡のヒッサリクの丘に立った。気温三〇度を超えているものの、それほどの暑さは感じない。それは、トロイ戦争の歴史の舞台に立っているという興奮が暑さを忘れさせていたのかもしれない。

遺跡全体は、東西一〇〇メートル、南北一一五メートルの城塞であり、かつては、丘の近くまで海が迫っていたというが、現在は、海岸線から六キロほど内陸にある。

トロイ戦争の英雄アキレウスを演じたブラッド・ピット主演の『トロイ』の映画を何度か見ていただけに、木馬《もくば》などが置かれているヒッサリクの丘は、実感を持って迫ってくる。

トロイは、栄えては滅び、また、栄えるという歴史を繰り返してきただけに地層も複雑で、前三〇〇〇年ごろの最も古い第一層から、前八五年ごろの最後の第九層まで、九つの層に時代区分されている。

第八層（前一〇〇〇〜前八五年）は、ギリシア人が担《にな》ったヘレニズム文化圏の都市遺構とされており、アレクサンドロス大王が作らせたという大理石のアテネ神殿跡も出土している。

トロイ遺跡　シュリーマンが発掘した第二層

ドイツ人実業家ハインリッヒ・シュリーマンは、少年時代の夢であったトロイ遺跡の発掘にとりかかり、ついに一八七三年「世紀の発見」といわれるトロイ戦争の遺構を見つける。

シュリーマンは、精巧な陶器や黄金の装飾品などを発掘し「プリアモスの財宝」と名付けた。

ただ、彼の発掘した遺構は、その後の調査で第二層の前二五〇〇〜前二三〇〇年の青銅器時代の初期にあたるもので、トロイ戦争より遥《はる》かに古い時代のものであることが判明する。

アレクサンドロス大王は、トロイからペルガモン、エフェソスに入りペルシア人を退けた後、エジプト、アケメネス朝ペルシアの都ペルセポリス、中央アジアのマラカンダ（現在のサマルカンド）を経てインドに入る。アレクサンドロス大王は、インダス川流域で部下たちの抵抗にあいバビロンに帰り、前三二三年に三二歳で死す。その後、アレクサンドロス帝国は、三つに分裂し、そのうちアジアを支配したのがセレウコス朝シリアであった。

この王朝のリュシマコスは、前二八三年にエフェソスを征服し支配した。彼は、カユストロス川の流沙が港を埋めたため、数キロ内陸に都市の中心を移し、都市を防御する要塞を築く。

前二世紀に入ると、ローマ帝国が小アジアに勢力を拡大し、エフェソスはペルガモンとともに、前一九〇年ごろローマの支配に入る。これを機にエフェソスは、ローマ帝国の一地方として「パックス・ローマ」を享受することになる。

ローマ皇帝アウグストゥス（在位前二七〜後一四年）の時代、エフェソスは人口が二〇万を超えるほどの繁栄をきわめ、贅《ぜい》を尽くした建築物、科学など多彩な文化が花ひらき、「小アジアの銀行」と呼ばれるようになった。

エフェソスに埋葬されたクレオパトラの妹アルシノエ

私が「トルコ・エジプト」へ旅立つ直前、二〇〇九年七月から八月にかけて、NHKハイビジョン特集「エジプト発掘」という番組が放送された。

第一集は「ピラミッドはこうして作られた」、第二集は「呪《のろ》われたツタンカーメンと王妃」、第三集は「妹を憎んだクレオパトラ」、第四集は「海を渡ったエジプトの民」で、この番組を何度も見直して旅にそなえた。

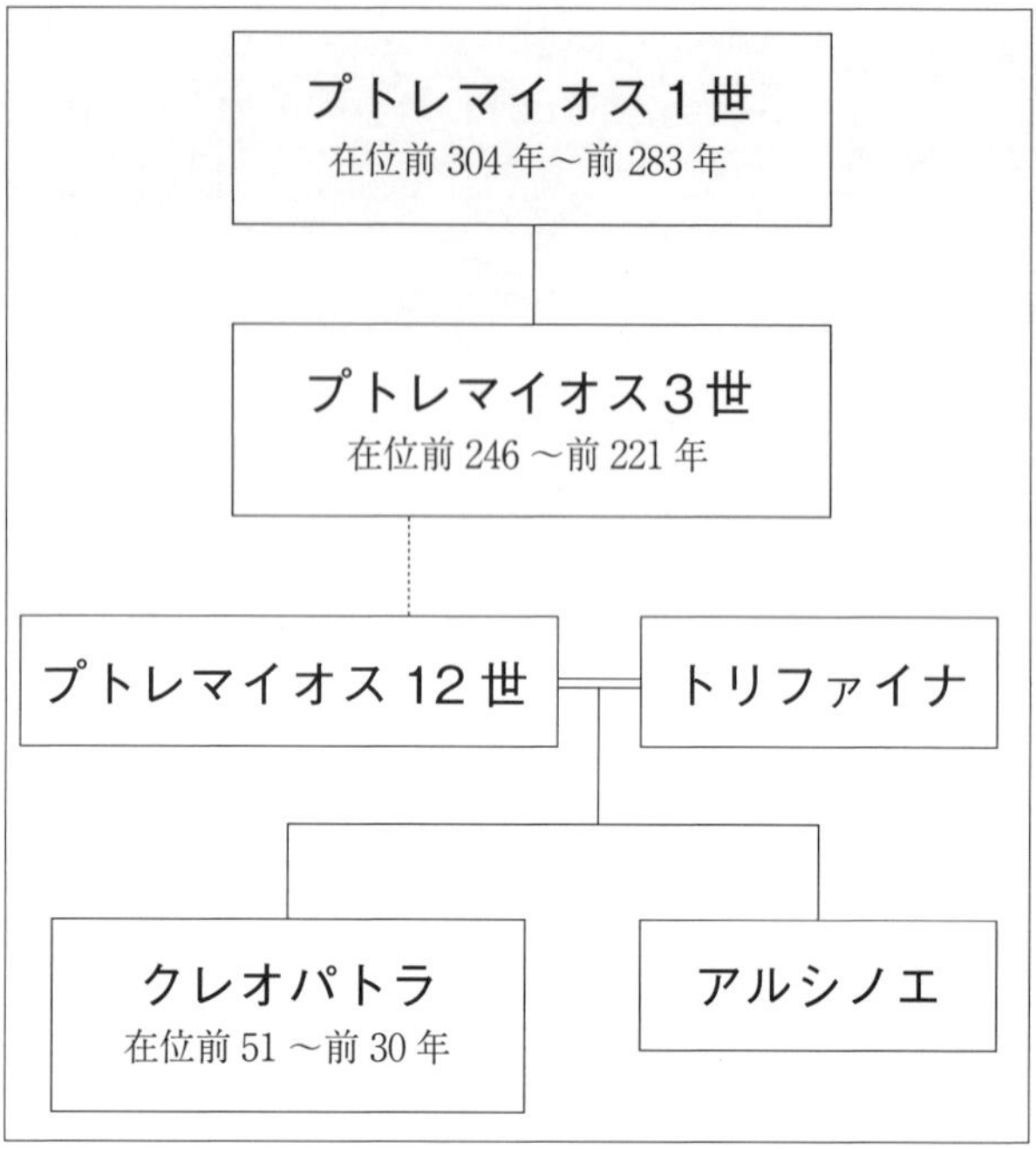

プトレマイオス朝略系図

私のシルクロードの旅は、奇《く》しくも、この番組の撮影場所を後おいするかのように、トルコのエフェソス、エジプトのクフ王のピラミッド、ツタンカーメンのミイラが安置されているルクソールの王家の谷、ハトシェプスト女王葬祭殿などをめぐるものとなった。

私は二〇〇九年八月二九日、トロイからペルガモンを経てエフェソスに向かう車中で、トルコ人ガイド・ニハットさんに、NHKの番組がエフェソスを取り上げたことを告げると、彼はすでにその情報を知っていて、現場で説明しますという。期待がふくらむ中で車はイオニアの海岸線を走る。

さて、アレクサンドロス大王の死後、帝国は三つのヘレニズム王国に分裂するが、エジプトのサトラップ（地方長官）となったプトレマイオス一世が、前三〇四年に建国したのがプトレマイオス朝エジプトである。

プトレマイオス朝は、プトレマイオス三世（在位前二四六～前二二一年）の時に最大の領域を得て、王国は繁栄をきわめるが、王室内の内紛などが重なって衰退していく。

その末裔《まつえい》がクレオパトラであり、妹がアルシノエである。したがって二人は、三〇〇年続いたギリシア系の血を継ぐ王女であった。

ＮＨＫハイビジョン特集「妹を憎んだクレオパトラ」の番組は、クレオパトラの妹アルシノエの骨が、エフェソスの遺跡で見つかり、その墓があるという衝撃的な内容であった。

オーストリア科学アカデミーのヒルケ・テューア博士は、遺跡のメイン・ストリートの脇にある幅一〇メートルの墓に注目し、大理石の棺から骨を見つけた。

エフェソス・アルシノエの墓の前にて

骨を分析したウィーン医科大学のファビアン・カンツ博士は、この骨は女性のもので、街の中央に立派な女性の墓があるのは、身分の高い人であり、骨は前二一〇～前二〇〇年の間のものであると測定した。

これを受けてテューア博士は、文献を調べ二〇〇〇年ほど前にエフェソスで死んだ女性として、クレオパトラの妹アルシノエにたどりついたという。

墓は八角形をしており、高さ一五メートル、八本の柱にかこまれている。八角形はアレクサンドリアにある世界七不思議の一つ「ファロスの灯台」に連なるもので、こうしたことからエフェソスの墓はアレクサンドリア出身の者とした。テューア博士は、これらを根拠にして、エフェソスの八角形の墓を、アルシノエのものと考えたのである（『エジプト発掘』ＮＨＫ出版参照）。

私は、二〇〇九年八月二九日真夏の太陽が照りつけるエフェソスに到着し、メイン・ストリートを歩いてアルシノエの墓の前に立った。

ガイドのニハットさんが事前に発掘を担当している現地の人に連絡して、墓の位置を確認してくれており、この場所がそうだという。

確かに墓はストリートのすぐ脇にあり、原形をとどめないほど石が崩れて落ちている。ここに高さ一五メートルの八角形の墓があったのかと想像すると、歴史とは壮大なドラマであることを実感するとともに、それが現実の世界に姿をあらわした事実に驚愕《きょうがく》せずにはいられなかった。

キリスト教・パウロの伝道とエフェソスにおける第三回公会議

商業や文化の中心地となったエフェソスは、キリスト教の伝道者にとっても重要な場所となる。ローマ帝国は、はじめキリスト教を迫害するが、迫害がかえってキリスト教が広がるきっかけとなり、小アジアで伝道が行なわれる。

パウロは、後五三年ごろの第三回の伝道旅行で、エフェソスにやってくる。伝道は成功し信者を増やすことが出来たようであるが、それを快く思わない人たちがいた。

エフェソスは、いうまでもなくアルテミス信仰が盛んなところで、神殿では銀細工のアルテミス像が売られていた。ところが、パウロの説教の影響で、女神に奉げられる銀製のお守りの売り上げが激減する事態がおきた。

そこで、野外劇場に集った民衆のまえで、銀細工商人たちは、女神の偉大さを叫び、パウロの説教を中断させたという。パウロは、追放されるまでの三年余りエフェソスに滞在し、キリスト教会を設立した。

パウロ（前の名をサウロといった）にまつわるエピソードを一つ紹介しよう。最近、よく使われる言葉に「目からうろこ」という表現がある。

熱心なユダヤ教徒で、キリスト教徒を迫害しようとエルサレムを発ったパウロに、突然天から光が射し、「サウロ、サウロ、なぜわたしを迫害するのか」という声が聞こえてくる。さらに、地面に倒れたサウロの耳に「起きて町に入れ」とイエスの声がとどく。このとき、サウロは目が見えなくなってしまった。

三日後、アナニアという人物がやってきて、サウロの上に手をかざすと「目からうろこ」のようなものが落ちてサウロの視力が回復したという。

聖書から生まれたこの表現は、日本語では新たな発見をしたり、これまで気づかなかったことに気づくという時などに使われるが、英語では迷いから覚め、正しいことに気づくという宗教的な意味を含んでいるようだ。

サウロは、目からウロコのようなものが落ちた後、洗礼を受け、パウロと名のり、三度にわたってヨーロッパ世界を伝道してまわり、弾圧を受けつつもキリスト教を世界宗教にひろめていった。イエスの直弟子ではないが、新約聖書におさめられている

パウロと銀細工商人たちが論争を行った大劇場（エフェソス）

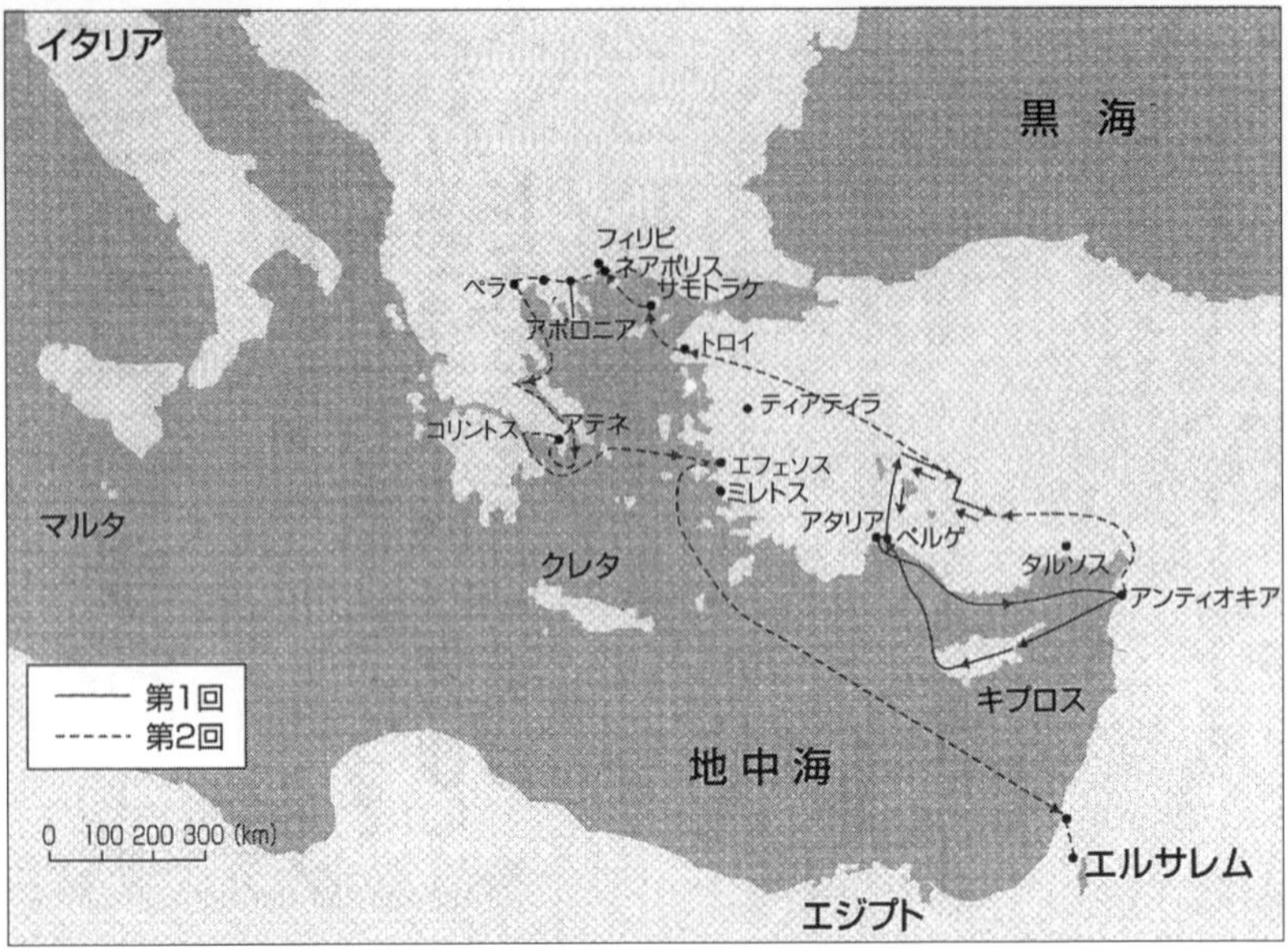

パウロの第１回・第２回伝道旅行

使徒の書簡の多くはパウロのものである。

パウロは、ローマ皇帝ネロ（在位五四～六八年）にとらえられ、ローマに護送され裁判を受けることなく、六二～六五年ごろに殉死《じゅんし》したという。

エフェソスには、聖母マリアが晩年を過した丘があり、マリアの家と称される教会が残っている。やがて、エフェソスは広大なキリスト教の教区となり、アルテミス神殿の建築資材は、コンスタンティヌス二世が、コンスタンティノープル（現在のイスタンブール）のボスポラス海峡を望む地に建てたアヤ・ソフィア大聖堂に使われることになる。

エフェソスでは、キリスト教に関する重要な会議が開かれている。四世紀末ごろまでに、キリストに神性を与える方法として、二つの神学的立場があらわれる。

一つは、キリストは神の顕現《けんげん》であり、キリストが人間の姿をしているのは外観だけであり、マリアは神の母であるとする説である。

もう一つは、キリストには神性は備わっているものの、同時にマリアが生んだ人間としての別の面もあり、それは彼の神性の受け皿にすぎないとする説である。

この説は、コンスタンティノープル大司教となったネストリウスによってさらに推し進められたので、彼の名をとってネストリウス派と呼ばれるようになった（『世界の歴史・オリエント世界の発展』小川英雄著・中央公論社出版参照）。

アヤ・ソフィア大聖堂（トルコ・イスタンブール）

この教会内の激しい論争を心配したビザンツ皇帝テオドシウス二世（在位四〇八～四五〇年）は、エフェソスで第三回公会議を開いた。

両者の説は、キリストの神性を重んじ、人間性を無視して古来唯一神崇拝にとり込もうとする点では似ているものの、この二つの立場ではキリストの人としての受難や贖罪《しょくざい》死が説明できない。

結局、この会議では、マリアの神聖なる母性を説く教義が強調され、キリストの人性を主張するネストリウス派を異端として追放した。ネストリウスは、アンティオキアの修道院を追い出されエジプトの砂漠で死ぬ。ただ、ネストリウスの主張は、シルクロードのペルシアを経て、アフリカ、インド、中国までひろまっていく。オアシス都市トルファンの高昌《こうしょう》故城には、ネストリウス派の寺院が残っており、壁画も発見されている。

イエスの母マリアは、後三七年頃にエフェソスで晩年を過したと

復元された聖母マリアの家（エフェソス）

いわれているが、エフェソスの近くの町セルジュクには、マリアに従ってきた十二使徒の一人ヨハネが、マリアの死を看取《みと》った後、その遺体を葬《ほうむ》った丘がある。

また、ヨハネを記念する聖堂もあるが、これは、ビザンツ皇帝ユスティアヌス二世（在位五六五～五七八年）が再建したもので、大理石の柱頭には、ユスティアヌスとテオドラの文字が浮き彫りされている。

これらの都市遺跡の近くに「聖母マリア終焉《しゅうえん》の地」といわれているところがあり、現在もキリスト教徒巡礼の地として大勢の人が参拝に訪れる。

ローマ時代になるとエフェソスは、川から流入する土砂で港が埋まるにつれて商業都市の機能を失いはじめ、三世紀に入るとゲルマン系のゴート族が侵入し街は破壊される。

一〇九〇年にトルコ人は町をアヤスルクと改名するが、ビザンティン人に奪回され一三〇四年まで支配はつづく。一五世紀エフェソスは、オスマン帝国の支配に入り、過去の栄華をもたらした海上交易が不可能になり、衰退の道をたどっていく。

主要参考文献

『エジプト発掘』ＮＨＫ出版・二〇〇九年
『図解聖書』中村芳子著・ダイヤモンド社・二〇〇三年
『世界の歴史・オリエント世界の発展』小川英雄著・中央公論社・一九九八年

（児島建次郎）

コラム
壮大な歴史を語るエフェソスの遺跡

エフェソスは、トルコ共和国の西部、エーゲ海沿岸のイズミールの南方、七六キロに位置する古代ギリシア都市の遺跡で、トルコ語の表記はエフェス。

前一一世紀ごろ、ギリシア人の一派イオニア人が建設したもので、エーゲ海や地中海への交易ルートの拠点であった。一三キロの周囲には、かつて二〇万人が住みギリシア人やフェニキア人が犇《ひし》めいていたという。

現存する遺跡は、東西二キロ、南北一・五キロに及び、その規模は世界の遺跡の中でも最大級のもので、当時の栄光を示す遺構が数多く残っていて散策への期待がふくらむ。

ギリシア時代からヘレニズム、ローマ時代へと続く建造物が構築され、世界七不思議の一つとされるアルテミス神殿などもあり、建物の

エフェソス遺跡のクレテス通り

一部は大理石で出来ているという豪華さである。ドラマとロマンを秘めた古代エフェソスの遺跡に、しばし耳をかたむけてみよう。

　エフェソス遺跡を見学するゲートは二ヶ所あり、北側から入るとマーブル通り、南側から入るとクレテス通りを巡ることになる。

　四キロにわたるマーブル通りには、帯状の装飾がほどこされた八メートルの高さの大理石の柱が並び、大劇場から図書館まで続く。私は南側のクレテス通りから入った。

　町の再建に尽くしたリュシマコス（前三六〇～前二八一年）が、前二九〇年に、この通りを復元し保護したことから神聖視されるようになった。

　リュシマコスは、アレクサンドロス大王の僚友の一人で、大王の死後、後継者争いに加わり、アナトリア北西部とトラキアを支配し、王を称する。セレウコス一世とともにイプソスの戦い（前三〇一年）で、アンティゴノス一世とデメトリオス一世

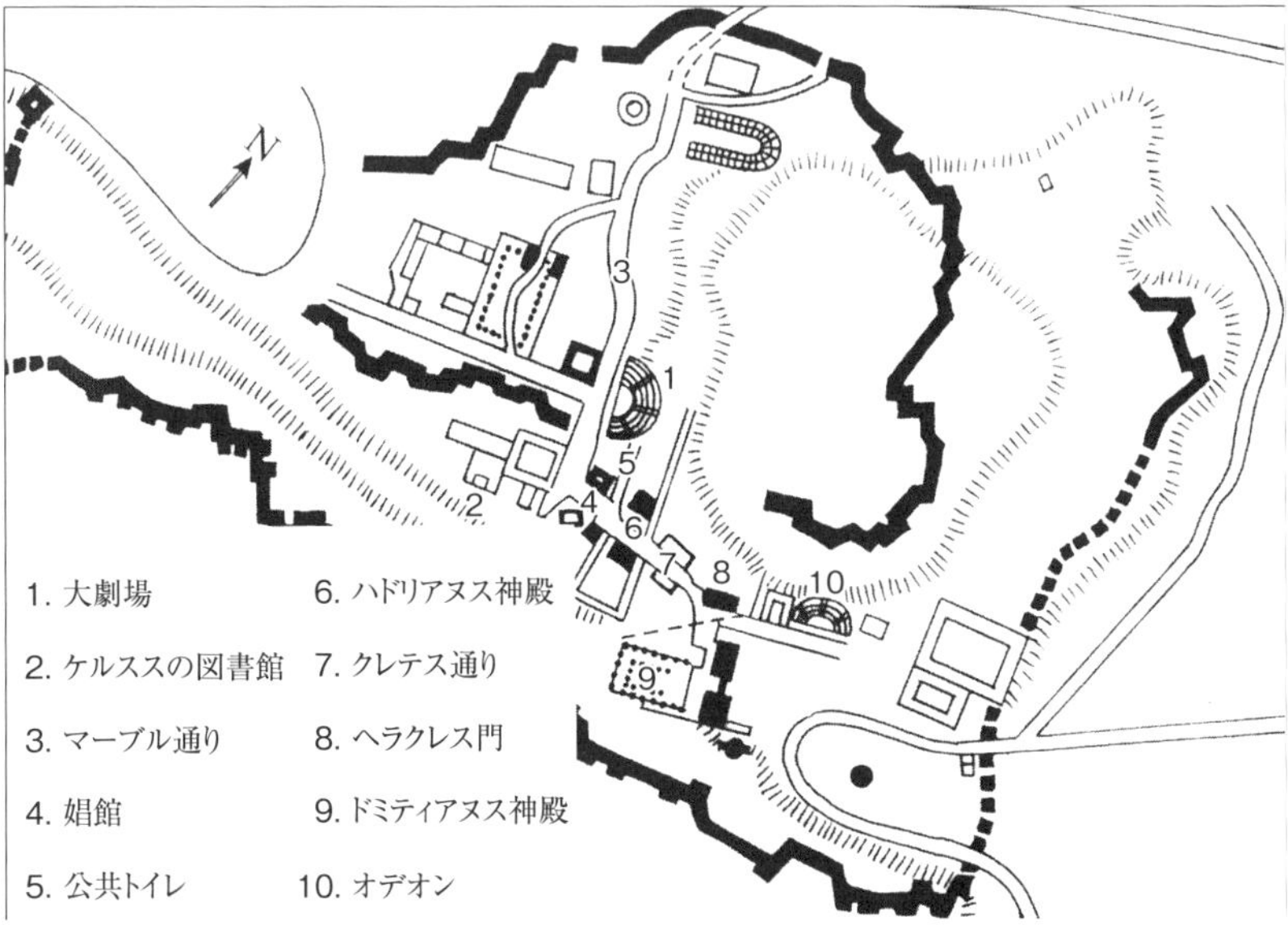

エフェソス遺跡図

に勝利するものの、アナトリア西部で敗死した。
　私が歩いた道筋には、巨大遺跡が、当時の面影を示すかのように姿をとどめていて驚きと感動の連続であったが、それらの参観ポイントを紹介しよう。

ハドリアヌス神殿

　クレテス通りから少し入ったところにハドリアヌス神殿がある。これは、ローマ皇帝ハドリアヌス（在位一一七～一三八年）を祀るために建てられたもので、正面の装飾は見ごたえがある。

ハドリアヌス神殿

　コリント式の柱頭を持つ四本の円柱に支えられた入り口のアーチには、中央に女神ティケ、奥の門に両手をひろげたメドゥーサの姿が浮き彫りされている。さらに、左右の壁には動物やアマゾン、皇帝テオドシウス（在位三七九～三九五年）などのフリーズが施されている。
　興味深いのは、エフェソスの古代歴史に登場するアテネのアンドロクロスが、馬にのって豚を追う姿が描かれていることである。彼は、アナトリアからエフェソスにやってくると、町の建設場所をデルフィの神託に求めた。神託は「魚が跳ね、豚が逃げ出すところに未来を約束された土地がある」というものであった。アンドロクロスは、放浪のすえ草むらにひそむ豚を追いかけ殺す。その地がエフェソスの町になった。
　ギリシアの都市国家デルフィには、「世界のへそ」という神託所が残っている。神託の起源は前二〇〇〇年ごろにさかのぼり、はじめは、大地の女神ガイアが洞窟で行っていたが、やがて、ゼウスの息子アポロンがピュトンを弓で殺しアポロン神殿を建て、巫女《みこ》ピュティアの身体を借りて神託を行うようになった。
神託の前に、生け贄《いにえ》の羊に冷水が浴びせられる。やがて、巫女が沐浴《もくよく》して煙《けむり》で穢《けが》れを祓《はら》い神の声を伝える。神の声は言葉になっていなかったため、神官が訳して詩に綴《つづ》って依頼者に伝えたという。神託は、よくあたったため、古代ギリシアの歴史に大きな影響を与えた。

オデオンとドミティアヌス神殿

クレテス通りに入って目につくのはオデオン（音楽堂）である。建物に屋根がとりつけられ、四〇〇人が収容でき、代表者会議などに使われたという。

少し進むと、ドミティアヌス神殿がみえる。後八六年〜九六年にかけて建立された神殿跡で、エフェソスで初めて皇帝に捧げられた神殿である。一階には商店や倉庫、二階には神殿があったが、皇帝が暗殺された後、取り壊され、現在は土台が残るのみである。

当時、高さ七メートルのドミティアヌスの像があったが、現在、エフェソス博物館に、像の一部と神殿入り口にあった祭壇が展示されている。

ヘラクレスの門

クレテス通りに、ヘラクレスの門が立っている。左右の柱にヘラクレスの姿が浅く浮き彫りされている。

オデオン（音楽堂）

ヘラクレスの門

ケルスス図書館

ライオンの皮を肩にまとったヘラクレスは、猛々しいというよりは、愛らしさを感じる彫刻で、二世紀ごろに製作されたとみられ、奴隷や身分の低い者が貴族たちと混じるのを防ぐために建てられたという。

ケルスス図書館

マーブル通りのつきあたりからクレテス通りに入るところに、ケルスス図書館がある。

図書館は、ローマ帝国のアジア州執政官ケルススの死後、後一三五年に息子のユリウスが父ケルススに捧げるために造らせた。

二階建てのファサード（建物の正面）は、緻密《ちみつ》な装飾が施されている。正面には、徳・英知・運命・才知を象徴する女性が彫刻されており、蔵書の数は一万二〇〇〇巻にのぼったという。

柱を支えている下部は、ヘレニズム時代に人気のあったコリント式（円柱は台座、溝彫《みぞぼり》を持ち柱頭をカンサス模様で飾る）とイオニア式が混合した柱頭、上部はイオニア式（円柱は丸い台座で、エンタシスは軽微になっており高く枕形の渦巻きをもつ）の柱頭をもち、ギリシア文化の影響を受けている。

図書館の隣に、マゼウスとミトリアダテスの巨大な門が立っている。これは、皇帝アウグストゥス（オクタヴィアヌスが前二七年に皇帝の称号を受ける）と皇后リビアエ、彼らの娘と娘婿たちから解放してもらった二人の奴隷が、皇帝一家へ感謝の意をあらわすために建立したと伝えられている。

娼館《しょうかん》と公衆トイレ

クレテス通りの道沿い、ケルスス図書館前の一画に娼館がある。床にはモザイク画が残っており、二階建てで、一階は客室、二階は娼婦の住居であった。

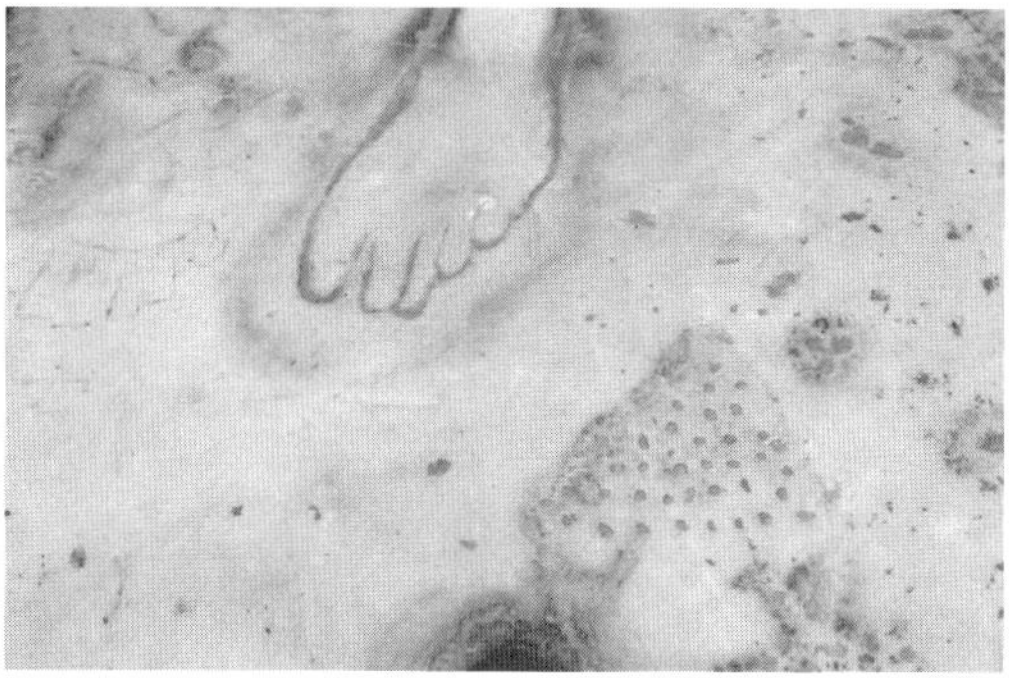
足跡の道しるべ

公衆トイレ

表札には、ＡＫＯ　ΛＯＹＩ（私について来て）と読み取れる文字が書かれており、テーブルを囲んで酒を飲んでいる女性たちが描かれている。男性客は、手足を洗って廊下をぬけて大広間に入っていったようだ。

ここでは、女神ヴィーナスが崇敬《すうけい》されており、大理石で造られたサロンには、ヴィーナスの彫像がおかれていた。また、この通りに「足跡の道しるべ」が刻まれている。大劇場へむかう道筋にあり、これは、娼館

エフェソスの大劇場の中央に立つ筆者

の広告であろう。

娼館の先のところ、エフェソスの流水路の上に、大理石の公衆トイレが並ぶ。仕切りはないものの、椅子にはU字型の穴があけられ、五〇人ほどが利用できるようになっている。床には軽快なモザイク画が描かれていて、当時から衛生に気をつけていたことを感じさせる。

二万五〇〇〇人収容できる大劇場

北側から入る道は、マーブル通りといわれる大理石で舗装された四キロの道で、帯状の装飾が施された高さ八メートルの大理石の列柱は、ヘレニズム建築の最高峰といえる。

この通りの北にあるのがピオン山を背にして造られた大劇場である。劇場の上部の通りはクレテス通りにつらなっている。

演劇の起源は、ギリシアにさかのぼる。ギリシアの都市国家は、ディオニュソス劇場を造り、悲劇とサチュロス（喜劇）を演じ、市民を喜ばせた。前五三四年に、アテネではディオニュソスの像を勧請《かんじょう》し、酒神ディオニュソスを奉納する七日間の宗教行事を行い、その祭礼の主眼としてギリシア悲劇を競演したのが始まりである。

悲劇を上演する劇場は、ヘレニズムの都市国家をはじめ、ローマの諸都市にも造られ、エフェソスでは、皇帝トラヤヌス（在位九八～一一七年）の時代に完成したという。

劇場の広さは、直径一五四メートル、高さ三八メートルの半円形で、三つのエリアに分かれ二二の階段があり、二万五〇〇〇人が収容できる。

祭壇と階段の間にあるオルケストラ（現在のオーケストラの語源）の音響効果は見事なもので、俳優のセリフは、全観客にとどいたのであろう。私も劇場の中央に立ち声を出してみたが、反響がよく俳優たちの熱演ぶりが瞼に浮かぶようである。

アルテミス神殿

古代都市エフェソスへの起点となるセルチュクから、エフェソスに伸びる道路の側にあるのがアルテミス神殿である。神殿は数奇な運命をたどった。

ギリシア神話は、世界の神話の中でも抜きん出た存在といえよう。子どものころ、プラネタリウムやドーム天上をのぞき、夢をふくらませた経験をお持ちの方がいるだろう。

その星座の姿は、ギリシア神話の神々や動物たちであり、夜空を見上げ、覚えた星の並びを見つけ、星占いをしたものだ。

神殿に祀られているアルテミスとは、どんな神なのか。クロノスとレアとの間に生まれたゼウスは、ティタン族に勝利し、世界の支配者となってマケドニアとテッサリアの境に聳《そび》えるオリュンポス山の天上に神々の王国を築く。

主神ゼウスとレトの間に生まれたのが、アポロンとアルテミスである。アポロンは、ゼウスの資質を継いでオリュンポスの主神となり、音楽、予言、医術、また太陽神として信仰がひろがっていく。

アポロンの妹アルテミスは貞節を象徴し、月の女神ともなり凛《りん》とした気品のある麗人である。闇夜を照ら

アルテミス女神像
（トルコ・エフェソス博物館）

す月の光は、昼間の火照《ほてり》をしずめ、涼やかな安らぎを与えてくれる神として人気が高い。

エフェソスのアルテミス女神を祀る神殿がいつごろ建てられたのかは、はっきりしない。前八世紀ごろには建設されていたようで、これはキンメリア人によって破壊されるものの、エフェソスの人々は、これまでにない巨大神殿を建設することを決め、第一次アルテミス神殿がリュディア王国（前六一二〜前五四六年）の王クロイソスによって造られた。

ギリシアの歴史家ヘロドトス（前四八四〜前四二五年）は、この地を訪れ、神殿の大きさに驚き「ギザのピラミッドやラビリントス（ミノア文明の迷宮）にもおとらず」と記している。神殿は、ヘロストラトスという男が自分の名を後世に残したい思いから放火し、前三五六年に焼失する。

アルテミス女神を崇敬するエフェソスの人たちは、すぐさま神殿の再建にとりかかるが、資金が集まらない。そんな折、アレクサンドロス大王が東征の途中エフェソスにやってくる。大王は、建設半ばの神殿の壮麗さに心打たれ、

　エフェソスの人々が私の名でこの神殿を寄進させてくれるなら、費用の全部を私が持とう。

といった。しかし、エフェソスの人々は、この申し出をことわり、みずからの手で再建したという。

神殿に祀られているアルテミス女神像は、たくさんの乳房を持った立ち姿に描かれている。女神は母性の

神であり、豊穣《ほうじょう》と多産をつかさどることから豊かさの象徴として、この様な姿を創造したのであろう。

世界中から多くの人々が訪れ、神殿に参拝し寄進したこともあって、再建された神殿は壮麗さをほこったが、ローマ皇帝ネロ（在位五四～六八年）が神殿の財宝に目をつけ略奪行為に走る。

さらに、二六三年にゴート族の侵入によって破壊され、エフェソスの町は廃墟と化す。ただ、このときも小規模ながら神殿は再建された。

その後、宗教の世界では、三一三年にローマ皇帝コンスタンティヌス一世（在位三〇六～三三七年）がミラノ勅令を出してキリスト教を公認し、三八〇年にはローマ帝国の国教となる。

ビザンツ帝国の皇帝テオドシウス二世（在位四〇八～四五〇年）は熱狂的なキリスト教徒で、領内における異教徒の信仰を禁ずる法律を発布するとともに、アルテミス神殿の破壊を命じた。これによって神殿は荒廃の一途《いっと》をたどることになる。

エフェソスから運ばれた列柱
（トルコ・イスタンブールのアヤ・ソフィア）

神殿の大理石の部材や列柱廊にあったギリシア彫刻の傑作はこわされ、多くの資材は、コンスタンティノープルのアヤ・ソフィア大聖堂やエフェソスの聖ヨハネ教会の建設に使われ、神殿は大理石の採掘場と化してしまう。

ちなみに、トルコのイスタンブール（ビザンツ帝国時代は、コンスタンティノープルといった）にあるアヤ・ソフィアは、ユスティニアヌス一世（在位

アヤ・ソフィア大聖堂　聖母マリアに抱かれるイエス

五二七～五六五年）の時代の五三七年に再建され、一四五三年にビザンツ帝国が滅びてから後は、イスラム教のモスクとして機能することになる。

さらに、一九二三年にトルコ共和国が誕生し、首都がイスタンブールからアンカラに遷都して九年後、初代の大統領ケマル・アタチュルクは、アヤ・ソフィアを無宗教の博物館にすると発表した。

このとき、塗りつぶされた漆喰《しっくい》を剥《は》がしてみると、壁の下からビザンツ帝国時代の美しいイコン（キリスト・聖母・殉教者の画像など）があらわれ、文明の十字路といわれるイスタンブールの町の変遷を象徴するモニュメントとなった。

歴史の荒波は過酷な運命を与える。アルテミス神殿を飾った巨大な大理石は、キリスト教草創期とイスラム教隆盛期のアヤ・ソフィアの建物に転用され、今や無宗教の博物館として多くの観光客を魅了している。

エフェソスの地下七メートルに埋っていた神殿は、一八六九年にイギリスの考古学者J・T・ウッドによって発掘され、日の目を見ることになった。

かつて、神殿には一二〇本のイオニア式円柱が立っていたというが、現在は復元された円柱が一本立っているだけで往時を偲ぶことはできない。

（児島建次郎）

第十章
古代世界の旅・謎を秘めたクフ王のピラミッド

エジプトはナイルの賜物《たまもの》

シルクロードの歴史は、壮大な人間ドラマである。私たちがシルクロードに胸をときめかし、しびれるのは、人類が経験したあらゆる情念を私たちに語りかけてくれるからであろう。

シルクロードの旅は、発見、感動、出会いの連続でエキサイティングだ。

『アラビアンナイト』の主人公アリババが「開けゴマ」といって、目もくらむような財宝を手にしたように、旅は謎に満ちた千古の歴史の舞台へ私たちを誘《いざな》ってくれる。

ヘロドトスは「エジプトはナイルの賜物《たまもの》」といったが、エジプトという言葉を聞くだけで、夢が膨らみ胸が高鳴りときめく。

はるかなる過去、ナイル川の恵みを受けて文明が誕生し、人々は死後の世界も繁栄が続くと信じた。やがて、時は流れ文明は砂漠の中に消え

エジプトはナイルの賜物　カイロ・夜のナイル川

古王国時代 (第3～第6王朝) 前27～前22世紀	太陽神ラーの化身ファラオ。 クフ王、カフラー王、メンカフラー王がピラミッドを建設。首都メンフィス。
中王国時代 (第11～第12王朝) 前22～前18世紀	エジプト王朝の領土が拡大。 アモンを祀る神官が政治に介入。 首都テーベ。
新王国時代 (第18～第20王朝) 前16～前11世紀	アモン・ラー神から唯一神アトンへ。 ツタンカーメン王の時代。 (前1358～前1349年) 首都テーベ。
前671年	アッシリア帝国に支配される。
前525～前330年	アケメネス朝ペルシアに支配される。

古代エジプト王国の略年表

ていった。

その砂漠に凛然《りんぜん》と立っているのがピラミッドであり、文明が残した遺産は、数千年の時空をこえても人々を魅了してやまない。

ナイル川下流は、季節的な増水によって夏になると川が氾濫し上流から肥沃な土壌が運ばれ、それが豊かな農業を生み出し、砂漠の乾燥地帯に暮らす人々の命を支えてきた。

二〇〇九年九月三日、ナイル川をクルージングして夜のカイロを眺めていると、ヘロドトスの言葉が頭をよぎる。

ナイル川周辺の人々は、メソポタミア文明をおこしたシュメール人の影響を受けた。七〇〇〇年ほど前のエジプト先王朝期の土器の文様には、メソポタミアの意匠がみられる。

前四〇〇〇年ごろのエジプトは、ノモス(村落)が分立していたが、やがて、下流デルタ地帯に下《しも》エジプト(パピルスが象徴)、上流に上《かみ》エジプト（ロータスが象徴）の二つの王国が生まれ、前三〇〇〇年ごろに上エジプトのメネス王が統一国家を築く。

メネス王が創始した第一王朝からアレクサンドロス大王によって征服されるまでを古代エジプト王国と呼び、三〇の王朝が交替しながら二五〇〇年にわたって繁栄した。

ピラミッドにみる古代エジプト人の死生観

ファラオ（大きな家）が、神の化身として支配する第三王朝から第六王朝にかけては古王国時代と呼ばれ、メンフィスを首都にして神権政治が行われ、強大な権力を象徴するピラミッドが建造されていった。

ギリシア語で三角形のパンを意味する「ピラミス」に由来するピラミッドは、地図の上から見ると、カイロのギザの北七キロのアブ・ロアジュからアスワンに至るナイル川流域に造られており、ほとんどが太陽の沈むナイル川西岸にみられる。

ナイル川の西側にピラミッドが造られたというのは、エジプト人の死生観とかかわっている。彼らはナイルの恵みを受けて豊かな生活を享受するうちに、死後の世界も現世と同じようでありたいと願った。

死後の世界は、彼らが神と崇める太陽の沈む方角にあり、それは翌朝になると再び命を吹き込まれたかのように東から昇ってくる。

エジプト人は、太陽に少しでも近づくことによって自分たちも復活できると信じ、ナイル川西岸に天にも届けとばかりに巨大ピラミッドを建造していった。

エジプト最古のピラミッドは、メンフィスの西にあるサッカラに造られた第三王朝のジェセル王（前二六五〇

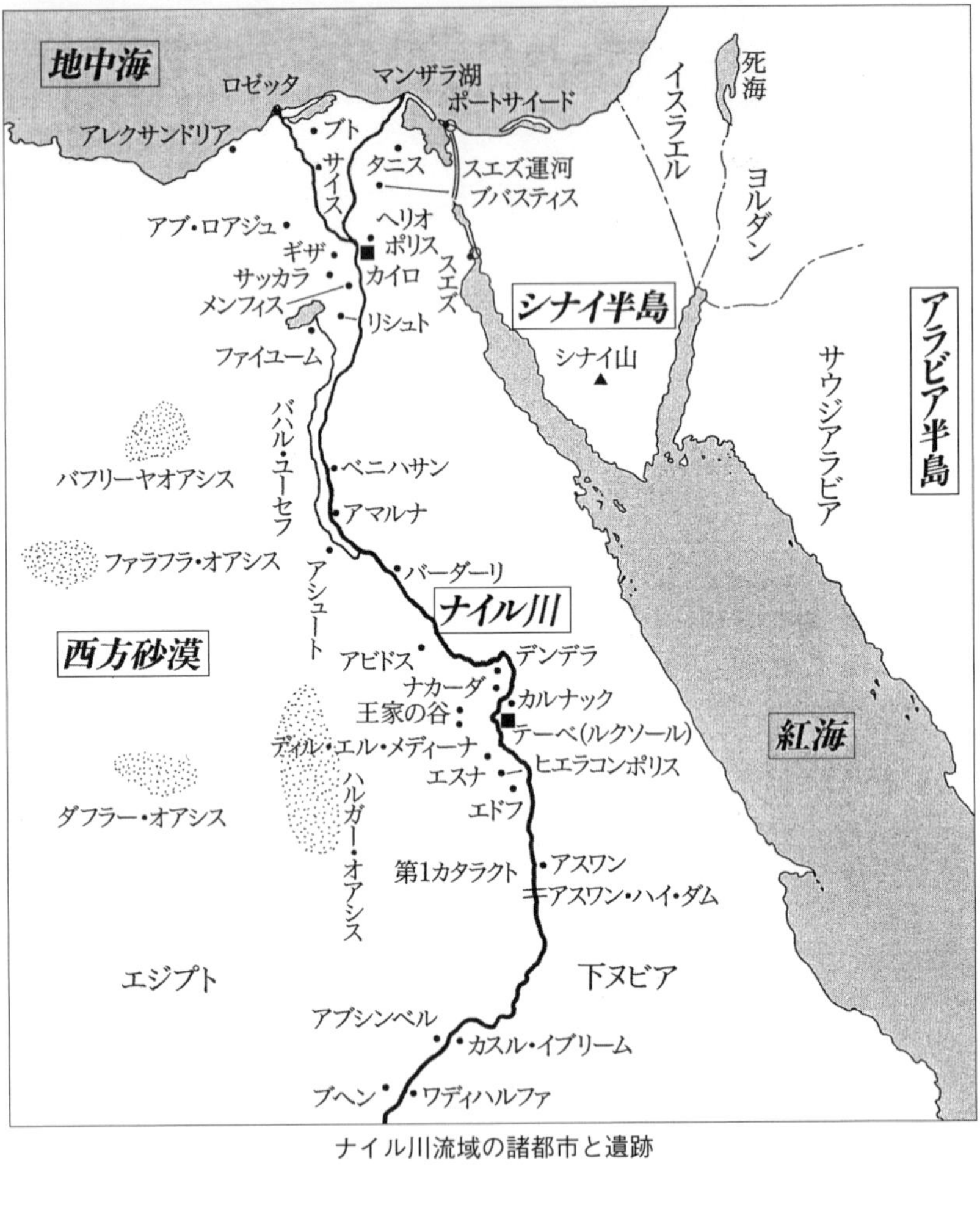

ナイル川流域の諸都市と遺跡

年ごろ）の階段ピラミッドで、つづいて屈折《くっせつ》ピラミッドなど初期の形態を経て、第四王朝以降には真正《しんせい》ピラミッドと呼ばれる角錐《かくすい》形のピラミッドが主流になる。

中王国時代には、日乾《ひぼ》しレンガのピラミッドが造られるが、この時期をもって王墓のピラミッド建造は終わり、新王国時代に入ると、「王家の谷」に王墓がつくられる。王家の谷は、ナイル川上流にあるテーベ（現在はルクソール）の西岸に位置し、岩を掘った岩窟墓になっている。

最も有名なのは、黄金のマスクが出土したツタンカーメン王（前一三五八～前一三四九年）の墓で、私が訪ねたときには、調査を終えたツタンカーメンのミイラが安置されていた。

カイロの南西一三キロのギザに、エジプトの象徴となっている三大ピラミッドがある。前二五五〇年ごろの第四王朝のクフ王（在位前二五五四～前二五三一年）、カフラー王、メンカフラー王の三人のピラミッドが並んでおり、これは圧巻である。

ツタンカーメンの黄金マスク
額にハゲワシとコブラが飾られている

ギザの丘に立ってみよう。クフ王のピラミッドは、基底の一辺が二三〇メートル、高さ一四七メートル（現在は最上部が欠けていて一三七メートル）で、四〇階建てのビルに相当し、平均二・五トンの石材が二三〇万個積み上げられ、総重量は六〇〇万トンに達するという。

石材の高さは、第一段が一・五メートル、第二段が一・二五メートル、第三、第四段が一・一～一・二

ツタンカーメン王（左）と
アンクスエンアメン王妃（右）

ツタンカーメン王墓に描かれている壁画
（ルクソール・王家の谷）

クフ王のピラミッド

メートル、それ以後は六五センチから九〇センチで、現在上層部が一〇メートルほど剥《は》ぎとられ、石段は二〇一段に及ぶ。

ヘロドトスは、「常に一〇万の人間が、三ヶ月交代で労役に服した」と記述しているが、「三ヶ月交替」をどうとらえるか。

第一は、三ヶ月交替で年間を通じて働いたとする考え方である。この場合は、一年に四交替で年間四〇万人が働いたことになる。

第二は、一年に三ヶ月だけ働いたとする考え方である。この場合は、今年働いた一〇万人は、翌年は働かず、交替して別の一〇万人が三ヶ月働くというものである。

ナイル川は、七月〜九月までの間は氾濫の期間にあたり、農業は休みになり、川幅の増大によって石材が運びやすくなる。とすれば、第二の場合が妥当であろう。

複雑な内部構造をしたクフ王のピラミッドに入る

私を護衛してくれた警察官・左から２人目

エジプトの観光はユニークである。私の観光バスにエジプトの警察官が乗り込んできた。制服姿の若い警察官は、アラン・ドロンを思わせるような端正な顔をしており、無口でバスの一番前に座り、私がスーク（市場）を見学する時には、一番うしろから護衛してくれる。シルクロードの旅で、このような経験をしたのは初めてで、面《おも》はゆい思いがするとともに、何かビップ扱いを受けているようで気分が高揚する。

もう一人、エジプト人ガイドが同行してくれる。さらに、日本人ガイドが日本語で遺跡を案内してくれるという豪華キャストでカイロ見学は始まった。

二〇〇九年九月三日、私はエジプト在住八年という日本人ガイド水野文月さん（本書コラム参照）に案内していただき、夢にまで見たクフ王のピラミッドの前に立った。

「私って何てちっぽけな存在なのだろう」私が最初に実感したことである。同時に、巨大石積みの建造物が四五〇〇年余りまったく崩れることなく、そのままの形を保ちつづけていることが不思議に思えてならなかった。そういえば、ピラミッドは世界七不思議の一つであった。

前二世紀のギリシアの歴史家フィロンは、当時の世界で最も不思議な建造物を七つあげている。①ギザのピラミッド、②アレキサンドリアの灯台、③ロードス島の巨像、④エフェソスのアルテミス神殿、⑤バビロンの空中庭園、⑥ハリカルナッソスの霊廟、⑦オリンピアのゼウス像。

これらのうち、現在も私たちが目にすることができるのは、ギザのピラミッドだけであり、古代ギリシア時代から謎を秘めた建造物であった。謎とは何か。ピラミッドは何の目的でどのようにして建造したかという点である。

クフ王のピラミッド入り口（写真中央）

四辺が正しく東西南北を向いていること、遠くから眺めると正三角形にみえるために必要な傾斜角度を保っていること、下降通路の延長線が北極星を指していることなど、精密な設計と高度な技術は、どのようにして習得したのであろうか。

巨大ピラミッドの前に立っていると、当たり前とはいえ、すべてが小さく見え雑念が吹き飛び、ひたすら「すごい」の声をあげるのみであった。

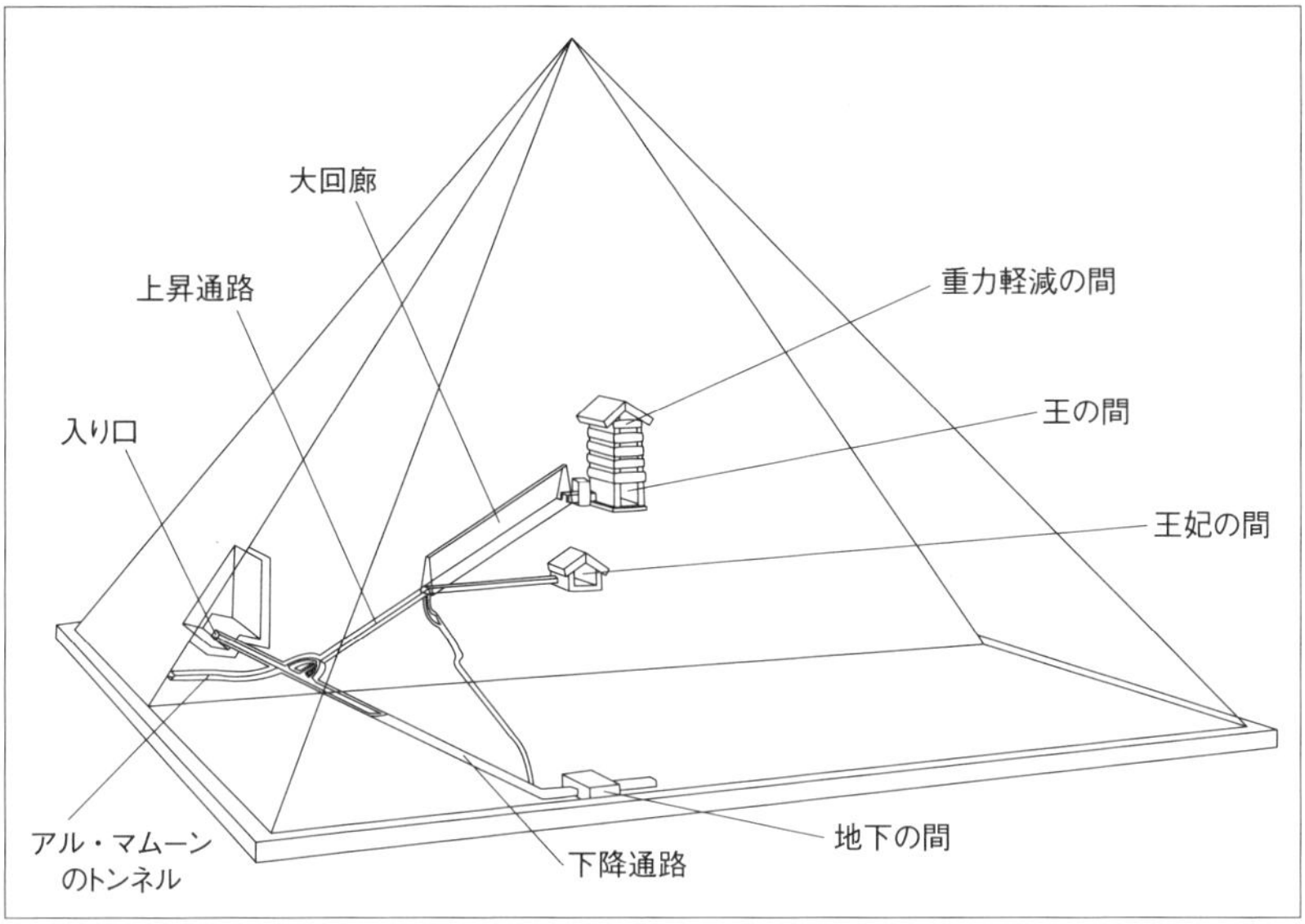

クフ王のピラミッド・内部構造略図

ピラミッドの四辺は、正確に東西南北を向いており、本来の入り口は、北面の地上一七メートルの位置にあるが、現在は閉ざされている。

現在の入り口は、そこから一〇メートル下に九世紀のイスラムのカリフ（最高指導者）であるアル・マムーンが掘ったトンネルがあり、そこが入り口になっている。

私は、石積みを一段ずつ確かめるように登り、アル・マムーンが開いた地上八メートルのところにある侵入口にたどりついた。入り口には、エジプト人の係員がいて愛想よく迎えてくれた。

三三人の仲間がピラミッドの中へ一歩足を踏み入れた途端に「これはすごい」とあちこちから感嘆の声が上がる。

なかは薄暗いものの足元には不安はなく、入り口から一メートル四方の下降通路が地下へ続き、その先に「地下の間」がある。下降通路の入り口から三〇メートルのところで上昇通路にいきつき、三八メートル進

大回廊　クフ王のピラミッド内部

んだところで二つに分かれる。

分岐点の一つが、高さ一・二五メートルの水平通路で南に向かって掘られており、三五メートル進むと「王妃の間」に達する。ここは、ピラミッドの頂点から一二〇メートル真下に位置しており長方形になっている。

私は、そこまで行くことは出来なかったが、「王妃の間」は、王妃が埋葬されていたわけではなく、死者の像をおさめた部屋だという。

もう一つは分岐点から上に向う通路で突然、巨大な空間に出る。これが幅二メートル、高さ八・五メートルの大回廊で、四五〇〇年前に造られたとは思えないほど堅牢に出来ており、仲間の一人が「人が歩くために造られたにしては、大きすぎる」と疑問を投げかける。

両側の壁は石灰岩で、壁は七センチずつ内側にせり出す持ち出し構造で造られている。

私は、全長四六・七メートルの大回廊を上る。上りながら思う。大きな石材を積み上げたピラミッドの内部に、これほど巨大な空間を造るとは、当時のエジプト人たちは、何を考え、どんな技術力を持っていたのだろうかと。

私は、胸をわくわくさせながら入り口から大回廊まで十数分かけて歩き、ついに念願の「王の間」に到着した。高さ五・八メートル、幅五・二メートル、奥行一〇・五メートルの三〇畳ほどの広さで、西側壁面の近くに縁《ふち》の欠けた石棺がポツンと置いてある。

驚くべきことは、赤色花崗岩《かこうがん》を用いた「王の間」が、紙一枚入るすきまもないほどぴったりと積み重ねられているのに対し、石棺には装飾が施されておらず、鋸《のこ》で切った跡が残っているという粗末《そまつ》さである。

しかも蓋はなく、たとえ蓋が長い年月の間に盗人によって持ち去られたとしても、残った石棺の貧弱さは、何を物語っているのだろう。

「王の間」で、少し大きい声を出してみたら、かなり反響する。この上に、大ピラミッドの巨大な重量を拡散するためにつくった「重力軽減の間」と呼ばれる五つの部屋がある。

天井の石には、ヒエログリフ（古代エジプト文字）で「クフ」という文字が記されているとのことだが、残念ながら私は、そこまで見学することは出来なかった。

クフ王は、前二五五四年にスネフェル王のつぎに即位し、二三年間にわたって君臨した王である。私は、クフ王の石棺の前に立ち、石棺を触って王の存在を実感した。歴史の証人にめぐり会えた喜びは、はかりしれない。

「王の間」は、三三人が居ても蒸し暑さは感じない。石棺の大きさは、クフ王のミイラを入れるのには小さく、ミイラも存在しないということで、仲間のうちの一人が「石棺はどのようにして運び込まれ、何のために使われたのだろう」と不思議がる。

古代文明の旅は、不思議な世界遺産との出会いの旅でもあった。私は、再び、「王の間」に立つことが出来るかどうかわからない。去り難い思いと、こみ上げてくる感動に、しばし身をゆだね、大回廊をおりていったのである。

謎・ピラミッドは、なぜ、どのようにして建造されたのか

天に聳えるピラミッドは、圧巻の一言に尽きる。しかし、この巨大建造物が、なぜ、どのようにして造られた

カイロ・ギザの三大ピラミッド

のかは、古代から現代まで大きな謎につつまれている。
ヘロドトス（前四八四～前四二三年ごろ）は、ギリシアの歴史家で『歴史』を著わし「歴史の父」と呼ばれている。彼は、アテネをはじめエジプト、メソポタミアを訪ね、ペルシア戦争にまつわる多くの説話を伝承のままに織り込み、みずからの見聞もまじえて物語風の歴史書を書き上げた。
その『歴史』のなかに、ギザのクフ王のピラミッドについて、つぎのように記述している。

全エジプト人たちを強制的に自分のために働かせた。アラビアの山中にある石切り場からナイル川まで運ぶ役を負わされた者もある。…常に一〇万の人間が三ヶ月交代で労役に服した。…ピラミッドが完成するまで二〇年を要した。建設には、一〇万を超える人々が従事し、石材運搬のための道路づくりに一〇年、ピラミッド本体を造るのに二〇年を要したという。

前五世紀の人物であるヘロドトスの説によれば、「奴隷による強制労働によってピラミッドは造られた」ことになり、長い間、王の墓であると考えられてきた。
ところが、「王の間」の石棺には、ミイラは存在せず、副葬品も発見されておらず、盗掘された痕跡もない。「王の間」にたどり着いた私たち三三人の口からは、異口同音に「ピラミッドは何のために造られたのだろう」という疑問の声がおきた。
世界七不思議に選ばれるゆえんであろう。たしかに、王墓であるとすれば、一人のファラオに対して一つでいいはずだが、ピラミッド建造が確立した頃の王、スネフェルは、一人で二つのピラミッドを造っている。

ピラミッド建設の目的は何か。古来、主張されてきた王墓説に疑問が投げかけられ、近年は、天文台説、堤防説、神殿説、食糧倉庫説など様々な仮説が唱えられている。

エジプトの古代史は、ヒエログリフが解読され文字資料が増えるに従って解明が進んでいるが、ピラミッドは何のためにどのようにして建造されたのか、記録は沈黙したままである。

スフィンクスから眺めるピラミッド

いま、注目を集めているのが、二〇世紀のはじめごろ、イギリス人のメンデルスゾーンが打ち出した公共事業説である。彼は、ピラミッドの建造はナイル川が氾濫する七月から九月までは田畑が冠水《かんすい》して農作業ができなくなるため、失業状態におちいる農民に職を与える国家的な公共事業であるという理論を発表した。
たしかに、失業対策事業であることを裏付けるかのように、ピラミッド建設に携わった労働者の出勤簿や生活遺跡などが発見され、ヘロドトスの強制的に奴隷が働かされたとする説を覆して、民衆が自主的に働いていた様子をうかがわせる。
ただ、公共事業説も情緒論的な側面をもっており、どうしてなのかという根拠が弱く説得力に欠ける。ピラミッドの目的は何なのか、という疑問は現代も解明されておらず、謎の数だけ多くの解釈が成り立つ。

ピラミッドをめぐるもう一つの謎は、どのようにして建造されたかという点である。

従来から唱えられている有力な説が二つある。第一は、直線傾斜路説、第二は、螺旋《らせん》傾斜路説である。なかでも第一の説は世界的にある程度認知されている。これは、ピラミッドに向けて一本のまっすぐな傾斜路をつけて、石を運び上げたとするものである。

直線傾斜路説にも弱点があり、そこに注目したのがフランスの建築家ジャン・ピエール・ウーダンである。彼のいう弱点とは、

　人間が二トンを超える石を引き上げることができる角度は五度が限界とされています。その角度に基づいて直線傾斜路説を検証すると、矛盾が生じるのです（『エジプト発掘』ＮＨＫ出版参照）。

というものである。

彼が直線傾斜路をシュミレーションしてみると、ピラミッドの高さがあがるにつれて傾斜路は伸びていき、頂上に達する頃には全長一・六キロになるという。そこで、ウーダンは建築家としての経験を生かして、内部トンネル説を発表した。

私が、「トルコ・エジプトの旅」に出発する前、二〇〇九年八月、ＮＨＫスペシャル第一集「ピラミッド～隠された回廊の謎～」が放送された。

内容は、ウーダンの説を検証するもので、ピラミッドの三分の一の高さまでは直線傾斜路を使い、残りの三分の二は内部トンネルを使って石を運び上げたとしている。しかも、内部トンネルの延長は一・六キロに及び、その痕跡がピラミッドの中に眠っているはずだという。

さらに、ウーダンは「王の間」に用いられている石に注目した。部屋は花崗岩でおおわれ、天井には六〇トンの重さの石が四三個も積まれている。この石をどのようにして運んだのか。

彼は、巨大な石を運ぶのに高さ八メートルを超える大回廊を使ったと考えた。つまり、大回廊に石を持ち上げるための助けとなる台車のようなものが走っていた。大回廊の石が張り出した部分の側面に残る擦《す》られたようなキズは、台車が擦られた際にできたものではないかという（『エジプト発掘』NHK出版参照）。

サハラ砂漠をいくラクダとピラミッド

私も大回廊をのぼるときに、注意深く観察し「擦り跡」を確かめ、ウーダンの説を思い浮かべたのであるが、では、巨大な石を大回廊まで運ぶのには、どのようにしたのだろうかという疑問が残る。

ウーダンの説も、一つの仮説である。彼が言うように、ピラミッドのなかに内部トンネルが見つかれば、説得力をもつことになるのだが。

私の心には、幼いころの砂場での宝探しに似たロマンを求める心緒《しんしょ》が、どこかに潜んでいる。私は、エジプトの風土を体験しようと、わずかな時間だがサハラ砂漠をラクダに乗って散策した。目の前に、クフ王、カフラー王、メンカフラー王のピラミッドが悠然と並んでいる。

近くから見上げると、眩暈《めまい》がおこるほどの威圧感を受けたピラミッドも、遠くでラクダに揺られながら、ラクダの背から眺めると、三角屋根を連ねたかわいい建造物にみえる。

ただ、積み上げた石が無数の粒々となってみえる光景は、思考を停止させ、四五〇〇年前の世界に押し出してくれる。幻想と現実、神と人間、信仰と科学、古代と現代など、様々な言葉が回り灯籠《とうろう》のように浮かんでは消えていく。

ピラミッドが建造されてから人々は、はじめ宝探しの場として、つぎに歴史と信仰、構造の謎を解き明かすために挑戦してきたが、解答は得られていない。

地球上に存在する人間が創造したものの中で、ピラミッドほど世界の人々にドラマを感じさせてくれるものはない。ピラミッドは地上に残された最後のロマンといえよう。

偉大なる文明の遺産をめぐる謎は、永遠に謎のままであってほしい。私は、そんな思いを胸にハトシェプスト女王葬祭殿《そうさいでん》や王家の谷のツタンカーメン墓を見るために、カイロから汽車にのってルクソールに向かった。

（児島建次郎）

参考文献

『エジプト発掘』ＮＨＫ出版・二〇〇九年
『ピラミッドはなぜつくられたか』高津道昭著・新潮社・一九九四年
『ピラミッドの謎』酒井傳六著・社会思想社・一九九六年
『ピラミッドの謎』吉村作治著・岩波書店・二〇〇七年

コラム

文明誕生の驚異の国・エジプトで暮らして

「サバーハ　イルル　ヘール」（おはよう）
「イザイイック」（お元気ですか）
「タマーム」（ええ、ばっちりよ）
「アムリエー」（調子はどうなの）
「アルハンドリラー」（お陰さまで）

これで私の毎日が始まる。この会話は、一人の人との会話で、アパートを出てからタクシーを拾うまで徒歩三分、この会話を最低一〇人と交わす。

私が住んでいるアパートは、カイロ考古学博物館の近くでダウンタウンと呼ばれるまさにカイロのど真ん中、生粋のエジプト人（カイロ人といったほうがいいのかもしれない）が暮らすところで、中級以下の人々がほとんど。でも、これぞエジプト人という人たちで、エジプト人を知るには、いい環境であると思う。

私がエジプトにやってきたのは八年前。もともと一人でぶらっと行く旅行が好きで、アジアを中心に時間のあるときは一ヶ月ぐらい往復のチケットのみを買って、旅によく出ていた。

カイロ考古学博物館

その夏もタイへの旅行四〇日間を決めチケットを購入したあと、当時ジム仲間のオーストラリア人（国籍はオーストラリア人、両親はトルコからの移民）に、トルコに叔父がいるから行ってみればという一言で、タイで、トルコ行きの飛行機チケットを買いトルコに二週間ほど滞在した。このトルコ行きが自分の人生を大きく変えることになるとはもちろん想像もしていなかったが。

彼の叔父はトルコの首都アンカラに住んでいて、住所と電話番号だけでよくたどりついたと今でも思うけど、その叔父さんは本当に親切で面白く、なんと彼の家で一〇日もホームスティーをした。そこには料理上手な奥様と娘が二人いて、一人は嫁に行っていたが、下の娘がはじけた子でいろいろ遊びに連れて行ってくれた。

シーシャ初体験もこの子とである。シーシャとはアラブ圏で有名な水煙草《みずたばこ》のことである。その一〇日間の間に親戚一同が訪ねてきて、飲み食いし、じゃあ次の日はその中の親戚が招待してくれ、また飲み食いしようというように、今思えば、イスラム圏の文化を体験していたようだ。

楽しかったこの家族と別れを告げ、また一人旅を続けたが、チャナッカレという場所に長距離バスでついて、バスからおり、チャナッカレの地面に足をつけ、空気を体に吸い込んだ瞬間に不思議な感情が体全体を覆った。今でも何だったのかよくわからないが、私は外国に住む、多分このチャナッカレかも知れない、と。

そしてトルコにいる間中、どうしたらここに住めるのだろう、旅行者は旅行者、住んでいるとは言わない。住む、すなわちお金を稼ぎ自分の足でここに立つにはどうすればいいのだろうと考え続け、イスタンブールからタイへ向かう飛行機の中では、決心がついていた。日本語教師になろうと。

日本へ帰って、日本語教師になるにはどうしたらよいのか、すぐさま調べ、とある日本語教師養成講座へ申し込む。これまた何かの縁か私が申し込んだ日は、半年コースを二日過ぎた日で、あとで、補修を受ければ良しとのことで早速学校に通いだした。

ルクソール・王家の谷の王墓に描かれている壁画

そしてもうあと数週間で、この講座も終わるというころ、就職活動を始めた。学校の掲示板にはたくさんの求人があった。特に、韓国、中国。でもトルコは……ない。ちょうどそこにあったエジプトに目がとまり、深く考えず、申し込みをしたら採用通知が来て、あれよあれよという間にエジプト行きが決定してしまった。これが私がここに暮らすきっかけである。
さて、トランク一つでカイロへ。はっきり言って私は相当なもの知らずだったと思う。世の中の人々は、エジプトには長い歴史があり、ピラミッドや王家の谷等の遺跡があることを知っているのだろう。私は、ピラミッドのことは知っていたが、ピラミッドは一つだと思っていたし、砂漠で、シャワーなどがあまりなく、人々はテントに近いものに住んでいるのだと固く信じていた。

カイロ空港に着き、迎えに来てくれた人と車に乗り、カイロ市内を走ると、道路に沿って木はあるし、車はアスファルトの上をたくさん走っているし、ええっ、エジプトって想像とまったく違うと驚いた。当時はほんとに何も知らなかった。自分の住みかが見つかるまでは、こぎれいなダウンタウンのど真ん中の安宿に滞在。

アパート探しをしなければ、と思っていた矢先また、なんと不思議なことに、道で出会った若いエジプト人が、アパートの仲介人を知っているから今から行こうと。後々考えるとこれは本当に運が良かった。

ピラミッドとスフィンクス

道で会った外国人を、自分の店や知り合いの店へ連れて行き、無理やり何かを買わせて、仲介料を取ったり、ハシーシ等の悪の道へ連れて行く場合が多いらしい。

こうして生計を立てているエジプト人はハスラーと呼ばれ、多数このダウンタウンに存在することを知ったのは、もっと後のことである。このエジプト人に連れられて、カフェ（エジプトのカフェは飲み物を作るところは屋内だが、お茶を飲むところは外で、プラスティックのイスと簡易テーブルが置いてある）で、仲介人に会った。

その人はアスワンから来たと言っていた。その日のうちに一人のアパートの大家と話をつけてきて、アパートを見に行き、大家と家賃交渉をして、次の日に契約書を書いて入居。アパート探しからなんと二日で自分の住みかを見つけてしまった。これも何かの縁なのだろう。

今でも覚えていることは、この仲介人が家賃はいくらぐらい出せるのかと聞いてきたので、六五〇ポンド（一万三〇〇〇円位）と答えたら、できる限り頑張るけど相場は七〇〇から八〇〇ポンドだから大家と会うときは悲しそうな顔で、同情を引くような態度をとりなさいとアドバイスをしてくれたことである。案の定七五〇ポンドと言ってきた大家と、アドバイスを守った私は、六七五ポンドで交渉成立。今思えば、アラブの交渉術を一番最初に習ったということである。

日本語を教えていると、いろいろな学生と知り合いになり、彼らの家に招待されることも多く、これが私にとってエジプトや、エジプト人、文化を知るのに非常に役にたった。あまり日本人の知り合いがいなかったので、日本人と出かけることは無かったこともあるが。

さてエジプト人の家に招待されるとき、彼らはこのように言ってくる。「お昼ごはんを食べに来て下さい。」お昼ごはん

ルクソール・ライトアップされた
ルクソール神殿

筆者が暮らすエジプトの商店街

というからには大体一二時前後と普通は思うのだが、「何時ですか？」と聞くと「四時頃」といわれる。

いつもおかしいなと思いながら招待されていたのだが、これはエジプトの習慣だったのだ。彼らは朝起きて、ミルクティーとクッキー等をつまんで仕事や学校に行く、そしておなかがすくのが一〇時頃で、そこで、家から持ってきたり、道端で買ったり、オフィスでオフィスボーイなるものが作ったサンドイッチを食べる。

これが朝食で、大体はフールというソラマメを炊いてつぶしたペーストを、アエーシというエジプトパンに入れたものか、このソラマメを、コロッケにして野菜にはさんだターメーヤをエジプトパンにはさんで食べる。

学校や仕事が終わって皆が家へ帰るのが四時から六時の間、家族でそろって食べるのが昼食でこの食事が一日の中で一番大きな食事、日本で言う夕食のような感じ。これにいつも私は招待されていたわけだ。

じゃあ、夕食はというと、大体、夜一一時頃寝る前にパンとヨーグルト、チーズのような日本でいう朝食メニューをとってすぐ寝る。寝る前に食べると太る、すぐ寝てはいけない、と日本では言われているが、そんなことはお構いなし、おなかがいっぱいになって寝るのは、エジプト人にとって幸せなことなのだ。

ちょっと話がずれたが、エジプト人家庭に招待された私は、ここでもいろいろなことを学んだ。

家の中に入るとまず、シャイはいかが？　と聞かれる。シャイとは紅茶のことで、紅茶の葉をガラスのコップに直接入れ（ティーパックもあるが、ほとんどが葉紅茶）熱湯を注ぎ、かき混ぜて葉が沈んだら飲む。私は覚えたてのアラビア語で「シュクラン」という。これは「ありがとう」という意味だ。普通、日本でお茶はいかがですかと言われたら、ありがとうございますと答える、ということで私は、ありがとうといった。しかし待てども暮らせどもシャイは出てこない。

カイロ市街を眺望する

忘れてしまったのだなと思い、まあいいやと思っていた。ところがこれが招待されたすべての家で起こった。そしてとうとうわかった、何かいがですか、という質問に対して、「シュクラン」（ありがとう）と言ったら、断わりの返事だということが。ああ、そうだったのかと気づいた後は、同じ質問をされたら、「アイワ」（はい）と言い、シャイをもらえるようになった。

このシャイだが、エジプト人は一日に五杯も六杯も飲む。それも砂糖をスプーン三杯以上入れて。砂糖なしと断わりを入れないと、この甘い紅茶が私の手元にやってくる。イスラムの国ではアルコールを口にしないので、この甘い紅茶で酔っぱらっているのではないかと思う節がある。

とにかく砂糖をたくさん取るので、肥満に加え、糖尿病も非常に多い。招待された昼食はテーブルいっぱいに料理が並ぶ。

カイロのスーク（市場）

これもエジプトの習慣で、人を招いたときは、あふれるほどの食事を用意する。この量が本当に半端でない。そして、おなかを押したら食べたものが出そうなくらい食べても、もっと食べてもっと食べてと勧められる。

これを見て、私は思い出した。トルコでの体験を。人を招いていっぱいの食事をふるまう。あるときエジプト人に招待について聞いてみた。彼らは、旅人や尋ね人には、親切にし食べ物をふるまいなさい、ケチってはいけない、とイスラムの教えの中で説いているそうだ。

ただ、人との交わりあいが濃いエジプト人は、イスラム教徒だけでなく、キリスト教徒の家庭でも、同じようにたくさんの食事をふるまってくれる。これはエジプトの習慣といってもいいだろう。

また、こんな体験もした。田舎でもないが、カイロのど真ん中でもない家に招待されたとき、ベッドルームに入れられた。そしてそこに食事を持ってきてくれて食べたのだが、そのベッドルームはベッドが二つあって、広い部屋ではないにもかかわらず、なんと一〇人以上の女子供が集まってみんなで食事をした。後でわかったのだが、男性陣は居間で食事をとっていた。この家庭はイスラム色が濃く、家族ではない男女が一緒に食事をすることができなかったのだ。こんな家庭はいくつかあった。

日本語教師の傍ら、ツアーガイドの仕事も誘われて始めた。世界中の人々が、一生に一度はエジプトへと思っている観光大国で、エジプトは観光の収入で成り立っている（もちろんそれだけではなくスエズ運河、資源等もあるが）。したがってガイドの需要も高く、ガイドという職業もエジプト人の中では、ステータスが高いし、収入も多い。英語、フランス語を話すガイドは余るほどいるが、日本語、ロシア語、最近では韓国語、中国語ガイドは少ないため仕事も多く、日本語を取得して日本語ガイドになりたいという人が多い。私が来た当時は日本語ガイドが足りず、日本語教師をしている日本人で、ツアーガイドを副業としている人も多かった。

日本人観光客にエジプトの歴史を話す筆者（右から３人目）

私は、一度研修を受けて、その後はエジプトの歴史を勉強しながら、ツアーガイドを始めた。エジプトにピラミッドは一つしかないと思っていた私もだんだんと知識を増やし、日本語を習う学生とともに、遺跡や博物館に行き、日本語を教える傍ら、知識を増やしていった。

この学生たちから歴史について学ぶことが多かったが、何よりもエジプト人のいいところをたくさん見せてもらった。とにかく人に親切にする、明るくよくしゃべり、よく笑う。私の周りの学生や、その家族の人々は、本当にこのような人ばかりだったが、一歩外へ出れば、嫌なこともたくさんあった。

外国人からお金を少しでもまきあげようとする。典型的なのがタクシーと店だ。近所の野菜屋、肉屋、パン屋などは、私がここの住人であることを知っているので、ごまかしたり、高い金額を請求してくることがない。これ一個おまけなんてこともしてくれる。

ところが、外国人はお金を持っていると思いお金を請求する人がいる。これはイスラムの教えで、お金のある人は貧しい人に施しをするのは当然だという考えからきている。ただしエジプト人は間違った解釈をし、お金を請求する、ごまかす、だます。でもこれはその人たちにとって許されるそうだ。

つまり、お金を持っている外国人は、エジプト人より多く払うのは当たり前と思っている節があるのだ。現に、遺跡や博物館では外国人料金が存在し、一〇倍近くの入場料を払っているのが現実である。

ここへきて一番大変なことは、モノの値段がよくわからないこと。今でこそスーパーマーケットができ始め、値段が表示されて支払いも明瞭になったが、街で買い物をするときは、それいくらと聞くことから始めなければならない。

よく日本人観光客から買い物をする場合、値段交渉はどうすればいいのかと聞かれるが、まずものを見て日本だったらいくらで買うか、その値段より高いことはないので、払ってもいいと思われる金額の半分ぐらいから値段交渉を始めるよう助言している。そして相手もそれに合わせて値段を交渉してくるので、そこで値段が決まる。途方もなく外れた金額（安すぎる）を言ってしまうと、片手で追い払われる。

道での靴下一足からしてこの調子であるし、実際エジプト人同士を見ても同じことをやっている、高いよ、まけてっていう調子である。これが嫌な人は、高い金額で買うか、買い物をしないかどちらかである。

タクシーは今でこそ、どのぐらいの距離でいくら払えばいいかということを把握できるので、問題はあまりないが、初めのころはとにかくドライバーがとんでもない金額を吹っかけてくる。タクシーもメーターなんかついていないため交渉で成立する。どこまで行きたいか、じゃあいくら払うという会話で、交渉成立、ドライバーがそこへは行きたくないと（道が混むから、行きたい方向と違うからなど）、拒絶されることもある。

私はもう慣れたもので、ドライバーが金額を吹っかけてきたら、はったりのアラビア語で毎日そこに行っていて私はいくらか知っている、これだけしか払わないと言う。それでドライバーが負けたって顔をしてOKといったら乗るし、それでもまだ外国人だと思ってうるさく言ってくるようであれば、ほかのタクシーをすぐさま見つけ、また交渉を始める。時間がない時はイライラして喧嘩腰になる時もあるが、こうでもしないと生きていけない。

ルクソール・メムノンの巨像の前にて著者（左）

ただ、ここ二年ほどで、メータータクシーなるものが登場し、この戦いがほとんど無くなった。でも近距離は、メーターなしのほうが安いので、今でも使っている。このメーターつきも時々厄介なドライバーがいて、メーターをいじっていて気がつくとものすごい金額になっていたりする。メーターつきの多くは新車なのでエアコン付きだが、ほとんど全車が窓をあけっぱなしにし、エアコンを使わない。

あまりにも熱い日に、エアコンを入れてくれと頼んだら、降りる際に余分にお金を払えというから、どうしてと聞くとエアコンをつけたからだという。「じゃあそうやって書いとけ！」と捨て台詞《ぜりふ》を残し、追加を払わず降りたこともある。

エジプト人ガイド（左）と筆者（右から２人目）

オリンピックが開催された中国で、人々が並んで待つということができない、国ぐるみで指導したというニュースを読んだが、エジプトも同じで並ばない。

たとえば電話代を払いに中央電話局へ行く。とにかく凄い人で、支払窓口が男性、女性に分かれているまではいいが、窓口を中心に放射線状に人がわっと押し合う。次に誰が支払うかで喧嘩を始め、そこで時間がかかり、ちっとも終わらないし、自分の番がやってこない。窓口の人は知らん顔。時々良識あるエジプト人がとにかく並べ！　と声を荒げることもあるが、全く効果がない。

最近では笛を持った係員が並ばせているが、それでも適当に割り込んできたり、何十人も並んでいるにも関わらず窓口に直接行ったりと、とにかく大変だ。私も何度か自分の前に立たれて、「あなたは私の後ろ」って叫んだり、身振り手振りでアピールするがなかなか通じない、特に女同士は効き目が全くない。

スーパーのレジも最悪で、何でもてきぱきすることに慣れている日本人にはイライラするほど遅く、何か尋ねられると、手が止まり、話に夢中。こんな中、パンとヨーグルトだけだからといって、何人も並んでいる列を無視し、レジ打ちスタッフに持ってくる人がいる。また、周りのエジプト人も気にせずに、その人が終わるのを待っている。

ある日、かなりローカルなスーパーでレジが三つあり、スタッフも三人いるのに二人は話に夢中で、あっちのレジにいけと言い、一つだけ動いているレジに一〇人ほど並んでいた。驚くほど遅いスピードでどんどんレジを待つ人が増えていく。

その中の四〇歳ぐらいの男性がクッキーとジュースを持って割り込んできて、レジの人に品物を渡しだした。それを見て私も切れた。

「ねえ、ちょっと、こんなに人が待っているのがわからないわけ」

「だってクッキーとジュースだけだから、マーレーシュ（仕方ないでしょ）」

「あなたがそういうことするから子供もみんなそういうことをするの、並んで待ちなさい、これはルールよ！」

それでも、その男性はレジ係に「やってくれよ」などと交渉をしている。気が治まらない私はレジ係に脅《おど》しをかけ、「その男を私の前にやったらわかっているな（何をわかっているのか自分でもわからないが）」と言った。

そうすると、長い間待たされていた別のエジプト人たちも、「ちょっと待ったほうがいいよ、この外国人すごく怒っているし」となだめに入ってきた。私が怒っているから待ったほうがいい、それは違うでしょと思いながらとにかく、レジ係を脅かし続け、順番ぬかしをさせなかった。これは一例なのだが、時々ものすごく腹が立つことがあって、公の場でも声を荒げて怒ることがある。

こんな時は本当に、エジプト人またはエジプト嫌いとなって途方もなく苛立つのだが、時々、日本へ帰ったりどこかに旅行にいったりするとエジプトが、カイロが恋しくなり、カイロ空港に着くと、ああ、家に帰ってきたと思う。

埃と砂が舞い上がるこのカイロから、エジプトから、どうしても離れられないのである。

時々、ツアーガイドとしてカイロを離れ、ルクソールやアスワン、砂漠にも出かけるが、そこにはまた違った文化やエジプト人たちがおり、私をいろいろな意味で楽しませてくれる。

怒ったり、笑ったり、こんなにエキサイティングな生活はやめられそうにない。嫌なこともたくさんあるけど、やっぱりそれ以上の魅力があるのがエジプトである。ここから抜け出せそうもない。まだまだ私のエジプト生活は続いていく。


（水野文月）

エジプト民衆革命後、水野文月さんより折々にエジプト情報をメールで送っていただきました。その中から、二〇一一年七月一五日付のメールの一部を紹介します（児島）。

エジプトの民衆革命後、エジプトは表面上、落ち着いたようにみえますが、毎週金曜日にはデモが行われ、人々のフラストレーションはたまっていくばかりです。

エジプト人としては、革命が起こったのだから生活は良くなるはずだと簡単に考えていますが、壊したものをもとに戻すには、想像以上に時間がかかることをよく理解していないように思えます。それは目先のものに目をとられ、遠くが見えない（私的に言うと、一〇〇円がほしくて、遠くの一億円を見失う）エジプト人らしい物の考え方といえます。

壊れたものは、経済、商業、観光業だけではありません。革命が起こってお金がなくなり、市民の生活が困窮している現実に直面しています。

人々はデモを起こせば暫定《ざんてい》政府は、言うことを聞いてくれる、条件をのんでくれると思い込んでいます。先週起こったデモは、革命で亡くなった人の遺族に見舞金を支払えということでした。

外国人観光客が戻ってこない観光業界は、持ちこたえられなくなってつぶれていく会社、スタッフに無給無期限休暇を出す会社、スタッフの削減を進めている会社など惨憺《さんたん》たる有様です。

外国企業で今まで家族といっしょに滞在していた人たちは、妻や子供を母国に帰し単身で滞在するパターンが増え、外国人相手の商売は行き詰まり、外国企業で働くエジプト人の多くは仕事を失ってしまいました。

エジプトはこの秋に、人民議会（国会）選挙と大統領選挙を行い、暫定統治から民政への移行を目指します。それに望みを託す人が大勢いるのが、エジプト革命後の情勢です。

私が暮らすエジプトが、強権支配を脱し民主的な国家となり、再び人々が世界各地から文明誕生の地を訪れてくれることを願ってやみません。日本の皆さん、お待ちしています。

カイロ・タハリール広場のデモ

アラブの春

おわりに

シルクロードの研究を始めて二〇年、二〇ヶ国をフィールドワークしてきた。シルクロードの旅では、書物などに書かれていない思わぬ出来事に遭遇する。

エジプトでは、警察官の護衛《ごえい》のもとでスーク（市場）を見学した。フィレンツェでは、「ジェラードの店」を探すのに狭い街の中を右往左往し、迷いながら一時間後に店をみつけ、アイスクリームをほおばった。その時の味は一生忘れられない。

クフ王のピラミッドに入ったり、王家の谷でツタンカーメン王のミイラと対面した時は、古代人の想像力に感嘆し、この世とは思えぬ世界に目をみはった。

水たばこを吸う筆者（左）と
友人の湯谷さん（右）
（トルコ・イスタンブールのバザール）

トルコでは、シルクロードを八時間かけて走ったのだが、この時期がイスラム教のラマダン（断食月）にあたり、ガイドさんと運転手さんは、朝から何も口に入れない。しかも、走行中に「コーラン」を唱えるとあって、交通事故をおこすのではないかと心配した。クルマの中で、日本の政権交代を知った。

トルコのトロイ遺跡に立った折には、ブラッド・ピッド主演の映画「トロイ」の英雄アキレウスとへクトルの戦闘場面が頭をよぎり、イスタンブールのバザールで「水たばこ」を吸った時には、シルクロードの旅人になった気分になり、喜びが込み上げてきた。

イタリアのローマにある円形闘技場コロッセウムの建物には圧倒された。ローマ皇帝ウェスパシアヌス帝が、後七二年に着工し、その子のティトゥス帝の治世の後八〇年に完成し、五万人収容できたという。

共和制から帝政時代にかけてのローマ社会を象徴して「パンとサーカス」と称する。これは、皇帝たちが市民の人気を得るために、市民に無料で小麦を配り、闘技や演劇などを提供した政策をいう。

ローマ・コロッセウム

たしかに、
コロッセウムが滅びるとき、ローマは滅び、そのとき、世界は滅びる。

という言葉が実感をもってせまってくる。

私は、皇帝と民衆の欲望が渦巻き、ローマ市民を熱狂させた舞台に立った時、言葉を失い、体に戦慄《せんりつ》が走る思いであった。

これらの体験は、テレビや書物では味わえない至福の一時《ひととき》で「百聞は一見にしかず」の言葉が浮かぶ。

旅は、エキサイティングである。ヘロドトスの描くカルタゴ人の沈黙貿易、『アラビアンナイト』に登場するシンドバットの冒険物語、マルコ・ポーロやイブン・バットゥータの旅行や航海などを思

笑顔が素敵な子どもたち
（ウズベキスタン、サマルカンド・モスクにて）

い浮かべながらシルクロードを旅していると、多くの出会いがあり、旅の疲れを忘れてしまう。

旅をしていて思うことは、あらゆる民族の多様性を認め合う「寛容《かんよう》の精神」と共存共栄の大切さである。このことは国際社会がグローバル化し、複雑化している現在では「言うは易く行うは難《かた》し」である。

私は、いろいろな国の人達と出会い、その国の民族や風土を肌で感じるとき、柴田翔《しばたしょう》氏のことばを思い出す。

国家観の争いを越えて人間をほんとうに結びつけることができる唯一の根拠は、人間の死の自覚である。誰もが例外なく必ず死ぬという人間の普遍的運命を、人間が深く自覚することである。…求められるべきは、本来私たちの中にあるはずの宇宙のすべての生命の平等性への感覚を回復し、宇宙万物に対する謙虚さに戻ることである。私たちは、死によって宇宙の生命のなかへ帰っていく存在であることを思い出すことである（柴田翔著『希望としてのクレオール』筑摩書房）。

近年の世界は、格差や不平等さが拡大し、宗教や民族をめぐる抗争が勃発《ぼっぱつ》して不寛容さが目につく。人類はこの難題を克服しなければ、永遠に平和がおとずれないであろう。

シルクロード学に取り組んで二〇年になる中で、数冊の本を出版してきた。今回は、シルクロードには「ドラマとロマン」が満ち満ちているという実感と、それを未来に伝えたいとの思いから、本書のタイトルをつけた。本書は、七人の共同執筆によって構成している。

シルクロード学のパイオニア的存在で、ＮＨＫのスペシャル番組「シルクロード」の製作にかかわり、一九八八年に奈良公園を中心に開催された「なら・シルクロード博覧会」の副会長を務めた樋口隆康先生には、巻頭言とヘレニズム文化の影響を受けて仏像が造られたといわれる「仏像誕生」をめぐってお書きいただいた。

六〇回近くシルクロードの旅を続けている山田勝久先生には、永年の研究テーマである「鳩摩羅什の足跡」を取りあげていただいた。これは、二〇一一年二月、インディラ・ガンジー国立芸術センター主催によるインドでの国際会議で発表されたものである。

日本では数少ないペルシア音楽の研究家で、テヘラン大学留学の経験のある柘植元一先生には、「古代ペルシアの楽器と正倉院宝物の楽器」の関連について論述していただいた。きわめて珍しい内容で興味深いものになっている。

中国・新疆《しんきょう》文物考古研究所の呂恩国先生は、中国を代表する考古学者で、永年にわたって新疆ウイグル自治区の古代遺跡の発掘に携わってきた。タクラマカン砂漠に埋もれている遺跡調査の中から「新疆における発掘最新情報」を伝えていただいた。

中国の新進気鋭の研究家で、特に日中古代文化交流についての論文を発表している祁暁明先生には、中国側の文献資料をもとに「唐王朝と日本の文化交流」などを分析していただいた。

シルクロードの旅でお世話になったエジプト在住の水野文月さんには、「なぜ、エジプトに住むようになったのか」「エジプトで暮らして」という生活体験を書いていただくよう旅の途中でお願いした。遙《はる》かなるエジプトから原稿を送って下さり感謝している。

シルクロードの旅で、時々、日本の女性と出会うことがある。ギリシア・ローマ・フィレンツェなどで生き生きと仕事をしている日本女性にめぐり会うと、とてもうれしい気分になる。

近年、若い人の間に「日本の生活に満足」する内向き志向が強まっているといわれているが、海外で活躍している日本人の姿をみると心強く思う。水野さんとの出会いもその一つで、エジプトの旅を、より楽しいものにしてくれた。

水野さんより原稿が届いて三カ月後、イスラム世界に激震が走った。エジプトでムバラク大統領の辞任を求める反政府デモがおき、カイロのタハリール広場に一〇〇万人を超える民衆が集まった。

即時退陣を求める市民デモは激しさを増し、ついに、三〇年にわたって強権支配を続けていたムバラク政権は崩壊に至った。今回の市民革命では、ツイッターやフェイスブックなどのインターネット・メディアが威力を発揮し、若者たちが牽引力となった。

私は、二〇〇九年の夏、トルコからエジプトに入り、カイロのスーク（市場）を訪ねたのであるが、通りは活気にあふれ、陽気なエジプトの人たちが声をかけてきて、市民デモを予想することは出来なかった。観光客にははかり知れない独裁政治に対する市民の不満がマグマのように充満していたのであろう。

貧困、政権の腐敗、若者の失業、人権の抑圧などが民衆をデモにかりたて、強権政治を突き崩したということである。

私は、デモが起きてから毎日、テレビニュースを注視してきたが、そのなかで文化面に関して、二つのシーンに釘付《くぎづ》けされ心が痛む思いがした。

一つは、デモの騒乱時にエジプト考古学博物館に暴徒が押し入り館内の歴史遺産が略奪被害に遭い、二体のミイラが壊され床にころがっている映像である。

さらに、第一八王朝の「ツタンカーメン王の木像」や多神教から一神教に宗教改革を行った「供物をささげるアメンヘテプ四世像」など、一八点の貴重な文化財が盗難にあっていることが判明した。

考古学博物館は、タハリール広場に隣接しており、私も三時間かけて見学したが、「ツタンカーメン王の黄金マスク」など十万点の古代エジプトの至宝が所せましと展示されていて、エジプト文明五〇〇〇年の歴史の証を示している。

エジプト考古学博物館（エジプトのカイロ）

暴徒侵入の後、ただちに市民たちが「人間の鎖」をつくり、博物館を護衛したと聞き、エジプトの人たちの文化に対する誇りを感じるとともに、失われた世界の宝が一刻も早くもどることを願わずにはいられない。

もう一つは、エジプト観光のメイン・スポット、ギザのピラミッドが映し出されている画面である。普段は世界各地から集った観光客で賑わうところが、人の姿がまったく見られない光景に驚きをかくせなかった。人のかわりに砂漠のなかに、一台の戦車がぽつんと置かれていた。

スフィンクスの前で、日本でも馴染みの深い考古学者のザヒ・ハワス博士が、

ギリシア・アレクサンドロス大王の生まれたペラ遺跡

スフィンクスの微笑など世界にほこるエジプトの歴史遺産を見にきてほしい。

と訴えている姿が印象的であった。

エジプトのGDP（国内総生産）のうち、二〇パーセントが観光による収入だけに、その痛手ははかり知れない。古代エジプトを代表するピラミッドとスフィンクスは、謎と神秘に包まれており、未来に伝える人類全体の遺産である。

観光客がぼつぼつ戻ってきているとニュースは伝えているが、私が訪ねた時のように、再びピラミッドの周辺が世界の人々で賑わうことを期待したい。

市民が自らの力でつかみ、歴史のページを塗りかえる大変革を成し遂げたエジプトの人たちが、今後、どのような政治体制のもとで民主主義を確立させるのか、世界は固唾《かたず》をのんで見まもっている。

連日のデモの映像のなかで「我らに自由を」と叫んでいる姿こそ、次代のエジプトの行末を暗示しており、イスラム世界に壮大な実験が始まったことを実感する。

チュニジアで始まった民衆革命は、エジプト・リビアにひろがり、さらに、シリア・イエメンへと拡大していき「アラブの春」と呼ばれている。二一世紀の人類にとって、グローバル化は繁栄の手段となりうるか、「アラブの春」の行方は、その帰趨《きすう》を決めることになり、人間の顔をしたグローバル化を実現するために、英知を集めて地球政治の場を整えなければならない。

さて、本書を貫く視点と関心にふれよう。

第一は、ユーラシア大陸にひろがるアレクサンドロス大王の東方遠征の足跡を通して、その歴史的意義を考え、大王の死後に展開されたヘレニズム世界とは何かを提示することである。これは、シルクロード前史にあたる。

第二は、シルクロードにおける東西文化交流の姿を、具体的事例を通して立証していることである。

トルコ・モスクにおまいりに来た一家とともに

第三は、二人の中国の学者に執筆していただき、グローバルな視点からシルクロードをとらえようとしていることである。
本書の特徴は、多くの地図、図版、王朝の系譜、これまで公開されたことのない写真などを使い、ビジュアルに多角的な視点からシルクロード文化を示し、理解を深めていただこうとしている点にある。そして全体的には、アカデミズム（学術性）・カルチャリズム（教養文化性）・ジャーナリズム（社会性）の三つの要素を意識して構成している。
私は、文献の記述にもとづいて、「文明の道」ともいえるアレクサンドロス大王の東方遠征の道を探訪しながら、大王の生涯と思想、そして人間味あふれる生き方を独自の視点から切り取ろうと試みた。
幸いにして、たびたびシルクロードの旅に出かける機会に恵まれ、旅先で出会った人達が「目からうろこが落ちる」の言葉通り、私を新たな歴史発見の道へと誘《いざな》ってくれた。

現地探訪で得た体験や情報をもとに執筆を進めるなかで、思わぬ壁にはばまれることがあったが、先学の師の書物に導いていただき、多面的に不思議な歴史の機微にふれるとともに、シルクロード文化をとらえることができた。

学恩をいただいたすべての先覚に対して深く謝意を表したい。

私は、シルクロードの旅を続けながら、いつも我が身に問いかけていることがある。それは、出自《しゅつじ》や国家、宗教、民族の異なる人々が共存できる社会が理想であり、それは、実現できるし、実現させなければならないという信念を持ち続けることである。

二〇一一年夏、トルコを訪ねた。街角でヘジャブ（スカーフのようなもの）をかぶった女性とミニスカート姿で歩く女性を見かけた。この風景をどうとらえるか。これを世俗主義（政治と宗教を分離するという考え方）と宗教保守主義が対立している姿として見ることができるし、そのいっぽう、この光景を両者が融合している姿だととらえることも可能である。

トルコのイスタンブールで出会った風景は、世界は一つの物差しで一刀両断できるほど単純ではなく、いろいろな要素が入り混じって展開されており、それぞれの人が、何を見ようと思っているかで世界の風景は異なって映るという事実を示しているということである。

私が扱っているいくつかのトピックには、不確実なところがあるものの、興味深い物語を無視できず取り上げている。力量不足のため、文献やシルクロードの旅で得た情報に思わぬ過誤を犯していることがあるかもしれないが、識者の御教授を得て、次の展望を切り拓いていきたい。

本書の出版にあたって、格別の配慮をいただいた雄山閣出版社の宮田哲男社長、編集を担当して下さった桑門智亜紀氏に厚くお礼を申し上げる。

歴史は、多様な物差しによる多様な解釈が可能であり、歴史書は、人生を知的に生きる上での「バイブル」といえよう。数千年の歴史の中で、さまざまな興亡がくり広げられ、世界各地には偉大なる文明の遺産が残されている。過去からのメッセージに耳をかたむけ、現在、未来を考える縁《よすが》にしていただければと思う。

本書が、シルクロードのドラマとロマンにふれる一里塚になれば、執筆者一同、望外な喜びである。

二〇一一年　エジプトに新たな歴史が刻まれた日に記す

児島建次郎

執筆者紹介

樋口　隆康（ひぐち・たかやす）

一九一九年生まれ。第一高等学校、京都帝国大学大学院修了。一九六二年からパキスタン、アフガニスタンなどの仏教遺跡の調査やシリアのパルミラ遺跡の発掘にあたる。京都大学文学部教授、奈良県立橿原考古学研究所所長、シルクロード学研究センター長、泉屋博古館館長を歴任。現在、京都大学名誉教授、泉屋博古館名誉館長。著書に『バーミヤーンの石窟』『ガンダーラへの道』『シルクロード学の提唱』『シルクロード考古学』『甦るバーミヤーン』『アフガニスタン　遺跡と秘宝』『地中海シルクロード遺跡の旅』など多数。

児島建次郎（こじま・けんじろう）

一九四一年生まれ。日本大学法学部卒業後、NHKにアナウンサーとして入局。スペシャル番組や衛星放送を通して古代文化を紹介。一九八八年、NHKと奈良県が主催した「なら・シルクロード博覧会」にかかわり、シルクロードの研究をはじめる。歴史・文化・宗教・民族などをテーマに、フィールド・ワークを続け、二〇年にわたってユーラシア大陸二〇ヵ国の歴史遺産を訪ねる。専門は、「シルクロード文化論」「コミュニケーション論」など。著書に『敦煌の美と心』『シルクロードのロマンと文明の興亡』『正倉院への道』『コミュニケーション力』など多数。現在、白鳳女子短期大学教授、近大姫路大学非常勤講師。

山田　勝久（やまだ・かつひさ）

一九四三年生まれ。早稲田大学国語国文学専攻科修了。二松学舎大学大学院博士課程単位取得退学。北海道教育大学教授・大阪教育大学教授、学長補佐、附属池田中学校長を歴任。現在は公益財団法人・東洋哲学研究所委嘱研究員、大阪教育大学名誉教授、甲子園大学副学長、NHK文化センター「シルクロード」講師。西域踏査は一二ヵ国五三回。日本人として初めて楼蘭の地下墓の壁画を調査。また、釈迦が生まれたネパールのカピラエ城、マケドニアのアレクサンドロス大王の出生地ペラ遺跡の調査をした。著書に『唐代散文選』『唐代文学の研究』『唐詩の光彩』など一三冊がある。

呂　恩国（ろ・おんこく）

一九四九年生まれ。北京大学卒業。新疆文物考古研究所研究員（教授）。新疆ウイグル自治区の古代遺跡の研究、とくに青銅器時代と早期鉄器時代の考古学研究の分野において多大な成果をあげた。主な著書に『新疆の察吾呼《チャウフ》』『鄯善《ゼンゼン》の洋海』、遺跡発掘後の調査報告として『鄯善の蘇貝希《スーベーシー》墓地』『洋海墓地』『和静哈布其罕《ヘジンチャフスーハン》墓地』『察吾呼墓地』『和碩新塔拉《ヘショーシンターラ》』『特克斯恰甫其海《テレシチャープーシィハイ》墓地』等がある。また、論文として「新疆考古学研究の中の存在する問題に関する論について」「新疆の青銅器時代の文化に関する一考察」「頭骨のくぼんだ穴と変形に関する論」「洋海墓地から見た新疆の薩満《さつまん》教の遺存《いぞん》について」などがある。

祁　暁明（き・ぎょうめい）

一九五九年生まれ。北京師範学院中国言語文学部卒業。大阪教育大学大学院修士課程にて、山田勝久教授のもと中国古典文学・シルクロード文化史を学ぶ。その後、大阪大学大学院博士課程にて中日比較文化論を研究、博士（言語文化学）となる。首都師範大学専任講師、福山大学経済学部客員教員を経て、現在、対外経済貿易大学中国言語文学部専任講師。著書に『江戸時代の日本詩話』、訳書に『帝国臣民から日本国民へ—国民概念の変遷』（『差異』、尹健次『日本国民論』筑紫書房）などがある。

柘植　元一（つげ・げんいち）

一九三七年生まれ。東京藝術大学音楽学部卒業。米国ウェスリヤン大学博士（音楽民族学）。一九六三年から六六年までテヘラン大学に留学。一九六六年に渡米。一九七九年までウェスリヤン大学の世界音楽プログラムに参加。ウェスリヤン大学助教授、国立音楽大学教授を経て東京藝術大学教授。現在、東京藝術大学名誉教授。元・社団法人東洋音楽学会会長。著書に『世界音楽への招待』『シルクロード　楽器の旅』など、訳書にボールマン著『ワールドミュージック入門』、シェレメイ著『エチオピア音楽民族誌』などがある。

水野　文月（みずの・ふづき）

一九六八年生まれ。藤田保健衛生大学衛生学部卒、病院勤務の後、スキー、スノーボードインストラクターに転向。この頃から、海外に興味を持つ。二〇〇二年にトルコへ行ったのをきっかけに、日本語教師免許取得後、二〇〇三年エジプトへ。日本語教師の傍ら、ツアーガイドを始め、一年後には本業となる。現在、ブルースカイトラベルエジプト日本セクション勤務。

2011年9月25日　初版発行　《検印省略》

未来《みらい》への遺産《いさん》・
シルクロードのドラマとロマン

編　者　樋口隆康・児島建次郎・山田勝久
発行者　宮田哲男
発　行　株式会社 雄山閣
東京都千代田区富士見 2-6-9
TEL　03-3262-3231 / FAX　03-3262-6938
URL: http: //www.yuzankaku.co.jp
e-mail info@yuzankaku.co.jp
振替：00130-5-1685
印　刷　松澤印刷株式会社
製　本　協栄製本株式会社

© Takayasu Higuchi/Kenjiro Kojima/
Katsuhisa Yamada 2010
Printed in Japan

ISBN 978-4-639-02187-2 C1022
N.D.C.220　309p　21cm

シルクロード関連書籍　　　　好評発売中

悠久なるシルクロードから平城京へ

児島建次郎 編　　3,360円（税込）ISBN978-4-639-02014-1

■主な内容■

児島建次郎	インドの石窟・河西回廊
	捨身飼虎図・大仏、美人図
樋口　隆泰	バーミヤーンの文化的価値
	アジアのロマン正倉院宝物
山田　勝久	オアシス都市・文明の興亡
	シルクロードの詩人たち
菅谷　文則	シルクロードの出発点・長安
	絹・ガラスの道

シルクロードのロマンと文明の興亡

児島建次郎 編　　3,780円（税込）ISBN978-4-639-01894-0

■主な内容■

児島建次郎	シルクロードの開拓と民族興亡
	雲崗・龍門石窟・敦煌莫高窟
定金　計次	インド仏教美術
加藤　九祚	カザフスタンの仏教遺跡
山田　勝久	楼蘭王国・亀茲国アアイ石窟
	北庭西大寺の交脚菩薩
前園実知雄	青海路・もう１つのシルクロード
網干　善教	高松塚・キトラ古墳
	とシルクロード文化

■新刊案内

弥生農耕集落の研究―南関東を中心に―／浜田晋介著　B5判　8820円（税込）

古代造瓦史―東アジアと日本―／山崎信二著　A5判　6930円（税込）

塩の生産と流通―東アジアから南アジアまで―／東南アジア考古学会編　B5判　3360円（税込）

検証「前期旧石器遺跡発掘捏造事件」／松藤和人著　四六判　1680円（税込）

邪馬台《ヤマト》国―唐古・鍵遺跡から箸墓古墳へ／水野 正好・白石太一郎・西川寿勝著　A5判　2520円（税込）

前方後円墳の終焉／広瀬和雄・太田博之編　A5判　3780円（税込）

新訂 九州縄文土器の研究／小林久雄著・『九州縄文土器の研究』再版刊行会編　A5判　7980円（税込）

シリーズ縄文集落の多様性Ⅱ
葬墓制／雄山閣編集部編　A5判　5880円（税込）

先史文化研究の新視点Ⅱ
移動と流通の縄文社会史／阿部芳郎編　A5判　2940円（税込）

東日本の無袖横穴式石室／土生田純之編　A5判　4725円（税込）

木製品から考える地域社会―弥生から古墳へ―／樋上昇著　B5判　7980円（税込）

東アジアの古代鉄文化／松井和幸編　A5判　2940円（税込）